취업

한권으로 합격하는

코딩테스트

SD에듀
㈜시대고시기획

머리말

컴퓨터 공학과 선배들이 IT업계의 이모저모를 알려 주는 유튜브 〈컴공선배〉 채널을 연 지도 어느새 3년 가까이 되었고, 꾸준히 성장하여 최근에는 구독자 2만 명을 눈 앞에 두고 있습니다. 지금도 유익한 최신 소식들을 쉽고 재밌게 전달하기 위해 보이지 않는 곳에서 노력하고 있습니다.

컴공선배는 라이징 프로그래머, 라이징 캠프 등 주제적인 개발자가 되기 위한 교육 프로그램도 런칭해서 여러 수료생들을 성공적으로 배출했습니다. 이 프로그램을 통해 많은 이들이 괄목할 만한 실력 향상을 이루며 본격적으로 개발자 커리어를 위한 여러 활동을 시작할 수 있는 단계에 도달했습니다. 대기업 · 테크기업 · 스타트업 등으로의 취업이나 외주, 해커톤, 개인 앱 런칭, 교육 등 더 왕성하게 활동하는 개발자들을 보며 교육자로서 보람을 느끼고 있습니다.

개발 관련 활동을 열심히 하며 프로젝트 경험을 쌓고 취업의 문을 두드려 보면, '알고리즘 코딩테스트'라는 생소하고 어려워 보이는 관문을 만나게 될 겁니다. 이 관문을 통과해야 취업이 될 텐데 이 통과의 길은 만만치 않습니다. 하지만 너무 걱정하지는 마세요. 알고리즘 문제풀이를 하루아침에 잘하게 될 수는 없지만 개발자 직군 채용에서 시행하는 대부분의 코딩테스트는 아주 높은 수준을 요구하지는 않습니다. 따라서 합격권 정도의 실력에 도달하기까지 그렇게 오랜 시간이 필요한 건 아닙니다. 효율적인 방법으로 제대로 대비한다고 했을 때 두 달 정도면 충분하다고 생각합니다. 하지만 코딩테스트라는 게 어떤 것인지 잘 모르는 입문자는 무슨 자료구조와 알고리즘 공부를 하고 어떤 문제를 풀어야 할지, 어떻게 대비해야 효율적인지 몰라서 헤매기 십상입니다.

컴공선배는 이 책을 통해 그들에게 코딩테스트에 대한 맥락을 짚고 길잡이 역할을 하고자 합니다. 알고리즘 문제풀이는 생소하고 때로는 너무 어려워 한계를 느낄 수도 있습니다. 하지만 그런 어려운 벽을 뚫고자 하는 노력이 좋은 개발자가 되기 위한 밑거름이 되어줄 것입니다. 결국 문제해결력은 어느 분야에서나 필요한데다 알고리즘 문제풀이 공부는 개발 능력에도 적지 않게 도움이 됩니다.

필자는 처음에 알고리즘 문제풀이를 공부한다 생각하고 딱딱하게 접근하기보다는 퀴즈를 푸는 느낌으로 시작하여 재미를 붙였습니다. 알고리즘 문제풀이 사이트 중에는 문제를 푼 기록이 쌓여 랭킹이나 티어 등이 결정되는 게임 시스템과 유사한 곳이 많습니다. 그래서 본인 스스로 적당한 목표를 설정하기 좋고 라이벌과 경쟁심을 불태울 수도 있습니다. 알고리즘 대회 문화나 감성이 여기저기 녹아 있어 소소한 재미를 발견하게 될 때도 있습니다. 비록 취업을 위해서, 문제해결력을 쌓기 위해서 공부하게 되었더라도 기왕이면 알고리즘 문제해결의 매력도 느껴보라고 말하고 싶습니다. 즐기면서 하면 효율이 훨씬 높아질 것입니다.

책이 완성되기까지의 여정은 쉽지 않았습니다. 더 나은 내용을 위해 고심하다 원고 집필 기한을 맞추지 못하고 여러 번 늦기도 했습니다. 많은 분들의 도움과 조언을 받아 다행히 이렇게 완성될 수 있었습니다. 소프트스퀘어드 스카이, 섬머, 유니스, 그리고 SD에듀 출판사의 편집자분들께 정말 감사드립니다. 백준 온라인 저지문제들을 사용할 수 있게 허락해주신 최백준님과 프로그래머스 문제들을 사용하게 해준 ㈜그렙에 감사드립니다. 그 밖에 도움을 주신 모든 분들과 책을 구매해주신 독자 분들께 감사의 마음을 전합니다. 이 책이 컴공후배 분들께 많은 도움이 되길, 그리고 취준생 여러 분들이 코딩테스트에 합격하길 진심으로 기원합니다. 파이팅!

커리큘럼 소개

이 책은 여타 알고리즘 교육들과는 다른 특징이 하나 있습니다. 기존의 알고리즘 교육 과정들은 일반적으로 어떤 자료구조/알고리즘 개념을 하나 배우고, 그에 관한 문제를 풀어서 익히는 과정의 반복이었습니다. 그래서 커리큘럼을 보면 챕터별로 자료구조/알고리즘 개념이 하나씩 쓰여 있습니다. 만약 8챕터까지 진행하고 나면 8가지 알고리즘을 익히게 되는 것이죠. 그리고 끝납니다. 아무 문제가 없어 보이며 지극히 당연합니다.

하지만 컴공선배에서 제창하는 알고리즘 공부법은 이와 다른 부분이 하나 있습니다. 중요한 포인트이니 꼭 제대로 이해하고 실천해 주세요. '코딩테스트 준비 어떻게 해야 하나요?'라는 유튜브 영상(https://youtu.be/4D0PYVntENw)을 보고 오면 더 이해가 쉬울 겁니다.

알고리즘 문제를 풀 때 필요한 요소는 여러 가지 있지만. 다섯 가지 정도로 분리해볼 수 있습니다.

첫째는 독해력입니다. 문제를 풀기 위해서는 우선 문제 지문을 읽고 이해해야 하며, 가급적 빠르고 정확하게 읽어야 합니다. 별 것 아닌 것처럼 보이지만, 그 중요성은 결코 간과할 수 없습니다. 문제를 읽고 열심히 고민해서 힘들게 코딩까지 다 해서 제출했는데 문제를 잘못 이해해서 틀렸다면 어떨까요? 이 모든 과정을 처음부터 다시 해야 합니다. 실제 코딩테스트 상황에서라면 시간 손실이 엄청 크겠죠. 문제에서 사소해 보이는 조건 명시들까지 꼼꼼히 잘 파악해야 합니다. 예를 들어, 샘플 입력 테스트 케이스는 마치 정렬되어 들어온 것 같지만 문제에는 정렬되어 들어온다는 말이 쓰여 있지 않다면, 정렬돼서 들어오는 것이 아닙니다. 이 경우 필요하다면 직접 정렬시켜야 합니다.

둘째는 배경지식입니다. 문제를 풀기 위한 도구가 없으면 아무리 머리가 좋아도 풀기 어렵습니다. 일단은 이 도구들을 갖춰야 하기 때문에 기존 알고리즘 교육들은 도구에 해당되는 배경지식을 늘리는 과정에 초점이 맞춰져 있고, 이 책에서도 마찬가지로 몇 가지 필수적인 도구에 해당되는 개념들을 익히는 과정이 있습니다.

셋째는 문제해결력입니다. 도구들을 갖추고 나도 어려운 문제에 부닥쳤을 때 어떤 도구들을 써서, 어떻게 풀면 되는지 바로 떠오르지 않는 경우가 많습니다. 이 책에서는 문제해결력을 트레이닝 하는 과정이 잘 보이도록 하였습니다.

넷째는 구현력입니다. 어떤 도구를 써서, 어떻게 풀면 되는지 아이디어가 떠올랐다면 이를 코드로 구현해야 합니다. 코딩 경험이 적다면 어려운 구현 난이도의 문제들을 푸는 데 애를 먹을 겁니다. 특히 삼성 코딩테스트가 대체로 어려운 알고리즘이나 문제해결력을 요구하진 않지만, 구현력이 많이 필요한 문제를 내는 편입니다. 그래서 삼성 기출문제들 중심으로 어려운 구현 문제들을 연습해 보면 좋습니다.

마지막으로 다섯째는 디버깅입니다. 코드를 제출했을 때 한 번에 맞으면 다행이지만, 통과를 못하면 어디가 문제인지 파악해서 고쳐야 합니다. 구현 미스가 났을 수도 있고, 문제를 푸는 솔루션이 잘못됐을 수도 있고, 도구를 잘못 골랐을 수도 있고, 애초에 문제를 잘못 읽었을 수도 있습니다. 어느 과정에서 실수했는지 찾는 게 우선인데, 이는 여러 테스트 케이스를 임의로 넣어서 반례를 찾을 수도 있고 PS를 오래해서 생긴 감으로 찾기도 합니다. 이 능력은 따로 연습할 방법이 마땅치 않고, 경험을 많이 쌓으면 대략 어디를 살펴보면 될지 감이 생기는 것 같습니다. 필자는 샘플 테스트 케이스가 모두 통과해도 바로 제출하기보다는 직접 다른 테스트 케이스들도 만들어 검증 후 제출해서 정확도를 올리는 편입니다.

> **알고리즘 문제 해결에 필요한 요소 5**
>
> ① **독해력** : 문제를 빠르고 정확하게 파악
> ② **배경지식** : 필수 자료구조/알고리즘 지식들
> ③ **문제해결력** : 솔루션/아이디어
> ④ **구현력** : 코딩
> ⑤ **검증&디버깅** : (틀렸을 경우) 틀린 곳 찾기 또는 반례 찾기

이렇게 알고리즘 문제 하나를 푸는 데 여러 가지 능력이 필요합니다. 알고리즘 문제를 잘 풀기 위해서는 이러한 능력들을 골고루 키워야 하기 때문에 어렵습니다. 또한 사람마다 잘하고 못하는 부분이 다르기 때문에 어떤 사람은 문제해결력이 뛰어나지만 구현력이 약하고, 반대인 사람도 있습니다.

일반적인 알고리즘 교육 과정은 이런 요소들을 분리하지 않고 통으로 진행합니다. 그렇기 때문에 한 번에 모든 요소를 트레이닝하게 되므로 굉장히 버겁습니다. 컴공선배는 '굳이 이걸 한 번에 다 트레이닝 할 필요가 있을까?'라는 의문에서 시작해서 각 과정을 쪼갰습니다. 1번 독해력과 5번 디버깅은 교육과정에선 생략하고 2~4번을 집중적으로 진행합니다. 우선, 도구가 될 기초 배경지식들을 습득하고, 3번 문제해결력을 트레이닝하고, 4번 구현력을 따로 트레이닝 합니다. 3번 문제해결력 트레이닝

과정에서는 코딩을 하지 않습니다. 문제를 접했을 때 '어떤 도구를 사용해서 어떻게 풀면 되겠다.'라고 로직을 떠올리기까지만 할 수 있다면 그 다음 코딩 과정은 나중에 따로 구현력 트레이닝 때 진행하면 됩니다. 어떤 언어로 코딩하는지는 구현력 파트에 해당되므로 3번 문제해결력 과정을 트레이닝할 때는 본인이 어느 프로그래밍 언어로 문제를 푸는지도 중요하지 않습니다.[1]

이 책의 Part 2가 2번 배경지식을 익히는 과정에 해당합니다. Part 3은 3번 문제해결력 트레이닝 과정입니다. Part 2를 통해 습득한 도구를 가지고 랜덤으로 문제를 접하며 무슨 도구로 어떻게 풀면 될지 구상하는 연습을 합니다. 문제를 읽고 코딩은 하지 말고, 본인이 생각한 그 도구와 방법이 맞는지 정답을 체크하는 방식으로 연습하세요. 이런 방법을 통해 짧은 시간 내에 많은 문제를 접해 트레이닝 효율을 끌어올릴 수 있습니다. Part 4에서는 실제 기업들이 출제했던 문제를 풀어 보며 구현력을 기를 수 있습니다.

정리하자면, 어떤 자료구조와 알고리즘들이 있는지 공부해서 배경지식을 늘리고 나면 알고리즘 문제를 잘 풀게 되는 것이 아니라 이제 그 도구들을 가지고 문제해결력과 구현력을 따로 연습하는 과정이 필요하다는 점이 컴공선배의 생각입니다. 그래서 Part 3과 4를 공부할 때는 목표 제한시간을 정해두고 문제집을 푸는 느낌으로 풀어보는 것을 권장합니다. 그리고 본인이 어느 능력이 부족한지 파악하면서 부족한 부분을 집중적으로 공부하면 공부 효율도 높아질 수 있을 것입니다. 만약 본인이 배경지식이 부족하다면 문제해결력과 구현력을 공부하기 이전에 우선 배경지식 공부부터 해야겠죠? 구현력은 충분한 것 같은데, 문제해결력이 부족하다면 굳이 모든 문제들을 구현까지 해서 정답임을 확인하기보다는 어떻게 푸는지 고민하고, 그 아이디어가 맞는지 체크하고 넘어가는 게 시간 대비 공부 효율이 높습니다. 코딩하지 않고 넘어가는 게 찝찝할 수 있겠지만 이렇게 하는 게 시간 대비 공부량은 훨씬 많을 것입니다.

컴공선배는 이런 공부법을 반영한 커리큘럼으로 알고리즘 교육을 진행해서 실제로 효과를 보았기 때문에 합리적이고 효과가 있는 방법이라고 자신합니다. 이 책에서도 해당 공부법으로 진행될 수 있도록 했습니다. 여러분도 이 책을 통해 여기서 소개한 커리큘럼대로 공부해서 알고리즘 실력을 쑥쑥 키우기 바랍니다.

---

1 언어마다 유불리가 달라서 문제에 따라 고려해야 할 때도 있기는 합니다. 하지만 기업 코딩테스트에서는 이 언어에서는 되는데 저 언어에서는 안 되는 경우는 거의 출제하지 않습니다. 따라서 언어의 특성 차이를 고려하지 않아도 된다고 할 수 있습니다. 따라서 알고리즘 대회 수준이 아닌, 기업 채용 코딩테스트 정도까지 만을 대비한다면 언어의 특성 차이를 고려해야 하는 경우는 많지 않습니다.

JOB
READINESS
CODING
TEST

취업
코딩
테스트

part.

01

코딩테스트 준비
어떻게
해야 하나요?

_ Chapter 01

코딩테스트란?

알고리즘 대회와 기업 코딩테스트

프로그래머는 다양한 지식과 능력을 필요로 한다. 그중 자료구조와 알고리즘은 필수적인 지식으로, 컴퓨터 공학 전공 과정에서 기본적으로 배우는 과목이기도 하다. 개발하면서 특정 데이터를 저장할 때 어느 자료구조를 사용하는지, 새로운 기능을 구현하는 데 어떤 알고리즘을 사용하는지에 따라서 프로그램의 성능은 크게 바뀔 수 있다. 그래서 꼭 코딩테스트가 아니라도 프로그래머 채용 과정에서 면접이나 과제 등으로 지원자의 자료구조과 알고리즘 지식을 검증하는 게 보통이다.

최근 몇 년간 IT기업들이 프로그래머 채용 시 코딩테스트를 도입하는 경우가 굉장히 많아졌다. 왜 그럴까? 코딩테스트를 준비하기 위해서는 수많은 응시자가 동시에 테스트를 원활하게 치를 수 있는 환경 및 채점 서버, 출제 문제와 테스트 케이스들, 정답 등 여러 가지를 준비해야 하므로 기업 입장에서는 적지 않은 시간과 인력, 비용 부담이 있다.[2] 그럼에도 불구하고 여러 가지 이점이 있기 때문에 코딩테스트를 시행한다. 컴공선배가 생각하는 몇 가지의 이점은 다음과 같다.

첫째, 모두가 동일 환경에서 공정하고 객관적으로 시험을 치를 수 있다. 채용과정에서 무엇보다 중요한 게 공정성인데, 면접은 아무리 공정하고 객관적으로 하려고 해도 어느 정도는 면접관의 주관적인 의견이 반영될 수밖에 없다. 어느 면접실의 어떤 면접관을 만나는지에 따라 점수가 달라질 수 있는 것이다. A면접관은 인성보다는 전공지식을, B면접관은 전공지식보다 실무능력을, C면접관은 무엇보다 인성을 중요시한다고 했을 때, 당연히 선호하는 지원자가 다를 수밖에 없다. 반면에 코딩테스트는 각자 다른 언어로 치르더라도 그 언어를 자신이 가장 자신 있는 언어로 선택할 수 있고, 모두가 동일하게 표준 입출력, 표준 함수를 이용하므로 지원자의 능력을 공정하게 평가할 수 있다.

---

2 프로그래머스, 엘리스, 해커랭크, 코딜리티 등 코딩테스트 플랫폼을 이용하는 경우가 많다.

둘째, 코딩테스트는 기존 알고리즘 대회의 형식을 가져와서 비슷하게 시행하기 때문에 순위를 매기기에 좋다. 제한시간 내에 문제를 많이 맞출수록 순위가 높으며, 풀이한 문제 수가 동일할 경우 더 빨리, 더 적은 시도 횟수로 맞춘 사람의 순위가 높다.[3]

마지막으로, 문제해결능력Problem Solving과 코딩능력을 짧은 시간 내에 측정할 수 있기 때문이다. 경력직의 경우 구인하는 포지션에서 요구되는 구체적인 기술 스택, 프레임워크, 프로젝트 경험을 더 중시하는 편이지만, 신입 채용 시에는 개발자의 기본 지식들을 위주로 평가할 필요가 있다. 단순 지식만이라면 면접에서 검증할 수도 있겠지만, 코딩 자체를 전혀 할 줄 모른다면 아무리 신입이라도 기업 입장에서는 채용이 난처해진다. IT업계에서는 학점이나 자격증 같은 스펙보다 코딩을 얼마나 잘하는지 같은 실무 능력이 더 중시된다는 건 많은 이들이 이미 알고 있는 사실이다. 그래서 요즘 IT기업들은 신입 개발자 채용 시, 서류전형에서는 대부분 혹은 전원을 통과시키고 코딩테스트에서 어느 정도 선별한 뒤에 면접으로 최종 평가를 진행하는 편이다. 일단 코딩테스트에 통과해야 면접을 볼 수 있으니 많은 예비 개발자들이 코딩테스트를 대비하고 있다.

코딩테스트 대비하기

코딩테스트를 대비해서 알고리즘 문제를 풀어볼 수 있는 사이트들은 여럿 있는데,[4] 이 책에서는 국내에서 유명한 백준 온라인 저지[5]를 주로 이용할 것이다. 최백준 씨가 본인의 이름을 따서 만든 사이트로, 국내외를 통틀어 굉장히 많은 양의 문제들을 업로드했으며 그 종류도 다양하다. 많은 문제들이 한국어로 번역되어 있고 편리한 기능들도 많다. 사이트 이용에 관한 안내는 사이트 하단에 '도움말' 문서들을 참고하면 도움이 될 것이다. 여기서는 가장 기본적인 1,000번 문제를 살펴보겠다.

---

3 알고리즘 대회나 코딩테스트마다 룰이 조금씩 다르다. 문제 수 대신 테스트 케이스마다 점수를 할당하고, 통과한 케이스들의 부분 점수를 주기도 한다.

4 이런 사이트들을 온라인 저지(Online Judge)라고 한다.

5 https://www.acmicpc.net 또는 https://boj.kr

기본예제　A+B

boj.kr/1000 | ☆☆☆☆☆ | **시간 제한** 2초 | **메모리 제한** 128MB

두 정수 A와 B를 입력 받은 다음, A+B를 출력하는 프로그램을 작성하시오.

(↓) 입력

첫째 줄에 A와 B가 주어진다. (0 < A, B < 10)

(↑) 출력

첫째 줄에 A+B를 출력한다.

예제 입력
1 2

예제 출력 2
3

　문제 제목 'A+B' 아래 문제의 기본적인 정보들이 주어진다. 'boj.kr/1000'은 백준 온라인 저지 내에서 해당 문제 페이지로 바로 접속 가능한 링크주소이다. 인터넷에서 해당 링크로 바로 접속해서 볼 수 있다. boj.kr/ 뒤에 문제 번호를 붙인 주소가 그 문제의 접속링크이다.

　별은 난이도를 나타내는데, 이 책에서는 별 0~5개로 나눠 표기하겠다. 백준 온라인 저지에는 난이도 측정 시스템이 없어서 shiftpsh라는 유저가 'solved.ac'라는 서비스를 만들었다. 이 서비스를 연동하면 백준 온라인 저지 내에서 문제별로 난이도를 확인할 수 있다.

　그 옆에는 시간 제한, 메모리 제한을 표기했다. 이 제한 사항들은 제출한 코드를 채점 서버가 실행해 볼 때 적용된다. 정답을 잘 출력하는 코드라 할지라도 실행 후 제한시간을 넘어 출력한다면 '시간 초과'가 발생해서 오답 처리된다. 프로그램이 사용하는 메모리 역시 메모리 제한을 넘으면 '메모리 초과'가 발생해서 오답 처리된다. 따라서 적당량의 메모리를 사용하면서 가급적 빠르고 정확하게 답을 구하는 코드를 짜야 한다. 아무리 정확한 아이디어일지라도 지나치게 비효율적인 알고리즘이라면 통과할 수 없다는 의미이다.

　그 다음으로 문제 본문과 입력, 출력에 대한 설명이 나오고 그 아래에는 예제가 주어진다. 채점 서버가 채점할 때에는 이 예제뿐 아니라 채점 서버가 갖고 있는 더 많은 테스트케이스들까지 사용해서 채점한다. 따라서 예제만 잘 나온다고 해서 안심하고 제출하면 안 되고, 여러 경우들을 전부 고려해야 한다.

1,000번 문제는 가장 쉬운 문제이지만, 알고리즘 문제를 풀어본 경험이 없는 이들은 제출란에 어떤 코드를 제출해야 하는지 난감할 수 있다. 백준 온라인 저지에서는 이 문제의 기본 정답 코드를 프로그래밍 언어별로 제공하고 있다. 언어 도움말 페이지(www.acmicpc.net/help/language)에서 확인할 수 있다. 코딩테스트에 필요한 기본 지식에 대해서는 'Chapter 4. 문제 해결 시작하기'에서 좀 더 살펴보겠다.

언어 고르기

알고리즘 대회를 준비하는 사람들은 전통적으로 C++을 많이 사용하기 때문에, 각종 대회와 사이트들은 C++을 기준으로 돌아가는 경우가 많다. 그런데 IT기업이 채용 과정에서 코딩테스트를 도입한 최근 몇 년간, Python으로 코딩테스트를 대비하는 사람들이 많이 늘었다. Python은 C++보다는 느리지만 각종 편리한 기능들이 많고 코드가 간결한 편이라 선호하는 이들이 많다. 이 책에서는 Python을 중심적으로 진행하되, C++에 대해서도 조금씩 언급했다.

온라인 저지에서는 여러 언어를 지원하는데 C++, Java, Python 세 언어가 가장 많은 비중을 차지하는 편이다. 인터넷에서 구할 수 있는 자료 또한 이 세 언어가 많다. 그 외의 언어들은 사용자가 적어 가끔은 마이너한 언어의 비애(?)를 경험할 수도 있다. 여기서 마이너하다는 것은 알고리즘 문제풀이에서 사람들이 잘 사용하지 않음을 의미할 뿐, 개발에서는 많이 쓰이는 언어일 수 있다. 예를 들어, 웹 프론트 개발에서는 Javascript를 빼놓을 수 없고 iOS 앱개발에서는 Swift를 주로 사용한다. 하지만 이 언어들로 알고리즘 문제를 푸는 사람들은 C++, Java, Python에 비하면 적은 편이다. 이런 의미에서 마이너하다는 것이지, 결코 개발에서까지 마이너하다는 의미는 아님을 알아두자.

사람들이 알고리즘 문제풀이에 자주 쓰지 않는 언어들은 참고할 자료와 코드가 적다. 게다가 어떤 로직이 C++로 구현했을 때는 통과하는데 어떤 다른 언어로 그대로 구현하니 통과하지 못하는 경우도 있는데, 여기에는 여러 가지 이유가 있을 수 있다. 대부분의 알고리즘 문제는 C++을 기준으로 제한 시간을 설정하는 편이고 C++보다 느린 언어들은 보통 보너스 시간과 메모리를 받는다. 예를 들면, 백준 온라인 저지에서는 일괄적으로 Python은 문제에 명시된 시간 제한에 +2초가 적용된다. 백준 온라인 저지에서 언어마다 적용되는 보너스 시간과 메모리도 언어 도움말 페이지에서 확인 가능하나, 이는 언어 속도 차이를 대략적으로만 반영한 것이라 가끔은 보너스 시간이 적용되어도 같은 로직이 통과되지 않는 경우도 발생한다. 결과적으로 더 최적화를 해야 통과가 되거나 심지어 아예 통과가 안 되는 경우가 생긴다. 백준 온라인 저지에서는 반드시 모든 문제가 모든 언어로 꼭 통과되는 것을 보장하지는 않고 있다. 그렇기 때문에 사람들이 문제풀이에 많이 쓰지 않는 언어 사용자들은 간혹 이런 문제에 봉착할 수 있다.

또한, 어떤 언어에서는 편리하게 기본 라이브러리로 제공하는 기능이 다른 언어에서는 없어서 직접 구현해줘야 하는 등 편의성이 다른 문제도 있다. Python은 코드량도 적고 문제풀이에 유용한 기본 라이브러리들이 많아 선호도가 높다.

따라서 입문자라면 알고리즘 문제풀이에 사람들이 많이 쓰는 C++, Java, Python 세 가지 언어 중 하나를 선택해서 학습하기를 추천한다. 온라인 저지 사이트에서는 각 언어의 특성이나 차이를 고려해야 할 때가 있지만, 기업 코딩 테스트에서는 모든 언어로 풀 수 있도록 보장해서 내는 편이므로 크게 걱정하지 않아도 된다. 알고리즘 문제를 풀 때는 원래 익숙한 언어 또는 위 세 언어 중 하나를 고르는 게 일반적이다. 아직 언어를 정하지 않았다면 Python을 추천한다.

물론 본인이 커리어를 확고하게 결정했다면 꼭 C++, Java, Python이 아니어도 괜찮다. 예를 들어, 본인이 iOS 앱 개발자로 진로를 확고하게 결정했고 해당 직군 채용에만 지원한다면 코딩테스트를 Swift로 볼 가능성이 높다. 백준 온라인 저지에서 연습할 때 애로사항이 약간 있을 수 있지만 그렇게 큰 문제는 아니다. 이런 경우에는 굳이 코딩 테스트를 위해 C++, Java, Python을 억지로 하기보다는 Swift로 연습하는 게 좋다.

0010101
01101010
10111010
11011000
10100110

JOB
READINESS
CODING
TEST

_ Chapter 02

코딩테스트 출제 경향

코딩테스트는 알고리즘 대회와 형식이 비슷하지만, 전반적으로 대회 문제보다는 난도가 많이 낮은 편이다. 자료구조, 알고리즘 범위 또한 대회에 비해 대체로 한정된 범위 내에서 출제되는 경향을 보인다. 물론 코딩테스트에 어떤 알고리즘까지만 출제하겠다고 명시하진 않기 때문에 다소 생소한 자료구조나 알고리즘을 써야 하는 문제가 출제될 가능성이 절대 없다고 할 수는 없다. 하지만 기업이 코딩테스트를 시행하는 목적을 생각해 보면 그런 문제는 거의 나오지 않을 것이다. 소수만 아는 아주 어려운 알고리즘을 알고 있는지 보다는 학부 수준의 기본적인 자료구조나 알고리즘의 개념과 특성을 알고 응용할 줄 아는지를 보는 게 코딩테스트의 목적에 더 부합한다. 따라서 이 책에서는 기업 코딩테스트에서 주로 나오는 기본적인 몇 가지 도구만을 소개할 것이다. 이 책에 나오지 않은 개념들도 테스트에 출제되고 있으므로 완벽한 대비는 힘들겠지만, 입문자를 위한 길잡이 역할은 충분히 수행할 거라 생각한다.

코로나19 이후로 온라인으로 코딩테스트를 시행하는 기업체가 많이 늘어났기 때문에 먼저 온라인 코딩테스트에 익숙해질 필요가 있다. 온라인 시험의 경우 부정 행위를 저지르는 경우가 있어서 매우 엄격하게 테스트를 진행하는 기업들이 있다. 코딩테스트를 진행하는 동안 책상에 스마트폰으로 본인의 모습과 모니터를 촬영하고 코딩테스트가 끝나자마자 촬영본을 제출하도록 안내하는 곳도 있다. 따라서 기업 채용 과정에서 안내 메일 등을 꼼꼼히 확인하고 부정 행위로 오해 받을 수 있는 요소는 사전에 배제해야 한다. 그리고 코딩테스트에 합격했더라도, 이후 기술 면접에서 본인이 제출했던 코드를 가지고 면접을 진행하기도 하니 참고하자.

기업별 출제 경향

삼성 SAMSUNG

삼성은 SW Expert Academy(swexpertacademy.com)라는 자체 사이트를 만들어 코딩 테스트를 대비해 문제를 풀어볼 수 있게 해 두었다. 그리고 채용과 별개로 주기적으로 SW 역량테스트를 진행해왔는데, 코로나19 이후 무기한 중단한 상태이다(2021년 8월 기준). SW 역량테스트는 A, B, C형으로 나뉘어 진행되었고 A형이 가장 쉬운 시험이었다. 3급 공채 시험이 A형 테스트와 거의 동일한 형태와 난이도로 진행되는데, 둘 다 3시간의 제한시간과 2개의 문제가 주어진다. 사용 가능한 언어는 C, C++, Java, Python이며 지금까지는 시뮬레이션, 구현, DFS, BFS 문제가 주로 출제되었다. 어려운 알고리즘이 나오지는 않지만, 구현이 복잡한 문제를 출제하는 게 삼성 코딩테스트의 특징이다. 구현 문제로는 대체로 N×N 격자 칸을 다루는 문제가 단골로 출제되고 있으며, 오프라인 코딩테스트를 고수한다.

라인 LINE

라인은 5~6문제를 출제하며 3시간의 제한시간을 둔다. 사용 가능한 언어는 C++, Java, JavaScript, Python, Kotlin, Swift이며 구현, 탐색, 시뮬레이션, 자료구조 등이 출제되었다. 난이도는 그리 어렵지 않은 편으로 알려져 있다.

카카오 kakao

카카오는 몇 년 전부터 블라인드 신입 공채를 시행해오고 있는데, 5시간 내에 7문제를 풀어야 한다. 사용 가능한 언어는 C++, Java, JavaScript, Python, Kotlin, Swift이며 구현, 문자열, 탐색, DP, DFS, BFS, 그래프 등 출제 범위가 넓다. 기업 코딩테스트 중 가장 어렵다는 평을 있을 정도로 난이도가 높은 편이다. 항상 출제된 문제의 해설을 인터넷에 공개하고 있으므로 어떤 문제들이 출제되었는지 쉽게 확인할 수 있다.

_ Chapter 03

코딩테스트 채점 기준

코딩테스트의 룰과 채점 기준은 기업별로 상이하다. 알고리즘 대회와 달리 코딩테스트에서는 채점 결과를 공개하지 않기도 한다. 단순히 맞춘 문제 수를 세기만 할 수도 있고, 문제 혹은 테스트케이스마다 배점을 달리하고 총 합계 점수로 평가할 수도 있다. 문제를 얼마나 빨리 풀었는지, 몇 번의 시도 만에 맞췄는지에 대한 기준도 다르다. 최대 제출 횟수 제한을 거는 곳도 있다.

이렇듯 기업마다 세부 규정과 기준이 다르므로 안내 메일을 꼭 확인해야 하고 과거에 해당 기업의 코딩테스트가 어떻게 진행됐는지까지 알아 두는 것이 좋다.

대부분 합격 커트라인은 공개하지 않지만 보통 절반 이상 맞추면 합격하는 경우가 많다. 삼성은 2문제 중 1문제 이상, 카카오는 7문제 중 4문제 이상이 합격권이었다. 물론 문제 난이도와 응시자들의 평균 실력에 따라 달라질 수 있다.

시간 복잡도

알고리즘 문제를 풀 때 반드시 알아 둬야 하는 배경 지식 중 하나가 바로 '복잡도' 이론이다. 문제마다 제한시간이 있으므로 이 제한시간 내에 돌아가는 코드를 짜야 한다. 문제에서 주어지는 입력 중 가장 오래 걸리는 형태가 들어왔을 때 그 제한시간 내에 답을 출력할 수 있을까? 이를 가늠할 때 필요한 게 시간 복잡도 개념이다. 여기서는 자세한 이론을 다루는 대신 간단한 개념 소개와 함께 필수적으로 알아두어야 하는 것들만 짚고 넘어가겠다.

다음과 같은 문제가 주어졌을 때 어떻게 풀면 될까?

N을 입력받아 1~N의 합계를 출력하세요.

반복문을 사용해서 $1+2+3+\cdots+N$을 수행하면 된다. 간단하다. 이때 덧셈 연산을 대략 N번 수행하게 된다. N이 100이라면 사칙연산을 약 100번, N이 100,000,000이라면 사칙연산을 대략 100,000,000번 하게 된다. 간단한 알고리즘이지만 N이 커지면 그에 비례해서 연산 수도 늘어난다.

그런데 $\frac{N \times (N+1)}{2}$ 수식을 사용하는 방법도 있다. N이 몇이든 사칙연산을 3번만 하면 되므로 답을 구하는 속도도 훨씬 빠르다. 이렇듯 어떤 문제를 푸는 알고리즘은 여러 가지가 존재할 수 있으며, 속도도 다르다.

시간 복잡도는 빅—오 표기법$^{Big-O\ notation}$으로 나타낸다. 입력 범위 N에 비례해서 연산 횟수가 늘어나는 정도를 나타내는 건데, 위 문제에서 반복문을 사용하는 방법은 O(N)으로 나타낼 수 있다. 그 다음 소개한 수식을 사용하는 방법은 N이 몇이건 연산 횟수는 상수이므로 O(1)이다.

빅—오 표기법에서는 가장 큰 항만 남기고 작은 항들과 계수는 전부 생략할 수 있다. 만약 어떤 알고리즘의 연산 횟수가 총 $3N^2+10N+700$이라면 시간 복잡도는 $O(N^2)$로 나타내는 식이다. 이 알고리즘은 N이 20배 증가하면 연산 수는 약 400배로 증가하게 된다.

항상 그런 건 아니지만 보통 k중 반복문을 돌리면 시간 복잡도는 $O(N^k)$가 된다. 반복문 내부에서 어떤 것을 하는지에 따라 달라질 수도 있기는 하지만, 일반적으로는 2중 for문을 쓰면 $O(N^2)$, 3중 for문을 쓰면 $O(N^3)$가 된다.

실제 코딩테스트에서 고안한 알고리즘의 실제 연산횟수를 세고 제한시간 내에 돌아갈 정도인지 파악하기에는 시간이 부족하므로 대략적으로 파악하는 것이 일반적이다. C/C++ 기준으로 1초에 연산횟수 상한 1억 번이라고 생각하면 편리하다. CPU 성능에 따라 다르지만 보수적으로 잡은 수치이므로 대부분의 환경에서 1초에 1억 번 이상은 연산을 하는 편이다.[6] 단, Python은 C/C++ 보다는 느리므로 제한시간 보정을 받는다.

한 번 예를 들어 보겠다. 1~N의 합계를 출력하는 문제에서 N의 범위가 10,000이고 시간 제한이 1초라면 O(N)으로 풀거나, O(1)으로 풀어도 통과할 것이다. 1초에 연산 1억 번이 상한인데, N이 1만이므로 상한보다 훨씬 작기 때문이다. 그런데 N의 범위가 만약 2,000,000,000이라면 O(N) 알고리즘은 시간 초과가 발생할 가능성이 있다. 이 경우에는 O(1) 알고리즘을 쓰는 게 좋다.

---

6 요즘 웬만한 CPU 성능이라면 1초에 수 억 번의 연산은 할 수 있다고 생각해도 무방하다.

공간 복잡도

문제에서 주어지는 입력 중 가장 메모리를 많이 사용하는 입력이 들어왔을 때, 해당 문제의 메모리 제한을 넘기지 않고 프로그램이 돌아갈지 파악해야 한다. 이때 필요한 게 공간 복잡도이며 시간 복잡도와 같이 빅−오 표기법으로 나타낸다. 예를 들어 C++ 기준으로 int는 4 byte이므로 크기 2,000짜리 int 배열을 만들면 대략 $4 \times 2,000byte = 8,000byte = 8KB$이다. 메모리 제한은 보통 128~512MB로 주어지는 경우가 많으므로 int 기준으로 3천만 개 이상을 할당하면 위험하다는 것을 알 수 있다. 배열 크기가 천만이 넘어가면 혹시 잘못된 알고리즘이 아닌가 의심해보는 것이 좋다. 또한 재귀함수를 사용하는 경우에 재귀 호출 회수가 많은 경우에도 메모리를 꽤 사용하니 주의가 필요하다.[7]

시간과 공간(메모리)는 trade−off 관계를 갖는 게 일반적이라 메모리를 적게 쓰는 프로그램은 느리고, 메모리를 많이 잡아먹는 프로그램은 더 빠른 경향이 있다.

---

7 재귀 호출 회수가 많으면 메모리 초과 이전에 시간 초과가 발생할 수도 있다.

_ Chapter 04

문제 해결 시작하기

코딩테스트에 필요한 프로그래밍 기본 지식

일반적으로는 알고리즘 문제를 푸는 데 200줄 미만 분량의 코드를 작성한다. 복잡한 구현 문제가 아니라면 100줄이 안 되는 경우가 많다. 크고 복잡한 프로그램을 만드는 게 아니므로 주로 사용되는 언어 문법도 그리 많지 않다. 입문할 때에는 변수, 함수, 배열, 반복문, 조건문만 사용해서 문제를 풀게 되고, 상속과 같은 객체지향적 기능이나 C++에서의 포인터는 거의 쓰이지 않는다. 따라서 기본적인 언어 문법만 익히고 시작해도 크게 무리가 없으며, 문제를 풀면서 익숙해지기도 하기에 이 책에서 그러한 기본 문법들을 다루지는 않겠다.

입출력

코딩테스트에서는 표준 입력과 출력을 사용한다. 표준 입력함수를 사용해서 입력받고, 문제에서 요구하는 결괏값을 표준 출력함수를 사용해서 출력해야 한다. 각 언어마다 표준 입출력 함수가 있다.

Python에서는 input() 함수를 통해 한 줄씩 입력받는다. 한 줄을 통째로 입력받으므로 쪼갤 필요가 있을 때는 split() 함수를 사용한다. 입력받은 결과는 string이기 때문에 정수로 변환할 필요가 있을 때는 int() 함수를 사용한다.

```
CODE EXAMPLE
# Python
name = input()
n = int(input())
a, b = map(int, input().split())
print(name, n, a, b)
```

C++에서는 <iostream> 헤더를 include 시킨 후 cin, cout을 사용할 수 있고, <cstdio> 헤더를 include 시킨 후 scanf(), printf() 함수를 사용할 수 있다. 후자는 C언어에서 사용되던 함수이다. C++ string을 입력받기 위해서는 cin을 사용해야 한다.

```cpp
// C++
#include <cstdio>
#include <iostream>
#include <string>

using namespace std;

int main() {
    string name;
    cin >> name;

    int n, a, b;
    scanf("%d %d %d", &n, &a, &b);

    cout << name << '\n';
    printf("%d\n%d %d\n", n, a, b);

    return 0;
}
```

빠른 입출력

입출력 데이터의 수가 10,000개 이상으로 너무 많다면 빠른 입출력 함수를 사용해야 한다. 위에서 소개한 함수들은 속도가 느려서 시간 초과가 발생할 수 있다. 백준 온라인 저지 15,552번 '빠른 A+B' 문제를 참고하자(boj.kr/15552).

파이썬은 input() 대신 sys.stdin.readline()을 사용하면 된다. 매번 sys.stdin.readline()을 치기 귀찮다면, 아예 미리 input을 sys.stdin.readline으로 선언해 두고 input()을 그대로 사용하듯 해도 된다.

input() 함수는 한 줄을 통째로 입력받는 함수이며, 이 함수 호출 횟수가 기준이 된다. 만약 수십 만 개의 많은 데이터를 입력받아야 하는 문제일지라도 그 데이터가 전부 한 줄에 주어지는 거라면 input()을 한 번만 호출해도 되므로 굳이 빠른 입출력이 필요 없다.

```python
# Python
import sys


input = sys.stdin.readline
for _ in range(100000):
    n = input()
    # ...
```

C++에서 scanf(), printf() 함수는 충분히 빠르기 때문에 그대로 사용하면 된다. cin, cout을 사용하고 싶다면 cin.tie(NULL)과 sync_with_stdio(false)를 적용하고 endl 대신 개행문자(₩n)를 사용해야 한다. 단, 이 경우에는 scanf(), printf()와 같은 C언어 입출력 함수를 사용하면 안 된다.

```cpp
// C++

#include <iostream>

using namespace std;

int main() {
    cin.tie(NULL);
    ios::sync_with_stdio(false);

    int n;
    for (int i = 0; i < 100000; ++i) {
        cin >> n;
        // ...
        cout << n << '\n';
    }

    return 0;
}
```

일반적으로 빠른 입출력 함수는 입출력 데이터 수가 많지 않을 때 사용해도 무방하다.

자료형

C++ 기준으로, 다루는 데이터의 범위가 $-2^{31} \sim 2^{31}-1$(절댓값 약 21억)라면 4byte를 사용하는 int 변수에 담을 수 있다. 이를 초과하는 수는 8byte를 사용하는 long long에 담아야 한다. long long의 범위는 $-2^{63} \sim 2^{63}-1$이다. 이 범위조차 초과하는 매우 큰 수는 BigInteger 클래스를 사용해야 한다. C++ STL에는 BigInteger가 없기 때문에 직접 구현해야 하며 Java, Kotlin 등 다른 언어에서는 기본 라이브러리로 제공한다.

기업 코딩테스트에서는 BigInteger를 사용해야 하는 문제는 거의 없기 때문에 오버플로우를 신경 쓰지 않아 틀리는 문제는 염두에 두지 않아도 되는 편이다. 하지만 대회 문제들이나 온라인 저지를 이용할 때에는 이런 오버플로우로 인해 틀리는 경우가 있으므로 자료형에 신경 쓰는 게 좋다.

Python은 어떤 정수를 변수에 담을 수 있는 범위를 초과하면 오버플로우를 발생시키지 않고 내부적으로 알아서 더 큰 자료형으로 변환시켜 준다. 그래서 Python으로 문제를 풀면 오버플로우를 고려하지 않아도 돼서 편리하다.

변수명

프로그래밍에서 변수명, 함수명 등 이름 짓기에 대한 중요성은 이미 알고 있을 것이다. 프로젝트 개발은 보통 여러 사람들이 참여하는 작업이고 계속 서비스하면서 유지보수를 해야 하므로 보편적으로 이해하기 쉬운 코드를 작성해야 좋다.

그런데 알고리즘 문제풀이는 고독하게 혼자 코드를 작성하고, 문제를 풀고 나면 끝이므로 코드가 일회성이다. 그래서 알고리즘 문제풀이를 할 때는 작명에 크게 고민하기보다는 빠르게 문제를 풀기 위해 이름을 짧게 축약어로 짓는 경향이 있다. 알고리즘 문제풀이 공부를 할 때 다른 사람의 코드를 보면 이런 축약형 변수, 함수명을 접할 수 있다. 물론 작명에 관해서는 개인의 취향에 따라 달라질 수 있고, 저자의 스타일을 따를 필요도 없다. 하지만 다시 한 번 강조하자면 알고리즘 문제풀이에서만 쓰는 이런 작명 스타일은 일반적인 개발에서는 지양하고, 해당 프로젝트의 코딩 스타일 가이드와 그 언어의 표준 스타일을 따라야 한다.

이 책에서 코드에 주로 사용한 변수명, 함수명들은 다음과 같다. 대부분 아래와 같은 의미로 썼지만 가끔 다른 의미로 쓴 경우도 있을 수 있다.

축약된 변수·함수명	변수·함수명	의미
l	left	• 범위에서 왼쪽
m	mid	• 범위에서 중간
r	right	• 범위에서 오른쪽
l	low	• 범위에서 낮은 쪽
hi	high	• 범위에서 높은 쪽
combi	combination	• 조합들 중 하나
gr	graph	• 그래프
adj	adjacent	• 인접행렬 또는 인접리스트 • 그래프를 담는 변수명으로 주로 사용
d 또는 dist	distance	• 거리 또는 그래프 탐색 과정에서 시작점에서 몇 단계를 거쳐 왔는지 나타냄
tot	total	• 총합 • sum이라는 기본 함수가 이미 존재하기 때문에 sum을 변수명으로 사용하는 것은 지양함
cnt	count	• 카운트 • 뭔가 횟수를 세서 저장하는 변수로 주로 사용
a 또는 arr	array	• 배열
narr	next array	• 다음 배열 • 변수명 앞에 n이 붙으면 next 의미로 주로 사용
acc	accumulate	• 누적합을 담는 배열 이름으로 주로 사용
now	now	• 현재 값 • 그래프 탐색 과정에서 현재 방문한 노드를 나타낼 때 주로 사용
nxt	next	• 다음 값 • 그래프 탐색 과정에서 다음 방문할 노드를 나타낼 때 주로 사용
val	value	• 값
stk	stack	• 스택
ch	character	• 한 글자
chk	check	• 체크배열 • 주로 그래프 탐색할 때 방문체크를 위한 배열 이름으로 사용
dq	deque	• 덱
q	queue	• 큐
ret	return	• 함수에서 반환할 값을 담는 변수로 주로 사용
ans	answer	• 문제에서 구하는 답을 담는 변수로 주로 사용
mv	move	• 이동
candi	candidate	• 후보 • 여러 가지 후보들 중 하나를 골라야 할 경우 그 후보들을 담을 배열 이름으로 사용
recur	recursive	• 재귀 • 재귀 함수를 recur라고 주로 이름 지음
sz	size	• 크기

리스트 컴프리헨션 List Comprehension

Python에는 '리스트 컴프리헨션'이라는 문법이 있다. Python으로 알고리즘 문제풀이를 할 때 굉장히 자주 쓰인다. 아래 코드는 리스트 컴프리헨션의 다양한 사용 예시인데 a1과 a2가 동일하고 b1과 b2가 동일하며 e1, e2, e3가 동일하게 나온다. a2, b2, c, d, e2, e3가 리스트 컴프리헨션을 사용하고 있는 모습이다. 이렇게 리스트를 생성할 때 어떤 반복적인 값으로 초기화하려면 리스트 컴프리헨션을 사용한다.

```
a1 = [3] * 8
a2 = [3 for i in range(8)]
print(a1)
print(a2)


b1 = [*range(8)]
b2 = [i for i in range(8)]
print(b1)
print(b2)


c = [i + 10 for i in range(8)]
print(c)


d = [i ** 2 for i in range(8)]
print(d)


e1 = [[1] * 4] * 3  # 주의! 이 방식으로 다차원 리스트 생성은 지양할 것
e2 = [[1] * 4 for _ in range(3)]
e3 = [[1 for _ in range(4)] for _ in range(3)]
print(e1)
print(e2)
print(e3)
```

그런데 다차원 리스트를 생성할 경우 e1과 같은 방식은 가급적 지양하고 e2나 e3와 같이 리스트 컴프리헨션을 사용해서 생성해야 한다(가장 내부의 리스트만 '*'을 이용해서 생성해도 괜찮다). 그 이유는 PART 2. Chapter 1의 배열 부분에서 설명하겠다. 일단 다차원 리스트가 필요할 때는 리스트 컴프리헨션을 사용하거나 빈 리스트에 1차원 리스트를 추가^{append}하는 방식으로 만들어야 한다는 것만 알아 두자.

삼항 연산자

삼항 연산자는 Python뿐 아니라 다른 프로그래밍 언어들도 많이 지원하는 문법이다. 어떤 조건에 따라 분기가 발생할 때 if~else문으로 조건문을 작성하는 것이 일반적이다. 하지만 이를 한 줄에 간단하게 나타낼 수 있는 방법이 있는데, 바로 삼항 연산자를 이용하는 것이다. 이를 적절하게 잘 활용하면 코드가 더 간략해진다. 이 책에서도 많이 사용하고 있으니 알아 두자.

아래 코드에서 b는 리스트 컴프리헨션과 삼항 연산자를 같이 사용해서 리스트를 초기화한 것이다.

```
a = [2, 4, 7, 5, 1, 8, 6, 3]
for i in a:
    even_or_odd = '짝' if i % 2 == 0 else '홀'
    print(i, even_or_odd)


b = [1 if j % 2 else 0 for j in a]
print(b)
```

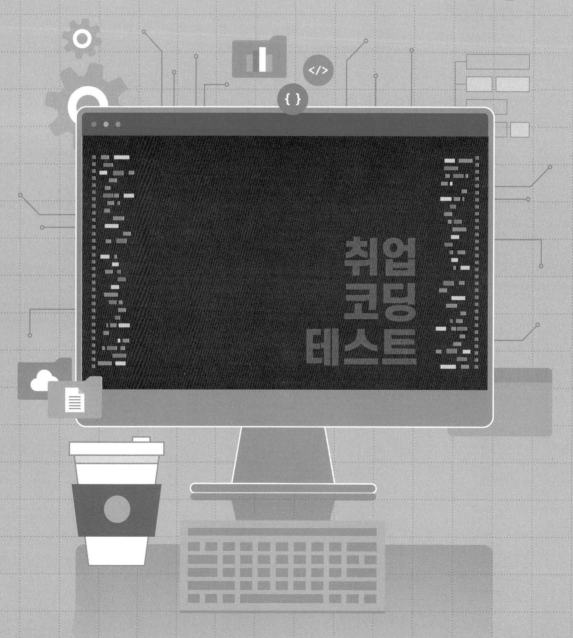

part.

02

알고리즘
유형 분석

## Chapter 01

자료구조

코딩테스트에 필요한 자료구조

세상에 자료구조는 다양하게 존재한다. 그래프만 해도 여러 종류가 있고, 트리도 여러 가지 트리들이 존재한다. 모든 자료구조를 공부하면 물론 좋겠지만, 그렇게 하기에는 분량이 너무 방대하고 긴 시간이 필요하다. 코딩테스트에 주로 나오는 기초적인 자료구조와 알고리즘을 우선적으로 공부하자.

자료구조는 입력으로 들어온 데이터들을 저장하는 도구이다. 어떻게 저장하며, 어떻게 관리되고, 어떻게 필요한 것을 가져다 쓰는지 자료구조마다 방식이 다르다. 시간 복잡도 역시 달라진다. 그래서 문제에 따라서 적절한 자료구조를 사용해야 한다. 적절한 자료구조만 골라도 풀리는 문제들이 많다.

어떤 알고리즘들은 특정 자료구조 위에서 돌아간다. 예를 들어, 그래프 알고리즘들은 그래프라는 자료구조에서만 쓸 수 있다. 이 책에서 소개될 알고리즘 역시 각각 정해진 자료구조를 토대로 작동하므로 어떤 자료구조들이 있는지 먼저 알아 둘 필요가 있다. 이 챕터에서 필수 자료구조들을 소개한다.

한 가지 팁으로, 대부분의 프로그래밍 언어들이 기본 라이브러리로 제공하는 자료구조와 알고리즘들이 있다. 모든 자료구조를 직접 구현할 필요는 없고 언어에서 제공하는 자료구조라면 해당 라이브러리를 갖다 쓰면 된다. 코딩테스트에서도 각 언어들의 기본 라이브러리들은 사용 가능하다. C++에서는 STL을 적극 활용하자. Python에서는 같은 기능을 하는 자료구조 라이브러리가 두 가지인 경우도 있는데, 해당 파트에서 각 차이점과 어느 걸 쓰면 되는지도 소개하겠다.

배열 Array

배열은 대부분의 프로그래밍 언어에서 제공하는 기본 자료구조로, 여러 데이터를 한 군데에 담아 연속적으로 처리할 때 사용한다. 예를 들어 int 변수 1,000개를 저장할 필요가 있다면 int 변수 선언을 1,000번 하는 것은 굉장히 귀찮은 일이고 코드도 쓸데없이 길어진다. 그래서 이런 경우에는 배열을 만들어 쓴다. 배열을 만들면 값들을 담아줄 공간을 메모리에 연속적으로 할당한다.

[0]	[1]	[2]	[3]	[4]	[5]	[6]	[7]
4	9	1	3	1	6	4	4

위의 그림은 크기 8짜리 배열을 만들고 임의의 값을 집어넣은 모습이다. index는 0부터 시작하며 7까지 있다. 메모리에 연속적으로 존재하기 때문에 임의 접근^{random access}이 가능하다는 장점이 있다. 시작 주소 값에서 접근하고 싶은 index만큼 메모리 값을 더해 주면 순차 탐색을 거칠 필요없이 한 번에 해당 index로 이동할 수 있다. 시간 복잡도는 O(1)이다.

단점은 데이터 삽입/삭제 속도가 느리다는 점이다. 예를 들어, 중간에 어떤 값을 넣고 싶다면 빈 자리를 하나 만들어 주기 위해 그 자리부터 뒤에 있는 모든 값들을 다 하나씩 뒤로 밀어야 한다. 삭제 역시 마찬가지로 중간에 어떤 값을 빼고 빈 자리를 메꾸기 위해 뒤에 있던 값들을 전부 하나씩 당겨야 한다. 그래서 삽입/삭제는 O(N)이다.

또다른 단점은 한 번 배열을 만들면 크기가 고정되고 변경할 수 없다는 점이다. C++에서 vector를 쓰면 이 문제는 해결되며, Python에서 기본 자료형인 리스트는 크기를 변경할 수 있다.

Python에서는 타 언어들의 배열과 달리 리스트에 서로 다른 자료형을 넣을 수 있다. 이는 Python의 리스트가 조금 독특한 구조로 되어 있기 때문이다.

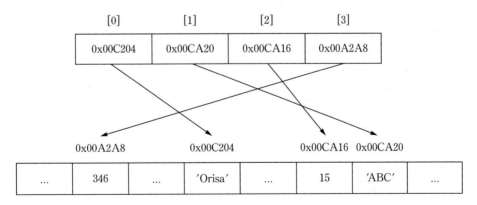

이 그림은 Python의 리스트 예시이다. Python 리스트는 내부적으로 index마다 데이터의 메모리 주소값을 갖고 있고, 이 주소를 찾아가면 원래 담았던 데이터가 들어 있다. 좀 더 복잡한 구조인 탓에 타 언어들의 배열보다 속도는 느리지만 여러 다른 자료형을 담을 수 있다. 이런 구조를 띠고 있어서 Python에서 다차원 배열을 사용하려고 할 때 한 가지 주의할 점이 있다.

```python
# Python
a1 = [[0] * 5] * 3
a1[1][1] = 99  # [1][1] 외에 다른 곳의 값도 99로 출력됨
print(a1)


a2 = [[0] * 5 for _ in range(3)]
a2[1][1] = 99
print(a2)  # 의도한 대로 작동
```

위 코드를 실행해보면 a1은 코드에서 한 군데만 값을 변경했는데, 3군데나 99로 나오는 것을 확인할 수 있다. 반면, 리스트 컴프리헨션을 사용한 a2는 의도한 대로 제대로 작동한다. 다차원 배열을 만들 때는 반드시 a2와 같은 방식으로 만들어야 하는데, 그 이유는 위에서 소개한 리스트 구조와 관련이 있다. a1과 같이 만들면 메모리 주소값들이 복사되어 동일한 데이터에 접근하게 되기 때문이다. 따라서 복사가 아니라 새로 생성해서 리스트에 추가해주는 a2와 같은 방식으로 해야 이런 문제를 방지할 수 있다.

연결 리스트 Linked List

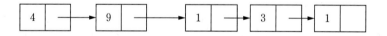

연결 리스트는 메모리 상에 띄엄띄엄 위치할 수 있다. 그래서 메모리 상에 빈 공간들을 활용하기 좋다는 장점이 있다. 각각의 노드는 다음 노드가 위치한 주소 값을 갖고 있어야 한다.

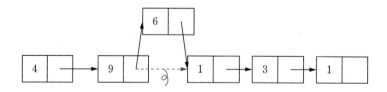

중간에 어떤 새로운 값을 넣고 싶다면 새 노드를 만들어 앞뒤 노드와 연결시키면 된다. 앞뒤 노드와의 연결관계만 수정하면 되고 배열처럼 뒤에 모든 값들을 하나씩 밀어 주는 과정이 없다. 삭제 역시 마찬가지로 삭제할 노드의 앞뒤 노드를 연결시켜 주면 그만이다. 그래서 삽입/삭제가 O(1)로 배열보다 빠르고 크기 변경도 자유롭다는 장점이 있다.

단점은 배열처럼 index를 통한 임의 접근이 안 된다는 것이다. index 3번째 노드에 있는 값을 알기 위해서는 index 0, 1, 2, 3번째 노드를 순차적으로 거쳐가는 수밖에 없어 조회는 O(N)으로 배열보다 느리다. 따라서 삽입/삭제는 적고 조회가 많은 상황에서는 배열이 유리하고, 반대로 조회는 적고 삽입/삭제가 많은 상황에서는 연결 리스트가 유리하다.

배열과 연결 리스트

알고리즘 문제를 풀 때는 일반적으로 배열을 많이 쓰게 된다. 연결 리스트를 써야 하는 문제는 그리 많이 나오진 않지만 다른 자료구조들이 내부적으로 연결 리스트로 구현되어 있는 경우가 있다. 배열과 상반된 특징을 지녔다는 점 때문에 면접 등에서 비교하는 질문을 내기도 한다.

C++에서 최대 크기가 정해져 있을 때는 배열을 써도 되지만 STL의 편리함 때문에 vector도 많이 사용한다. vector는 동적 배열이라고 할 수 있는데 알고리즘 문제를 풀 때 정말 많이 쓰이므로 C++로 하는 경우 꼭 사용법을 익혀 두자. 연결 리스트 역시 STL로 제공한다.

Python에서는 리스트가 배열 역할을 수행하며 인덱싱, 슬라이싱 등 편리한 기능들을 제공한다. 안타깝게도 연결 리스트는 기본 자료형에 없어 필요하면 직접 구현해야 한다. 그러나 연결 리스트로만 풀어야 하는 문제는 거의 없으며, 다른 자료구조를 이용해서 풀 수 있는 경우가 일반적이라 연결 리스트를 직접 구현해서 써야 하는 경우는 거의 없다.

boj.kr/11866 | ★★☆☆☆ | **시간 제한** 2초 | **메모리 제한** 512MB

1번부터 N번까지 N명의 사람이 원을 이루면서 앉아 있고, 양의 정수 K(≤N)가 주어진다. 이제 순서대로 K번째 사람을 제거한다. 한 사람이 제거되면 남은 사람들로 이루어진 원을 따라 이 과정을 계속해 나간다. 이 과정은 N명의 사람이 모두 제거될 때까지 계속된다. 원에서 사람들이 제거되는 순서를 (N, K)−요세푸스 순열이라고 한다. 예를 들어 (7, 3)−요세푸스 순열은 <3, 6, 2, 7, 5, 1, 4>이다.

N과 K가 주어지면 (N, K)−요세푸스 순열을 구하는 프로그램을 작성하시오.

⊕ 입력

첫째 줄에 N과 K가 빈칸을 사이에 두고 순서대로 주어진다. (1≤K≤N≤1000)

⊕ 출력

예제와 같이 요세푸스 순열을 출력한다.

예제 입력 1
7 3

예제 출력 1
<3, 6, 2, 7, 5, 1, 4>

문제 풀이

요세푸스 문제는 유명한 문제이며 풀이도 여러 가지가 있다. 우선 문제에서 설명하는 그대로 시뮬레이션 구현하는 경우를 생각해 보자.

N명의 사람을 제거하기 위해 제거할 사람을 선택하는 행동을 총 N번 해야 한다. 경우마다 제거하는 사람을 찾기 위해 오른쪽으로 K번 움직여야 한다. 이 과정을 배열로 한다면 순차 탐색을 하지 않고 바로 index에 K를 더해서 건너뛸 수 있다. 따라서 이 부분은 배열로 구현한다면 O(1), 연결 리스트로 구현하면 O(K)이다.

선택한 사람을 제거하는 것은 '삭제'이다. 삭제의 배열은 O(N), 연결 리스트는 O(1)이다.

시간 복잡도는 탐색 및 삭제를 총 N번 하므로 배열의 경우 O(N(1+K))=O(NK), 연결 리스트의 경우 O(N(K+1))=O(NK)가 될 것이다. 둘 다 결과적으로는 시간 복잡도가 같지만 이유는 다르다. 배열은 탐색이 빠른 대신 삭제가 느리기 때문이고, 반대로 연결 리스트는 탐색이 느린 대신 삭제가 빠르기 때문이다.

N과 K가 가장 큰 1,000일 때도 시간 내에 돌아갈 것이므로 그대로 구현하면 된다. 그리고 사실 이 문제는 곧 배울 큐를 이용해서 풀 수도 있다. 배열을 이용해서 푼 코드는 다음과 같다.

```python
# Python
N, K = map(int, input().split())
peo = [i for i in range(1, N + 1)]
pt = 0
ans = []
for _ in range(N):
    pt += K - 1
    pt %= len(peo)
    ans.append(peo.pop(pt))

print(f"<{', '.join(map(str, ans))}>")
```

이 문제의 답이 되는 최종 결과들은 ans에 저장되는데, 쉼표와 공백(', ')을 사이사이에 넣어야 한다. 이 부분은 join을 써서 만들 수 있다. 또한 좌우에 꺾쇠도 출력해야 하는데 이를 전부 한 번에 처리하기 위해 f-string을 사용했다. f-string에서 중괄호 안에 출력하려는 변수명이나 식을 넣어주면 의도한 대로 출력할 수 있다.

스택 Stack

Stack은 '쌓다', 또는 '무언가가 쌓여 있는 더미' 등을 의미한다. 스택은 의미 그대로 어떤 데이터를 삽입/삭제하는 과정을 '쌓는' 형태로 나타낼 수 있는 자료구조이다.

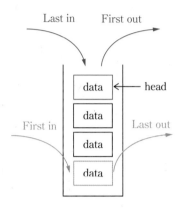

처음에 넣은 데이터는 가장 아래에 위치하게 된다. 다음 들어오는 데이터들은 그 위에 순서대로 쌓인다. 데이터들을 뺄 때는 제일 위에 있는 데이터부터 빼야 한다. 결과적으로 가장 처음에 넣은 데이터는 가장 마지막에 빠지게 된다. 이를 FILO^First-In-Last-Out라고 한다. 반대로 가장 마지막에 들어왔던 데이터는 가장 먼저 빠진다. 이를 LIFO^Last-In-First-Out이라고 한다. 이것이 스택의 특징이다.

인터넷 웹 서핑을 할 때 접속한 페이지 기록이 스택 구조로 관리된다. 예를 들어, 네이버에 들어간 후 구글에 접속했다가 날씨 사이트로 이동했다고 하자. 이 상태에서 뒤로 가기 버튼을 누르면 다시 구글로 가고, 한 번 더 뒤로 가기를 누르면 네이버로 간다. 앞으로 가기 버튼을 누르면 다시 구글과 날씨 사이트로 가야 하는데 이건 어떻게 구현해야 할까?

스택을 2개 쓰면 된다. 스택에서 바로 삭제하지 않고 또 다른 스택에 넣어주는 것이다. 스택 2개로 웹 서핑에서의 뒤로 가기/앞으로 가기를 나타낼 수 있다.

안드로이드와 iOS 모바일 앱에서도 스택 구조를 많이 쓰고 있다. 앱 내 여러 페이지를 이동하고 다시 뒤로 가기를 누르면 방금 전에 방문했던 화면으로 되돌아간다. 방문한 페이지가 순서대로 스택에 삽입/삭제되는 것이다.

스택에 데이터를 넣고 뺄 때 시간 복잡도는 O(1)이므로 만약 N개의 데이터를 넣고 빼야 한다면 총 O(N)이 될 것이다.

스택은 DFS 등 다른 알고리즘에서 사용되는 자료구조이기도 하며, 스택 자체를 활용하는 문제들도 자주 출제된다. 스택 활용 문제에서는 입력을 순차적으로 살펴보면서 각각의 데이터를 스택에 언제 넣고 뺄지 결정하는 게 핵심 포인트가 될 때가 많다. 스택을 사용하지 않고 푼다면 시간 초과가 발생하게 N을 크게 둬서 결국 스택을 사용해야만 풀리도록 하는 문제들도 많다.

스택은 C++에서 STL로 제공하며 Python에서는 기본 자료형인 리스트로 구현할 수 있다. append()를 쓰면 삽입, pop()을 쓰면 삭제된다.

필수예제 | 괄호

boj.kr/9012 | ★★☆☆☆ | **시간 제한** 1초 | **메모리 제한** 128MB | **출처** ICPC 2012 대전 리저널 예선

괄호 문자열Parenthesis String, PS은 두 개의 괄호 기호인 '(' 와 ')' 만으로 구성되어 있는 문자열이다. 그 중에서 괄호의 모양이 바르게 구성된 문자열을 올바른 괄호 문자열(Valid PS, VPS)이라고 부른다. 한 쌍의 괄호 기호로 된 "( )" 문자열은 기본 VPS라고 부른다. 만일 x가 VPS라면 이것을 하나의 괄호에 넣은 새로운 문자열 "(x)"도 VPS가 된다. 그리고 두 VPS x와 y를 접합concatenation시킨 새로운 문자열 xy도 VPS가 된다. 예를 들어 "(())()"와 "((()))" 는 VPS이지만 "(()(", "(())()))", 그리고 "(()"는 모두 VPS 가 아닌 문자열이다.

여러분은 입력으로 주어진 괄호 문자열이 VPS 인지 아닌지를 판단해서 그 결과를 YES와 NO로 나타내야 한다.

(↓) 입력

입력 데이터는 표준 입력을 사용한다. 입력은 T개의 테스트 데이터로 주어진다. 입력의 첫 번째 줄에는 입력 데이터의 수를 나타내는 정수 T가 주어진다. 각 테스트 데이터의 첫째 줄에는 괄호 문자열이 한 줄에 주어진다. 하나의 괄호 문자열의 길이는 2 이상 50 이하이다.

(↑) 출력

출력은 표준 출력을 사용한다. 만일 입력 괄호 문자열이 올바른 괄호 문자열(VPS)이면 "YES", 아니면 "NO"를 한 줄에 하나씩 차례대로 출력해야 한다.

문제 풀이

문자열을 순차적으로 보면서 여는 괄호가 들어오면 스택에 넣고, 닫는 괄호가 들어오면 스택의 top과 비교해서 종류가 맞으면 스택에서 pop 한다. 종류가 맞지 않거나 스택이 비어 있다면 올바른 괄호 문자열(VPS)이 아니다.

위 과정을 반복해서 최종적으로 스택이 비어 있으면 여는 괄호가 전부 짝이 맺어졌다는 뜻이므로 올바른 괄호 문자열(VPS)이다. 비어 있지 않다면 여는 괄호가 더 많이 들어 왔다는 의미이므로 올바른 괄호 문자열(VPS)이 아니다. Python으로 푼 코드는 다음과 같다.

```python
# Python
for _ in range(int(input())):
    stk = []
    ans = 'YES'
    for c in input():
        if c == '(':
            stk.append(c)
        else:
            if len(stk) > 0:
                stk.pop()
```

CODE EXAMPLE

```
        else:
            ans = 'NO'

    if len(stk) > 0:
        ans = 'NO'

    print(ans)
```

위와 같이 변수 T를 입력받아 사용되는 곳이 한 군데뿐이라면 따로 변수 선언 없이 입력받자마자 바로 사용할 수 있다.

큐 Queue

큐는 스택과 상반된 특징을 띠고 있는 자료구조이다. 둘 다 선형 자료구조이지만, 데이터 입출 순서가 달라지는 부분이 있다.

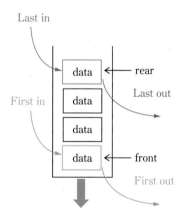

큐에는 데이터를 넣은 순서 그대로 빼게 된다. 첫 번째로 넣은 데이터는 첫 번째로 빠지며 이를 FIFO[First-In-First-Out]라 한다. 마지막에 넣은 데이터는 마지막에 빠지며 이를 LILO[Last-In-Last-Out]라 한다.

큐에 데이터를 넣고 뺄 때 시간 복잡도는 O(1)이므로 N개의 데이터를 넣고 빼야 한다면 총 O(N)이 될 것이다.

큐는 BFS에서 쓰이는 자료구조이기도 하다. 그래서 이후 BFS를 배울 때 다시 등장할 것이다. 큐는 C++에서 STL로 제공하며 Python에서는 해당 모듈을 import 시켜 사용한다.

```python
# Python
from queue import Queue

q = Queue()
q.put(123)
q.put(456)
q.put(789)
while not q.empty():
    print(q.get())
```

이렇게 큐를 import 해서 사용하면 된다. 그런데, 위 코드에서 대문자 Q로 시작하는 이 Queue 모듈은 멀티스레딩 환경까지 고려해서 스레드 간에 안전한^{thread-safe} 방식으로 동작하는 모듈이다. 그래서 이것저것 처리하느라 속도가 느리다.

알고리즘 문제를 풀 때는 멀티스레딩을 고려하며 코드를 작성할 필요가 없기 때문에 굳이 이런 모듈을 사용할 필요가 없다. 따라서 큐 대신 다음과 같이 덱을 사용한다.

```python
# Python
from collections import deque

dq = deque()
dq.append(123)
dq.append(456)
dq.append(789)
while len(dq):
    print(dq.popleft())
```

덱^{deque}은 Double-Ended Queue의 약자이다. 큐는 항상 넣을 때는 뒤로 넣고 뺄 때는 앞으로만 뺐는데, 덱은 앞뒤 구분없이 어느 쪽으로든 넣고 뺄 수 있다. 큐가 할 수 있는 것들은 똑같이 가능하고 추가 기능이 있으므로 상위호환이라 볼 수 있다. C++ STL에도 덱이 있다.

Python의 덱 모듈은 멀티스레딩 환경을 고려하지 않아 스레드 간에 안전^{thread-safe}하지 않은 대신, 더 빠르다. 그러니 알고리즘 문제를 풀 때는 덱 모듈을 사용하자.

필수예제 │ 카드2

boj.kr/2164 | ★★☆☆☆ | **시간 제한** 2초 | **메모리 제한** 128MB

N장의 카드가 있다. 각각의 카드는 차례로 1부터 N까지의 번호가 붙어 있으며, 1번 카드가 제일 위에, N번 카드가 제일 아래인 상태로 순서대로 카드가 놓여 있다.

이제 다음과 같은 동작을 카드가 한 장 남을 때까지 반복하게 된다. 우선, 제일 위에 있는 카드를 바닥에 버린다. 그 다음, 제일 위에 있는 카드를 제일 아래에 있는 카드 밑으로 옮긴다.

예를 들어 N=4인 경우를 생각해 보자. 카드는 제일 위에서부터 1234의 순서로 놓여 있다. 1을 버리면 234가 남는다. 여기서 2를 제일 아래로 옮기면 342가 된다. 3을 버리면 42가 되고, 4를 아래 옮기면 24가 된다. 마지막으로 2를 버리고 나면, 남는 카드는 4가 된다.

N이 주어졌을 때, 제일 마지막에 남게 되는 카드를 구하는 프로그램을 작성하시오.

(↓) 입력
첫째 줄에 정수 N(1≤N≤500,000)이 주어진다.

(↑) 출력
첫째 줄에 남게 되는 카드의 번호를 출력한다.

예제 입력 1
6

예제 출력 1
4

큐를 이용해서 문제에서 시킨 그대로 시뮬레이션 하면 풀 수 있다. 이때, N이 최대 50만인데, 큐의 삽입/삭제 시간 복잡도는 O(1)이고 이를 3N번 반복해야 한다. 큐에서 값을 빼고, 또한 번 빼고, 두 번째로 뺀 값은 다시 뒤에 넣어야 하기 때문이다. 따라서 총 시간 복잡도가 O(1×3N)=O(N)이다. 시간 제한은 1초이므로 충분하다.

```
                                                          CODE EXAMPLE
from collections import deque


dq = deque()
for i in range(1, int(input()) + 1):
    dq.append(i)


while len(dq) > 1:
    dq.popleft()
    dq.append(dq.popleft())


print(dq.pop())
```

우선순위 큐 Priority Queue

우선순위 큐는 내부적으로 힙heap이라는 완전이진트리Complete Binary Tree로 되어 있다. 힙 트리의 루트 노드root node에는 데이터들 중에 가장 큰 값 혹은 가장 작은 값을 담게 되는데, 전자는 최대힙 max-heap, 후자는 최소힙 min-heap이라 한다.

어떤 값을 넣어도 항상 루트에 가장 큰 값 또는 가장 작은 값이 위치하도록 자동으로 갱신한다. 이 과정이 꽤 효율적이라 우선순위 큐의 값 삽입/삭제 시간 복잡도는 O(log N)이다. 무작위 숫자들을 힙에 전부 넣고 하나씩 빼면 정렬된 결과를 얻을 수 있는데, 이게 힙정렬heap sort이다.

C++에서는 queue 헤더를 include 하고 사용 가능하며, Python에서는 큐와 마찬가지로 스레드 간에 안전thread-safe하지만 속도는 느린 우선순위 큐 모듈과, 반대로 안전하지 않지만 속도는 빠른 모듈이 존재한다.

우선, PriorityQueue 모듈은 멀티스레딩 환경까지 고려해서 스레드 간에 안전한 방식으로 동작하는 모듈이다. 그렇기에 느리다.

```
from queue import PriorityQueue


pq = PriorityQueue()
pq.put(123)
pq.put(789)
pq.put(456)
while not pq.empty():
    print(pq.get())
```

멀티스레딩 환경을 고려하지 않는 대신 더 빠른 모듈은 heapq이다. 알고리즘 문제를 풀 때는 이 heapq를 사용하자. heapq 사용법은 좀 독특한 편이라 처음엔 익숙하지 않을 수 있다. 리스트를 하나 만들고 그 안에 데이터를 저장하는 방식인데, 사용법은 다음과 같다.

```
import heapq


h = []
heapq.heappush(h, 123)
heapq.heappush(h, 789)
heapq.heappush(h, 456)
while len(h):
    print(heapq.heappop(h))
```

heapq.heappush()로 값을 넣는다. 인자로 리스트와 넣어줄 값을 전달한다. 값을 뺄 때는 heapq.heappop()를 사용한다. 인자로 리스트를 전달한다.

최대힙과 최소힙

C++의 priority_queue는 최대힙이며, Python의 heapq는 최소힙이다. 안타깝게도 각각 반대 힙은 제공하지 않는다. 문제에 따라 최대힙이나 최소힙이 필요할 때가 있는데, 그런 경우에는 어떻게 하면 될까?

부호를 바꿔 저장한다는 간단한 테크닉을 사용하면 된다. 파이썬에서 기본적으로 heapq는 최소힙인데, 데이터를 넣기 전에 전부 부호를 반대로 바꿔서 넣으면 순서가 뒤집혀 저장되므로 최대힙처럼 사용할 수 있다. pop 한 값은 다시 부호를 바꾸면 원래의 값을 얻을 수 있다.

필수예제 | **절댓값 힙**

boj.kr/11286 | ★★★☆☆ | **시간 제한** 1초 | **메모리 제한** 256MB

절댓값 힙은 다음과 같은 연산을 지원하는 자료구조이다.

1. 배열에 정수 $x(x \neq 0)$를 넣는다.
2. 배열에서 절댓값이 가장 작은 값을 출력하고, 그 값을 배열에서 제거한다. 절댓값이 가장 작은 값이 여러 개일 때는, 가장 작은 수를 출력하고, 그 값을 배열에서 제거한다.

프로그램은 처음에 비어 있는 배열에서 시작하게 된다.

(↓) 입력

첫째 줄에 연산의 개수 $N(1 \leq N \leq 100,000)$이 주어진다. 다음 N개의 줄에는 연산에 대한 정보를 나타내는 정수 x가 주어진다. 만약 x가 0이 아니라면 배열에 x라는 값을 넣는(추가하는) 연산이고, x가 0이라면 배열에서 절댓값이 가장 작은 값을 출력하고 그 값을 배열에서 제거하는 경우이다. 입력되는 정수는 -2^{31}보다 크고, 2^{31}보다 작다.

(↑) 출력

입력에서 0이 주어진 회수만큼 답을 출력한다. 만약 배열이 비어 있는 경우인데 절댓값이 가장 작은 값을 출력하라고 한 경우에는 0을 출력하면 된다.

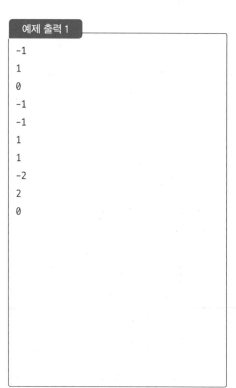

```
18
1
-1
0
0
0
1
1
-1
-1
2
-2
0
0
0
0
0
0
0
```

예제 출력 1

```
-1
1
0
-1
-1
1
1
-2
2
0
```

문제 **풀이**

1차적으로 절댓값을 비교해서 가장 작은 값을 꺼내야 하므로, 우선순위 큐에 절댓값을 저장한다는 아이디어를 떠올릴 수 있다. 하지만 2차적으로 절댓값이 같은 수가 여러 개 있을 경우 그 중에 작은 값(양수와 음수가 있다면 음수)을 골라야 하므로 원본 값도 알아야 한다.

따라서 우선순위 큐에 이 둘을 전부 묶어서 저장하면 된다. C++에서는 pair 혹은 구조체를 이용하고 Python에서는 튜플을 이용한다. 이렇게 우선순위 큐에 넣는 자료형이 단일 값이 아닌 선형 자료구조라면 기본적으로는 맨 앞의 요소부터 우선적으로 살펴보며 정렬한다. 문자열도 넣을 수 있다. 'a'와 'b'는 비교하면 사전순으로 'a' < 'b'이다. 크고 작음을 비교할 수 있는 모든 자료형은 가능하지만, 대소관계를 정의해주지 않은 class는 불가능하다.

```
                                                                    CODE EXAMPLE
import sys, heapq


input = sys.stdin.readline
hq = []
```

```
import sys, heapq

input = sys.stdin.readline
hq = []
for _ in range(int(input())):
    x = int(input())
    if x == 0:
        print(heapq.heappop(hq)[1] if len(hq) else 0)
    else:
        heapq.heappush(hq, (abs(x), x))
```

x가 0일 때는 값을 빼고 x가 0이 아닐 때는 값을 넣는다. 우선순위 큐에 절댓값과 원본값을 튜플로 묶어 넣고 있다. 값을 뺀 것도 튜플이므로 그 중 두 번째 요소인 원본값을 취한다. 여기서 주의할 점은 N이 10만이고, 한 줄에 하나씩 주어지므로 빠른 입력 함수를 사용해야 한다.

또 다른 풀이법도 있다. 최대힙 하나와 최소힙 하나를 사용하는 방법이다. 양수는 작을수록 절댓값도 작고, 음수는 클수록 절댓값이 작다. 따라서 입력받은 수들을 양수는 최소힙에, 음수는 최대힙에 넣으면 항상 절댓값이 가장 작은 값을 얻을 수 있다. x가 0이 들어왔을 때, 두 힙에서 루트값을 비교해서 절댓값이 더 작은 값을 골라 pop 한다. Python에서는 리스트의 첫 번째에 루트값이 들어 있으므로 이 값을 살펴보면 된다.

한쪽 힙이 비어 있다면, 다른 쪽 힙에서 값을 빼면 되고 둘 다 비어 있다면 0을 출력한다. 이 방법으로 푼 코드는 다음과 같다. Python에서 최대힙은 값을 넣기 전과 뺀 후에 부호를 바꿔야 한다. 그래서 코드가 헷갈리기 쉬우니 주의하자.

```
                                                              CODE EXAMPLE
import sys, heapq

input = sys.stdin.readline
min_heap = []  # 양수
max_heap = []  # 음수
for _ in range(int(input())):
    x = int(input())
    if x > 0:
```

```
        heapq.heappush(min_heap, x)
    elif x < 0:
        heapq.heappush(max_heap, -x)
    else:
        if len(min_heap):
            if len(max_heap) == 0 or min_heap[0] < max_heap[0]:
                print(heapq.heappop(min_heap))
            else:
                print(-heapq.heappop(max_heap))
        else:
            print(-heapq.heappop(max_heap) if len(max_heap) else 0)
```

맵 Map

맵의 가장 큰 특징은 key, value로 데이터를 저장한다는 점이다. JSON을 다뤄 봤다면 쉽게 이해할 수 있다. key, value에는 정수, 문자열, 튜플 등 어떤 자료형도 올 수 있다. 그리고 value는 중복되어도 상관없지만, key는 중복될 수 없다. C++에서는 map 헤더를 include 후 사용할 수 있고, Python에서는 기본 자료형 중 하나인 딕셔너리dictionary를 사용하면 된다.

C++의 map은 내부적으로 레드—블랙 트리Red-Black Tree라는 균형이진탐색트리로 되어 있다. Key 값이 정렬되어 저장되며, 삽입/삭제 시간 복잡도는 O(log N)이다. unordered_map이라는 STL도 있는데, 사용법이 map과 비슷하다. Key 값이 정렬되지 않는 대신, 시간 복잡도 O(1)로 더 빠르다. 정렬될 필요가 없다면 unordered_map을 쓰는 게 더 좋겠지만, map도 빠른 편이므로 크게 상관은 없다. unordered_map의 내부 구조는 해시hash로 되어 있다.

Python의 딕셔너리는 unordered_map과 마찬가지로 해시로 되어 있어 정렬되지 않고, 시간 복잡도가 O(1)이다.

boj.kr/1302 | ★★☆☆☆ | **시간 제한** 2초 | **메모리 제한** 128MB

김형택은 탑문고의 직원이다. 김형택은 계산대에서 계산을 하는 직원이다. 김형택은 그날 근무가 끝난 후에, 오늘 판매한 책의 제목을 보면서 가장 많이 팔린 책의 제목을 칠판에 써놓는 일도 같이 하고 있다.

오늘 하루 동안 팔린 책의 제목이 입력으로 들어왔을 때, 가장 많이 팔린 책의 제목을 출력하는 프로그램을 작성하시오.

⬇ 입력

첫째 줄에 오늘 하루 동안 팔린 책의 개수 N이 주어진다. 이 값은 1,000보다 작거나 같은 자연수이다. 둘째부터 N개의 줄에 책의 제목이 입력으로 들어온다. 책의 제목의 길이는 50보다 작거나 같고, 알파벳 소문자로만 이루어져 있다.

⬆ 출력

첫째 줄에 가장 많이 팔린 책의 제목을 출력한다. 만약 가장 많이 팔린 책이 여러 개일 경우에는 사전 순으로 가장 앞서는 제목을 출력한다.

예제 입력 1
5 top top top top kimtop

예제 출력 1
Top

문제 풀이

가장 많이 팔린 책을 찾기 위해서 각 책이 팔린 수를 계산해야 할 필요가 있다. 책 이름이 전부 정수 형태라면 배열에 기록해도 되겠지만, 문자열로 주어지기 때문에 여기서는 맵을 사용하는 게 좋다. key 값으로 책 제목을, value에는 등장 횟수를 담아 주자. 그리고 최종적으로 value에서 가장 큰 값을 찾아 해당 key를 조회한다. 가장 많이 팔린 책이 여러 개일 수 있어서 이 key들을 모아 다시 정렬시키고 첫 번째 값을 찾아야 한다.

```
                                                    CODE EXAMPLE

books = dict()

for _ in range(int(input())):

    name = input()

    if name in books:

        books[name] += 1

    else:

        books[name] = 1


max_val = max(books.values())

arr = []

for k, v in books.items():

    if v == max_val:

        arr.append(k)


arr.sort()

print(arr[0])
```

value가 가장 큰 값이면서 그 중에 사전 순으로 가장 앞에 오는 key를 탐색 한 번에 찾기는
까다롭다. 그래서 나눠서 생각하면 편하다. value가 가장 큰 값이 무엇인지 우선 찾아 max_
val에 담는다. 그리고 나서 모든 value 중에 max_val에 해당되는 값을 찾아 그 key 값을 arr
에 넣는다. arr를 오름차순으로 정렬시키고 가장 앞에 있는 값을 취한다.

집합 Set

집합의 가장 큰 특징은 중복이 없다는 점이다. 집합은 맵과 유사한 부분들이 있다. C++에
서는 맵처럼 집합도 set과 unordered_set이 있다. set은 내부 구조가 트리로 되어 있고 데이
터가 정렬되어 저장된다는 점, 삽입/삭제 시간 복잡도는 $O(logN)$인 점 등 맵과 같은 특징이
많다. unordered_set은 예상한 대로 unordered_map처럼 내부 구조가 해시로 되어 있고 데
이터가 정렬되지 않으며 삽입/삭제 시간 복잡도는 $O(1)$이다.

파이썬의 기본 자료형 set도 해시로 되어 있고 삽입/삭제 시간 복잡도는 $O(1)$이다. 수학시
간에 배웠던 합집합, 교집합과 같은 편리한 기능들도 기본 연산자로 제공한다.

boj.kr/7785 | ★★☆☆☆ | **시간 제한** 1초 | **메모리 제한** 256MB | **출처** KBTU Open 2008

상근이는 세계적인 소프트웨어 회사 기글에서 일한다. 이 회사의 가장 큰 특징은 자유로운 출퇴근 시간이다. 따라서, 직원들은 반드시 9시부터 6시까지 회사에 있지 않아도 된다.

직원들은 자기가 원할 때 출근할 수 있고, 아무 때나 퇴근할 수 있다.

상근이는 모든 사람의 출입 카드 시스템의 로그를 가지고 있다. 이 로그는 어떤 사람이 회사에 들어왔는지, 나갔는지 기록되어 있다. 로그가 주어졌을 때, 현재 회사에 있는 모든 사람을 구하는 프로그램을 작성하시오.

📥 입력

첫째 줄에 로그에 기록된 출입 기록의 수 n이 주어진다. ($2 \leq n \leq 10^6$) 다음 n개의 줄에는 출입 기록이 순서대로 주어지며, 각 사람의 이름이 주어지고 "enter"나 "leave"가 주어진다. "enter"인 경우는 출근, "leave"인 경우는 퇴근이다.

회사에는 동명이인이 없으며, 대소문자가 다른 경우에는 다른 이름이다. 사람들의 이름은 알파벳 대소문자로 구성된 5글자 이하의 문자열이다.

📤 출력

현재 회사에 있는 사람의 이름을 사전 순의 역순으로 한 줄에 한 명씩 출력한다.

예제 입력 1
4
Baha enter
Askar enter
Baha leave
Artem enter

예제 출력 1
Askar
Artem

어떤 사람이 출근했거나, 퇴근했거나 두 가지 경우만 존재하며 출근한 사람만 알면 된다. 따라서 출근한 사람들을 저장해 둘 집합 하나를 만들고, 입력으로 들어오는 로그를 보면서 enter인 사람은 집합에 넣고, leave인 사람은 집합에서 제거한다. 최종적으로 집합 안에 남은 사람들의 이름을 내림차순 정렬해서 출력하면 된다.

```
CODE EXAMPLE

import sys

input = sys.stdin.readline
s = set()
for _ in range(int(input())):
    name, el = input().split()
    if el == 'enter':
        s.add(name)
    else:
        if name in s:
            s.remove(name)

for name in sorted(s, reverse=True):
    print(name)
```

이 문제는 맵(딕셔너리)를 이용해서 풀 수도 있다. key를 사람들의 이름, value를 출근 여부로 기록한다.

boj.kr/5397 | ★★☆☆☆ | **시간 제한** 1초 | **메모리 제한** 256MB | **출처** BAPC 2010

창영이는 강산이의 비밀번호를 훔치기 위해서 강산이가 사용하는 컴퓨터에 키로거를 설치했다. 며칠을 기다린 끝에 창영이는 강산이가 비밀번호 창에 입력하는 글자를 얻어냈다.

키로거는 사용자가 키보드를 누른 명령을 모두 기록한다. 따라서, 강산이가 비밀번호를 입력할 때, 화살표나 백스페이스를 입력해도 정확한 비밀번호를 알아낼 수 있다.

강산이가 비밀번호 창에서 입력한 키가 주어졌을 때, 강산이의 비밀번호를 알아내는 프로그램을 작성하시오. 강산이가 키보드로 입력한 키는 알파벳 대문자와 소문자, 숫자, 백스페이스, 화살표이다.

⬇ 입력

첫째 줄에 테스트 케이스의 개수가 주어진다. 각 테스트 케이스는 한 줄로 이루어져 있고, 강산이가 입력한 순서대로 길이가 L인 문자열이 주어진다. (1≤L≤1,000,000) 강산이가 백스페이스를 입력했다면, '−'가 주어진다. 이때 커서의 바로 앞에 글자가 존재한다면, 그 글자를 지운다. 화살표의 입력은 '<'와 '>'로 주어진다. 이때는 커서의 위치를 움직일 수 있다면, 왼쪽 또는 오른쪽으로 1만큼 움직인다. 나머지 문자는 비밀번호의 일부이다. 물론, 나중에 백스페이스를 통해서 지울 수는 있다. 만약 커서의 위치가 줄의 마지막이 아니라면, 커서 및 커서 오른쪽에 있는 모든 문자는 오른쪽으로 한 칸 이동한다.

⬆ 출력

각 테스트 케이스에 대해서, 강산이의 비밀번호를 출력한다. 비밀번호의 길이는 항상 0보다 크다.

예제 입력 1

2
`<<BP<A>>Cd-`
`ThIsIsS3Cr3t`

예제 출력 1
`BAPC` `ThIsIsS3Cr3t`

> **컴공선배's 알고리즘 Q**
>
> 다음 중 이 문제를 풀기 위해 필요한 자료구조는?
> ① 배열 ② 연결 리스트 ③ 덱 ④ 스택 ⑤ 우선순위 큐

boj.kr/1935 | ★★☆☆☆ | **시간 제한** 2초 | **메모리 제한** 128MB

후위 표기식과 각 피연산자에 대응하는 값들이 주어져 있을 때, 그 식을 계산하는 프로그램을 작성하시오.

(↓) 입력

첫째 줄에 피연산자의 개수(1≤N≤26)가 주어진다. 그리고 둘째 줄에는 후위 표기식이 주어진다. (여기서 피연산자는 A~Z의 영대문자이며, A부터 순서대로 N개의 영대문자만이 사용되며, 길이는 100을 넘지 않는다) 그리고 셋째 줄부터 N+2번째 줄까지는 각 피연산자에 대응하는 값이 주어진다. 셋째 줄에는 A에 해당하는 값, 넷째 줄에는 B에 해당하는 값, 다섯째 줄에는 C…이 주어진다. 그리고 피연산자에 대응하는 값은 100보다 작거나 같은 자연수이다. 후위표기식을 앞에서부터 계산했을 때 식의 결과나 중간 결과가 −20억보다 크거나 같고, 20억보다 작거나 같은 입력만 주어진다.

(↑) 출력

계산 결과를 소숫점 둘째 자리까지 출력한다.

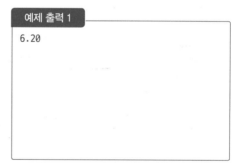

예제 입력 1
```
5
ABC*+DE/-
1
2
3
4
5
```

예제 출력 1
```
6.20
```

예제 입력 2
```
1
AA+A+
1
```

예제 출력 2
```
3.00
```

컴공선배's 알고리즘 Q

다음 중 이 문제를 풀기 위해 필요한 자료구조는?
① 배열 ② 맵 ③ 큐 ④ 스택 ⑤ 우선순위 큐

boj.kr/2075 | ★★★★☆ | **시간 제한** 1초 | **메모리 제한** 12MB

N×N의 표에 수 N^2개 채워져 있다. 채워진 수에는 한 가지 특징이 있는데, 모든 수는 자신의 한 칸 위에 있는 수보다 크다는 것이다. N=5일 때의 예를 보자.

12	7	9	15	5
13	8	11	19	6
21	10	26	31	16
48	14	28	35	25
52	20	32	41	49

이러한 표가 주어졌을 때, N번째 큰 수를 찾는 프로그램을 작성하시오.

표에 채워진 수는 모두 다르다.

⬇ 입력

첫째 줄에 N(1≤N≤1,500)이 주어진다. 다음 N개의 줄에는 줄마다 N개의 수가 주어진다. 표에 적힌 수는 −10억보다 크거나 같고, 10억보다 작거나 같은 정수이다.

⬆ 출력

첫째 줄에 N번째 큰 수를 출력한다.

예제 입력 1
5 12 7 9 15 5 13 8 11 19 6 21 10 26 31 16 48 14 28 35 25 52 20 32 41 49

예제 출력 1
35

컴공선배's 알고리즘 Q

다음 중 이 문제를 풀기 위해 필요한 자료구조는?
① 배열 ② 맵 ③ 큐 ④ 스택 ⑤ 우선순위 큐

완전탐색

완전탐색은 굉장히 단순한 아이디어이다. 답을 찾기 위해 모든 경우를 다 살펴본다는 전략으로 확실하게 반드시 답을 찾을 수 있다는 장점이 있다. 다 살펴봤는데도 답이 없다면 '답이 존재하지 않는다.'는 사실을 알아낸 것이므로 의미없는 탐색이 아니다.

그러나 모든 경우를 다 살펴보므로 시간이 오래 걸린다는 게 단점이다. 아무리 컴퓨터의 연산 속도가 빠르다지만, 탐색 범위가 너무 넓거나 필요한 연산 수가 많다면 한참이 걸려도 답이 나오지 않는다. 실제로 현실에서 이런 문제를 풀기 위해서 많은 컴퓨팅 자원을 동원하기도 한다. 이때, 컴퓨팅 자원과 시간은 trade-off 관계를 띄게 된다. 더 빠르고 많은 컴퓨터를 사용하면 할수록 시간이 줄어들 것이고, 컴퓨터를 덜 사용하면 시간이 오래 걸린다.

브루트 포스 Brute-force

브루트 포스는 '무차별 대입'이라는 의미이다. 예를 들어 비밀번호 4자리 숫자를 맞추기 위해 0000에서 9999까지 전부 대입하는 방식인데 이 중에 반드시 답은 있으므로 언젠가는 통과할 것이다. 입력 시도 횟수가 많으면 잠가버리는 등의 별도 장치가 없다면, 컴퓨터로 겨우 10,000가지 경우의 수를 시험해보는 건 매우 쉽다.

브루트 포스는 완전탐색 전략을 충실히 사용해서 확실하게 답을 구하는 알고리즘이므로 학계에서도 널리 쓰이며 알고리즘 문제를 풀 때도 많이 사용된다. 그러므로 어떤 문제를 풀 때 먼저 '무식하게 모든 경우를 다 살펴봐도 될까?'라고 생각해보는 게 좋다. 완전탐색으로도 제한시간 안에 될 것 같다면 더 어렵고 효율적인 알고리즘을 굳이 생각할 필요가 없기 때문이다. 제한시간 내에 되지 않을 것 같은 경우에는 다른 방법을 구상해야 한다. 다음 문제를 보자.

N개의 수를 입력 받아서 두 수를 뽑아 합이 가장 클 때는?

2중 for문을 돌면서 두 수를 골라 더해서 최댓값을 갱신하면 '두 수를 뽑는 모든 경우'를 살펴보게 되고, 답을 확실하게 구할 수 있다. 이때 시간 복잡도는 $O(N^2)$이 된다. 그런데 만약 시간 제한은 1초이고 N의 범위가 $2 \leq N \leq 1,000,000$라면 어떨까? 이런 방법으로는 시간 초과가 발생할 것이다. 완전탐색을 하면 안 되고, 더 효율적인 방법을 고민해야 한다. N개의 수를 입력받아 배열에 넣고 정렬시킨 뒤 가장 큰 2개 값을 뽑으면 답을 구할 수 있을 것이다. 이때는 정렬 때문에 시간 복잡도가 $O(NlogN)$이다. 정렬 알고리즘은 다양하게 존재하고 시간 복잡도도 다 다르지만 알고리즘 문제를 풀 때 정렬이 필요한 경우 직접 구현하기보다는 일반적으로 프로그래밍 언어들의 기본 라이브러리로 있는 정렬 함수를 쓴다. 기본 정렬 함수는 시간 복잡도가 $O(NlogN)$이다.

브루트 포스로 문제를 풀 때는 반복문을 사용할 때도 있고, 재귀로 풀 때도 있다. 또한 다음으로 소개하는 순열, 조합으로 풀 때도 있다.

순열 permutation

순열과 조합은 경우의 수를 구할 때 유용하게 사용되는 개념이다. n개의 수 중에서 r개를 뽑아 줄을 세우는 총 방법의 수는 순열 $_nP_r = \dfrac{n!}{(n-r)!}$이다.

C++에서는 next_permutation이라는 STL을 사용하면 순열을 쉽게 구할 수 있다. 보통 do-while 문을 사용한다. 사용 예시는 다음과 같다.

```
// C++
#include <cstdio>
#include <algorithm>

using namespace std;

int arr[4] = {0, 1, 2, 3};

int main() {
    do {
        for (int i : arr)
            printf(" %d", i);
```

```
        printf("\n");
    } while (next_permutation(arr, arr + 4));


    return 0;
}
```

Python에서는 itertools의 permutations를 import 후 사용하면 된다. Python의 permutations는 몇 개를 고를지도 선택할 수 있다. 함수 인자 2번째 값으로 전달하면 된다.

```
# Python
from itertools import permutations


arr = [0, 1, 2, 3]


for i in permutations(arr, 4):
    print(i)
```

CODE EXAMPLE

C++에서 순열을 사용할 때 모든 경우를 살펴보려면 최초에 오름차순 정렬된 배열/벡터를 전달해줘야 한다. Python에서는 정렬하지 않아도 모든 경우를 돌게 된다.

조합 combination

n개의 수 중에서 r개를 뽑는 가지 수는 조합 $_nC_r = \dfrac{n!}{(n-r)!r!}$ 이다. C++에서는 따로 조합 STL은 없기 때문에 next_permutation을 이용하거나 재귀함수로 구현한다.

Python에서는 itertools의 combinations를 import 후 사용한다. 마찬가지로 조합도 몇 개를 고를 지 선택할 수 있다.

```
# Python
from itertools import combinations
```

CODE EXAMPLE

```
arr = [0, 1, 2, 3]

for i in combinations(arr, 2):
    print(i)
```

순열 조합을 알아두면 완전탐색, 경우의 수 문제들을 쉽게 풀 수 있을 때가 많아서 유용하다. 삼성 코딩테스트에서 순열 조합을 이용하면 쉽게 풀리는 문제들이 자주 출제되었다고 하니 꼭 알아두자.

필수예제 | 백설 공주와 일곱 난쟁이

boj.kr/3040 | ★☆☆☆☆ | **시간 제한** 2초 | **메모리 제한** 128MB | **출처** COCI 2006/2007

일곱 난쟁이는 매일 광산으로 일을 하러 간다. 난쟁이가 일하는 동안 백설공주는 그들을 위해 저녁 식사를 준비한다. 백설공주는 의자 일곱 개, 접시 일곱 개, 나이프 일곱 개를 준비한다.

어느 날 광산에서 아홉 난쟁이가 돌아왔다(왜 그리고 어떻게 아홉 난쟁이가 돌아왔는지는 아무도 모른다). 아홉 난쟁이는 각각 자신이 백설공주의 일곱 난쟁이라고 우기고 있다.

백설공주는 이런 일이 생길 것을 대비해서, 난쟁이가 쓰고 다니는 모자에 100보다 작은 양의 정수를 적어 놓았다. 사실 백설공주는 공주가 되기 전에 매우 유명한 수학자였다. 따라서 일곱 난쟁이의 모자에 쓰여 있는 숫자의 합이 100이 되도록 적어 놓았다.

아홉 난쟁이의 모자에 쓰여 있는 수가 주어졌을 때, 일곱 난쟁이를 찾는 프로그램을 작성하시오(아홉 개의 수 중 합이 100이 되는 일곱 개의 수를 찾으시오).

⬇ 입력

총 아홉 개의 줄에 1보다 크거나 같고 99보다 작거나 같은 자연수가 주어진다. 모든 숫자는 서로 다르다. 또, 항상 답이 유일한 경우만 입력으로 주어진다.

일곱 난쟁이가 쓴 모자에 쓰여 있는 수를 한 줄에 하나씩 출력한다.

예제 입력 1
7
8
10
13
15
19
20
23
25

예제 출력 1
7
8
10
13
19
20
23

예제 입력 2
8
6
5
1
37
30
28
22
36

예제 출력 2
8
6
5
1
30
28
22

문제 풀이

9개의 수가 주어지고, 그 중 7개를 골라 합이 100이 되는 경우를 찾는 문제이다. 9개 중 7개를 고르는 조합 문제이다. $_9C_7 = 36$이므로 완전탐색을 해도 된다. Python에서는 combinations를 사용해서 간단히 풀 수 있다.

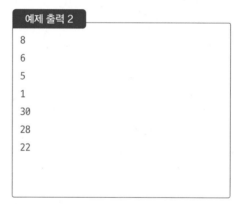

```
from itertools import combinations


for i in combinations([int(input()) for _ in range(9)], 7):
    if sum(i) == 100:
        for j in sorted(i):
```

```
        print(j)

      break
```

또 다른 방법도 있다. 9개 숫자의 합을 미리 구해 두고, 2중 for문을 돌려 두 수를 골라 그 합에서 두 수를 빼 100이 되는 경우를 찾는다. 9개 중 7개를 고르는 것과 9개 중 2개를 고르는 게 동일한 셈이라는 점을 이용한 방법이다. 이를 구현한 것이 아래 코드이다.

```
h = [int(input()) for _ in range(9)]
tot = sum(h)


def solve():
    for i in range(8):
        for j in range(i + 1, 9):
            if tot - h[i] - h[j] == 100:
                for k in h:
                    if k != h[i] and k != h[j]:
                        print(k)

                return


solve()
```

boj.kr/10448 | ★☆☆☆☆ | **시간 제한** 1초 | **메모리 제한** 256MB | **출처** ICPC 2014 대전 리저널

삼각수 $T_n(n \geq 1)$는 아래 그림에서와 같이 기하학적으로 일정한 모양의 규칙을 갖는 점들의 모음으로 표현될 수 있다.

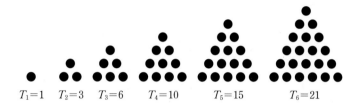

자연수 n에 대해 n ≥ 1의 삼각수T_n는 명백한 공식이 있다.

$$T_n = 1 + 2 + 3 + ... + n = n(n+1)/2$$

1796년, 가우스는 모든 자연수가 최대 3개의 삼각수의 합으로 표현될 수 있다고 증명하였다. 예를 들어 보면 다음과 같다.

$4 = T_1 + T_2$

$5 = T_1 + T_1 + T_2$

$6 = T_2 + T_2$ or $6 = T_3$

$10 = T_1 + T_2 + T_3$ or $10 = T_4$

이 결과는 증명을 기념하기 위해 그의 다이어리에 'Eureka! num $= \triangle + \triangle + \triangle$'라고 적은 것에서 유레카 이론으로 알려졌다. 꿍은 몇몇 자연수가 정확히 3개의 삼각수의 합으로 표현될 수 있는지 궁금해졌다. 위의 예시에서, 5와 10은 정확히 3개의 삼각수의 합으로 표현될 수 있지만 4와 6은 그렇지 않다.

자연수가 주어졌을 때, 그 정수가 정확히 3개의 삼각수의 합으로 표현될 수 있는지 없는지를 판단해 주는 프로그램을 만들어라. 단, 3개의 삼각수가 모두 다를 필요는 없다.

입력

프로그램은 표준입력을 사용한다. 테스트 케이스의 개수는 입력의 첫 번째 줄에 주어진다. 각 테스트케이스는 한 줄에 자연수 $K(3 \leq K \leq 1,000)$가 하나씩 포함되어 있는 T개의 라인으로 구성되어 있다.

출력

프로그램은 표준출력을 사용한다. 각 테스트 케이스에 대해 정확히 한 라인을 출력한다. 만약 K가 정확히 3개의 삼각수의 합으로 표현될 수 있다면 1을, 그렇지 않다면 0을 출력한다.

예제 입력 1	예제 출력 1
3	1
10	0
20	1
1000	

문제 풀이

이 문제는 삼각수를 미리 구해 두는 게 편하므로 배열에 따로 삼각수를 구해서 저장한다. 그런데 삼각수가 몇까지 필요할까? K가 최대 1,000이므로 삼각수를 1,000개 구해야 할까? 아니다. 1,000이 되는 삼각수까지만 구하면 된다. 왜냐하면 삼각수 3개의 총합의 상한선이 1,000이기 때문이다. 아주 작은 두 삼각수와 어떤 하나의 삼각수 합이 1,000이 되는 경우를 생각했을 때, 그 작은 두 수는 첫 번째 삼각수 1과 두 번째 삼각수 3이므로 엄밀하게는 $1000 - 1 - 3 = 996$ 이하의 삼각수만 구하면 된다. 여기서는 넉넉하게 1,000을 넘는 삼각수까지 구해 두고 풀었다.

삼각수를 구했다면, 3개의 삼각수를 골라서 합을 구해보는 과정이 필요하다. 같은 삼각수를 중복으로 골라도 되기 때문에 combinations 모듈 대신 3중 for문을 사용했다.

```python
T = [n * (n + 1) // 2 for n in range(46)]


def is_possible(K):
    for i in range(1, 46):
        for j in range(i, 46):
            for k in range(j, 46):
                if T[i] + T[j] + T[k] == K:
                    return 1

    return 0


for _ in range(int(input())):
    print(is_possible(int(input())))
```

필수예제   사탕 게임

boj.kr/3085 | ★★☆☆☆ | **시간 제한** 1초 | **메모리 제한** 128MB | **출처** Olympiad CHCI 2012

상근이는 어렸을 적에 봄보니^{Bomboni} 게임을 즐겨했다.

가장 처음에 N×N크기에 사탕을 채워 놓는다. 사탕의 색은 모두 같지 않을 수도 있다. 상근이는 사탕의 색이 다른 인접한 두 칸을 고른다. 그 다음 고른 칸에 들어 있는 사탕을 서로 교환한다. 이제 모두 같은 색으로 이루어져 있는 가장 긴 연속 부분(행 또는 열)을 고른 다음 그 사탕을 모두 먹는다.

사탕이 채워진 상태가 주어졌을 때, 상근이가 먹을 수 있는 사탕의 최대 개수를 구하는 프로그램을 작성하시오.

첫째 줄에 보드의 크기 N이 주어진다. (3≤N≤50)

다음 N개 줄에는 보드에 채워져 있는 사탕의 색상이 주어진다. 빨간색은 C, 파란색은 P, 초록색은 Z, 노란색은 Y로 주어진다.

사탕의 색이 다른 인접한 두 칸이 존재하는 입력만 주어진다.

⏫ 출력

첫째 줄에 상근이가 먹을 수 있는 사탕의 최대 개수를 출력한다.

예제 입력 1	예제 출력 1
3 CCP CCP PPC	3

예제 입력 2	예제 출력 2
4 PPPP CYZY CCPY PPCC	4

예제 입력 3	예제 출력 3
5 YCPZY CYZZP CCPPP YCYZC CPPZZ	4

❗ 힌트

예제 3의 경우 4번 행의 Y와 C를 바꾸면 사탕 네 개를 먹을 수 있다.

이 문제는 크게 두 파트로 나뉜다. 첫 번째는 두 칸을 교환하는 부분, 두 번째는 가장 긴 연속 부분을 찾는 부분이다.

우선 처음에 입력을 받을 때부터 신경 써야 하는 부분이 하나 있다. 2차원 배열에 글자들을 넣어주는데, 두 칸을 교환할 때 위 아래로도 교환할 수 있다. 따라서, Python에서는 string으로 저장할 게 아니라, 한 칸에 한 글자씩 저장해야 한다.

그리고 2중 for문을 돌면서 모든 칸에 대해 오른쪽 칸과 교환을 진행해보고, 아래 칸과 교환을 진행해보면 두 칸 교환을 모두 진행해볼 수 있다. 가장 오른쪽 줄은 오른쪽 칸과 교환할 수가 없고, 가장 아래 칸은 아래 칸과 교환할 수가 없으니 인덱스 범위체크에 신경 쓴다.

교환을 한 번 할 때마다 탐색을 해야 하므로 따로 함수를 만들었다. 아래 코드에서는 search() 함수가 이에 해당된다. 함수 내에서 행이나 열에서 가장 긴 연속 글자를 찾아야 한다. 모든 행에 대해서 살펴봐야 하고, 모든 열에 대해서 살펴봐야 한다.

시간 복잡도를 생각해보자. 우선, 교환을 진행하는 부분이 2중 for문이다. 하지만 $O(N^2)$이라 단정지을 수 없다. 2중 for문 안에서 search() 함수를 호출하기 때문이다. search() 함수역시 2중 for문을 돌고 있어 $O(N^2)$이다. 결과적으로 $O(N^4)$이 된다. N이 50이므로 시간 제한 내에 가능하다.

```
                                                    CODE EXAMPLE
N = int(input())
board = [list(input()) for _ in range(N)]
ans = 1


def search():
    global ans
    for i in range(N):
        cnt = 1
        for j in range(1, N):
            if board[i][j - 1] == board[i][j]:
                cnt += 1
                ans = max(ans, cnt)
```

```
            else:
                cnt = 1


        for j in range(N):
            cnt = 1
            for i in range(1, N):
                if board[i - 1][j] == board[i][j]:
                    cnt += 1
                    ans = max(ans, cnt)
                else:
                    cnt = 1


for i in range(N):
    for j in range(N):
        if j + 1 < N:
            board[i][j], board[i][j + 1] = board[i][j + 1], board[i][j]
            search()
            board[i][j], board[i][j + 1] = board[i][j + 1], board[i][j]  # 원상복구

        if i + 1 < N:
            board[i][j], board[i + 1][j] = board[i + 1][j], board[i][j]
            search()
            board[i][j], board[i + 1][j] = board[i + 1][j], board[i][j]  # 원상복구

print(ans)
```

시간 복잡도를 좀 더 줄이는 방법이 있다. 두 칸을 교환할 때마다 모든 칸을 살펴보는 건 사실 비효율적이다. 대부분의 나머지 칸들은 변동이 일어나지 않는데 매번 세고 있기 때문이다. 사탕을 한 번 교환할 때 변동이 일어나는 칸은 겨우 두 칸뿐이므로 그 두 칸이 속한 행과 열들 (총 3줄)만 살펴봐도 된다. 이렇게 되면 search() 함수의 시간 복잡도가 $O(N)$이 되고 실제로 연산 수가 확 줄어든다. 총 시간 복잡도는 $O(N^3)$이 된다.

## Chapter 03

탐욕법

탐욕법 또는 탐욕 알고리즘$^{Greedy\ Algorithm}$은 답을 찾는 과정에서 항상 현재 상태에서 최선의 경우만 '탐욕스럽게' 고르는 전략을 취하는 알고리즘이다. 완전탐색과 달리 모든 경우를 살펴보지 않는다. 모든 경우를 보지 않기 때문에 완전탐색보다 빠르다.

그리디 문제들은 특별한 배경지식이 없어도 문제에서 규칙성을 찾으면 풀 수 있는 편이다. 다만 난이도를 아주 쉬운 문제부터 매우 어렵게까지, 얼마든지 출제자 마음대로 만들 수 있어서 까다로운 그리디 문제는 풀이법을 생각해내기 굉장히 어렵다.

10, 50, 100, 500원 동전들을 무한하게 갖고 있다.
손님에게 800원을 거슬러주려고 할 때 동전을 최소한으로 주는 방법은?

위 문제의 답은 500원짜리 1개와 100원짜리 3개, 총 4개의 동전을 주는 것이다. 이보다 더 동전을 최소 개수로 주는 방법은 없다. 이 문제는 단위가 큰 동전부터 시작해서 하나씩 단위를 낮춰가면서 그 때마다 동전을 최대한 많이 주는 것이 동전 개수를 최소로 줄일 수 있다. 500원으로 줄 수 있는 최대한 많이 주고, 그 다음 남은 금액에 대해 100원짜리로 줄 수 있는 최대한 주고, 그 다음 남은 금액에 대해 50원짜리로… 이렇게 하면 된다. 이렇게 완전탐색보다 더 빠르게 답을 구했다. 그런데, 다음 문제는 어떨까?

100, 400, 500원 동전들을 무한하게 갖고 있다
손님에게 800원을 거슬러주려고 할 때 동전을 최소한으로 주는 방법은?

이 문제도 마찬가지로 그리디로 생각해서 500원으로 최대한 주고, 그 다음 단위인 400원 동전을 최대한 주는 방식대로 하면 될까? 그렇게 하면 500원 하나, 100원 3개 해서 총 4개가 나온다. 하지만 반례가 있다. 400원짜리 2개를 주는 방법이 동전 개수가 더 적으므로 답은 2개이다.

거의 똑같아 보이는 문제임에도 이 문제는 그리디로 풀 수 없었다. 어디서 차이가 발생한 걸까? 이 문제는 동전 단위들이 배수 관계가 아니기 때문이다. 10, 50, 100, 500원 문제에서는 항상 큰 단위가 작은 단위의 배수였다. 그래서 500원으로 만들 수 있는 값은 100원으로도, 50원으로도, 10원으로도 만들 수 있다. 그러나 400, 500원에서는 500이 400의 배수가 아니기 때문에 500원으로 만들 수 있는 값을 400원으로 반드시 만들 수 있다는 보장이 없다.

그리디 문제의 진짜 어려운 부분은 바로 '이 문제가 그리디 문제인지 판별하는 것'이다. 어떤 문제를 읽고서 '그리디로 풀면 될 것 같은데?'라는 생각부터 들어도 과연 반례가 없는 올바른 아이디어일지 신중하게 판단해야 한다.

필수예제 | 회의실 배정

boj.kr/1931 | ★★★☆☆ | **시간 제한** 2초 | **메모리 제한** 128MB

한 개의 회의실이 있는데 이를 사용하고자 하는 N개의 회의에 대하여 회의실 사용표를 만들려고 한다. 각 회의 I에 대해 시작 시간과 종료 시간이 주어져 있고, 각 회의가 겹치지 않게 하면서 회의실을 사용할 수 있는 회의의 최대 개수를 찾아보자. 단, 회의는 한번 시작하면 중간에 중단될 수 없으며 한 회의가 종료되는 것과 동시에 다음 회의가 시작될 수 있다. 회의의 시작 시간과 종료 시간이 같을 수도 있다. 이 경우에는 시작하자마자 종료되는 것으로 생각하면 된다.

⬇ 입력

첫째 줄에 회의의 수 $N(1 \leq N \leq 100,000)$이 주어진다. 둘째 줄부터 N+1 줄까지 각 회의의 정보가 주어지는데 이것은 공백을 사이에 두고 회의의 시작 시간과 종료 시간이 주어진다. 시작 시간과 종료 시간은 $2^{31} - 1$보다 작거나 같은 자연수 또는 0이다.

⬆ 출력

첫째 줄에 최대 사용할 수 있는 회의의 최대 개수를 출력한다.

예제 입력 1
11
1 4
3 5
0 6
5 7
3 8
5 9
6 10
8 11
8 12
2 13
12 14

예제 출력 1
4

❗ 힌트

(1, 4), (5, 7), (8, 11), (12, 14) 를 이용할 수 있다.

문제 풀이

모든 경우를 살펴보는 완전탐색으로 풀 수 있을지 먼저 생각해 본다. 회의마다 회의실을 사용하거나 사용하지 않거나 두 가지 경우 모두 가능하므로 총 2^N가지 경우의 수가 존재한다. N이 최대 10만이므로 완전탐색으로는 어렵고 다른 방법을 찾아야 한다.

이 문제를 풀기 위해 여러 가지 아이디어를 떠올릴 수 있다. 우선, 회의 시간이 짧은 순으로 회의를 선택해 가는 방법은 어떨까? 얼핏 보기에는 그럴 듯한데 과연 반례가 없을까?

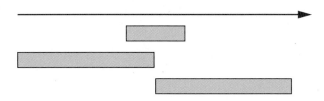

위와 같이 3개의 회의가 주어지면, 가장 짧은 회의를 고르면 하나밖에 안 되기 때문에 긴 회의 2개를 고르는 게 최선이다. 이런 반례가 있으므로 아쉽게도 이 방법으로는 풀 수 없다.

그렇다면 회의실 시간을 정렬해서 하나씩 살펴보는 방법은 어떨까? 회의마다 시작 시간과 종료 시간이 있으므로 먼저 시작 시간을 기준으로 정렬하고, 시작 시간이 같다면 종료 시간을 기준으로 정렬한 뒤, 제일 앞에 오는 회의부터 가능한 회의들을 전부 고르는 것이다. 이렇게 하면 과연 반례가 없을까?

시작 시간이 0인 회의가 유일하게 하나 있다고 가정해 보자. 다른 회의들은 이 회의보다 늦게 시작하니 시작 시간이 0인 회의는 반드시 고르게 된다. 그런데, 시작 시간이 0인데 종료 시간이 너무 늦게 끝난다면 그 사이에 회의 시간이 짧은 회의를 여러 개 고르는 게 최선이다. 그래야 더 많은 회의를 진행할 수 있다. 그림으로 나타내면 다음과 같다.

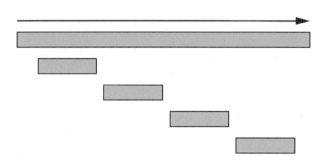

이 방법도 반례가 존재하므로 틀린 아이디어이다. 이렇듯 그리디 알고리즘을 구상할 때에는 항상 반례가 없을지 여러 측면에서 고려해야 한다.

이번에는 종료 시간을 기준으로 정렬하는 경우를 생각해 보자. 종료 시간이 같다면 더 짧은 회의를 고르는 게 최선이니 시작 시간은 내림차순으로 정렬하는 게 좋다. 하지만 종료 시간이 동일하다면 회의 시간이 겹치는 부분이 반드시 발생할 수 밖에 없다. 따라서 종료 시간이 같은 회의들 중에서는 하나만 선택해야 한다. 단, 이 문제에서는 회의가 시작하자마자 끝나는 회의도 있다. 이 경우에는 종료 시간이 같은 회의라도 회의 시간이 겹치지 않는 셈이므로 무조건 선택해야 함에 주의해야 한다. 아예 처음에 입력받을 때 시작 시간과 종료 시간이 같은 회의는 따로 정답에 포함시키고 배열에 저장할 때 제외하는 전처리를 하는 것도 한 방법이다.

종료 시간을 기준으로 정렬한 뒤, 어떤 회의를 하나 선택했다면 이제 그 회의의 종료시간보다 더 나중에 시작하는 회의들 중에서 나머지를 선택해야 한다. 종료 시간이 가급적 더 빠른 회의를 고르는 게 이후 다음 회의를 선택할 수 있는 범위가 넓어지기 때문에 좋은 전략이다. 이런 방식으로 진행하면 반례가 없을까?

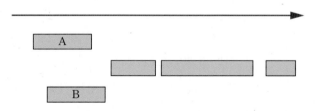

선택할 수 있는 회의들 중 종료 시간이 가장 빠른 회의를 A회의라고 하자. 이 A회의를 선택하지 않았을 때 최적해가 존재한다고 가정한다. 이 최적해의 회의들 중에 가장 첫번째로 종료

되는 회의를 B회의라 하자. 위에서 A회의의 정의에 의해 반드시 A회의 종료 시간이 B회의 종료 시간보다 더 빠르다. 따라서 B회의를 제외한 나머지 회의는 A회의와 겹칠 수 없기 때문에 B회의 대신 A회의로 교체하는 게 가능하다. 그러면 고른 회의 수는 그대로이므로 여전히 최적해에 해당된다. 결국, A회의를 골랐는데 최적해가 아닌 경우는 없다.

종료 시간이 가장 빠른 회의가 둘 이상 있다면 이 중에 아무 회의나 하나를 고르면 된다. 어차피 종료 시간이 동일하다면 회의시간이 필연적으로 겹치게 되기 때문이다. 그런데, 이 문제에서는 한 가지 예외가 있다. 시작 시간과 종료 시간이 같은 회의를 보자. 시작하자마자 끝나기 때문에 회의시간이 0이고 이런 회의는 종료 시간이 같더라도 여러 개 고를 수 있다. 그래서 이를 처리해줄 방법으로 2가지가 있다.

하나는, 시작 시간과 종료 시간이 같은 회의는 전부 골라주는 전처리를 하는 방법이다. 이렇게 미리 처리해주고 시작하면 예외가 없으므로 위에서 고안한 방법대로 진행하면 된다.

두번째 방법은 종료 시간이 같은 회의끼리는 시작 시간으로 정렬한 뒤 순서대로 고르는 방법이다. 이렇게 하면 앞의 방법처럼 선처리를 따로 하지 않아도 최적해를 구할 수 있다. 아래 코드를 보자.

```
CODE EXAMPLE
import sys

input=sys.stdin.readline
meetings=[]
for _ in range(int(input())):
    start, end = map(int, input().split())
    meetings.append((end, start))

meetings.sort()
t = 0
ans = 0
for end, start in meetings:
    if t <= start:
        ans += 1
        t = end

print(ans)
```

종료 시간을 기준으로 먼저 정렬해야 하므로 리스트에 (종료 시간, 시작 시간)으로 튜플을 넣어주고 정렬했다. 이렇게 하면 1차적으로 종료 시간에 대해 정렬하고, 종료 시간이 같은 회의끼리는 2차적으로 시작 시간에 대해 정렬된다. 그리고 기준 시간 t를 갱신해가며 회의를 선택해간다. 시작 시간과 종료 시간이 같은 회의는 두 값이 다 t라서 어차피 if문에 걸리기 때문에 ans에 포함된다.

약간 다르게 구현한 코드는 다음과 같다. 이번에는 튜플에 시작 시간과 종료 시간을 순서 바꾸지 않고 그대로 넣은 대신, 정렬할 때 lambda를 이용해서 정렬 조건을 바꿔 주었다.

```
CODE EXAMPLE

import sys


input = sys.stdin.readline
meetings = [tuple(map(int, input().split())) for _ in range(int(input()))]
meetings.sort(key=lambda x: (x[1], x[0]))
t = 0
ans = 0
for start, end in meetings:
    if t <= start:
        ans += 1
        t = end


print(ans)
```

여기서는 lambda x가 각각의 튜플에 해당되는데, x[0]은 시작 시간, x[1]은 종료 시간에 해당되므로 순서를 바꿔 튜플로 다시 엮었다. 그러면 종료 시간에 해당되는 x[1]을 먼저 기준으로 정렬된다. 커스텀 정렬이 필요할 때도 이렇게 있으므로 다양한 정렬법을 알아두면 좋다.

이 문제는 활동 선택 문제Activity selection problem라는 유명한 그리디 문제이다. 더 자세하게 공부해 보고 싶을 경우, 이 키워드로 검색해서 나오는 자료를 보면 도움이 될 것이다.

boj.kr/1449 | ★★☆☆☆ | **시간 제한** 2초 | **메모리 제한** 128MB

항승이는 품질이 심각하게 나쁜 수도 파이프 회사의 수리공이다. 항승이는 세준 지하철 공사에서 물이 샌다는 소식을 듣고 수리를 하러 갔다.

파이프에서 물이 새는 곳은 신기하게도 가장 왼쪽에서 정수만큼 떨어진 거리만 물이 샌다.

항승이는 길이가 L인 테이프를 무한 개 가지고 있다.

항승이는 테이프를 이용해서 물을 막으려고 한다. 항승이는 항상 물을 막을 때, 적어도 그 위치의 좌우 0.5만큼 간격을 줘야 물이 다시는 안 샌다고 생각한다.

물이 새는 곳의 위치와, 항승이가 가지고 있는 테이프의 길이 L이 주어졌을 때, 항승이가 필요한 테이프의 최소 개수를 구하는 프로그램을 작성하시오. 테이프를 자를 수 없고, 테이프를 겹쳐서 붙이는 것도 가능하다.

(↓) 입력

첫째 줄에 물이 새는 곳의 개수 N과 테이프의 길이 L이 주어진다. 둘째 줄에는 물이 새는 곳의 위치가 주어진다. N과 L은 1,000보다 작거나 같은 자연수이고, 물이 새는 곳의 위치는 1,000보다 작거나 같은 자연수이다.

(↑) 출력

첫째 줄에 항승이가 필요한 테이프의 개수를 출력한다.

예제 입력 1
4 2
1 2 100 101

예제 출력 1
2

테이프를 가능한 적게 사용하려면 테이프를 가급적 효율적으로 사용해야 한다. 테이프를 하나만 사용해도 되는 경우에 굳이 2개를 사용할 필요가 없다는 의미이다.

구멍 위치를 1차원 좌표로 생각할 수 있고, 가장 왼쪽에서 살펴보면서 구멍을 만나면 테이프를 이 지점에서 시작하도록 붙인다. 그러면 테이프 길이 L만큼은 구멍이 등장해도 무시하고 넘어갈 수 있다. 따라서 L만큼 건너 뛴 다음, 다시 구멍이 있는지 보기 시작한다. 이렇게 테이프의 가장 왼쪽에 어떤 새로운 구멍에 맞춰 붙이는 게 테이프를 가장 효율적으로 사용하는 방법이다. 좌표 범위 1,000만큼 배열을 만들고, 구멍에만 True로 표시한다. 그리고 테이프로 막지 않은 구멍을 만날 때마다 테이프를 사용한 뒤, 테이프 길이만큼 건너뛰어 다시 탐색을 진행한다. 이를 구현한 코드는 다음과 같다.

```
CODE EXAMPLE

coord = [False] * 1001
N, L = map(int, input().split())
for i in map(int, input().split()):
    coord[i] = True


ans = 0
x = 0
while x <= 1000:
    if coord[x]:
        ans += 1
        x += L
    else:
        x += 1


print(ans)
```

이 문제에서는 좌표 범위가 그리 크지 않아서 좌표 범위만큼의 배열을 만들었다. 만약 좌표 범위가 너무 크다면 구멍의 좌표들 N개만 저장하는 배열을 만들어 진행해야 한다.

JOB
READINESS
CODING
TEST

_ Chapter 04

DFS, BFS, 백트래킹

DFS, BFS, 백트래킹은 서로 관련이 있어 하나의 챕터로 묶었다. 알고리즘 코딩테스트에 굉장히 자주 나오다 보니 필수적으로 알아 둬야 하는 기본 알고리즘들이다. 또한 완전탐색 알고리즘에 해당되지만 별도로 학습해야 할 내용이 많아 Chapter 2와 분리했다.

그래프 Graph

DFS, BFS, 백트래킹을 풀기 위해 선행적으로 알아야 하는 자료구조가 있다. 바로 그래프와 트리이다. 그래서 이 챕터에서는 그래프와 트리를 다루는 것부터 시작한다.

여기서 다루는 그래프는 우리가 흔히 생각하던 막대그래프나 원그래프 등의 모습이 아니다.[8] 생김새도 다르다. 여기서의 그래프는 어떤 데이터들 간의 관계성을 나타낼 때 사용하는 자료구조이다. 실생활에서 사용되는 그래프 예시는 지하철 노선도가 있다.

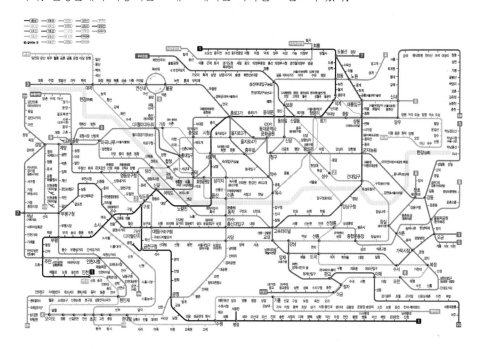

---

8 이를 차트(chart)라고 한다.

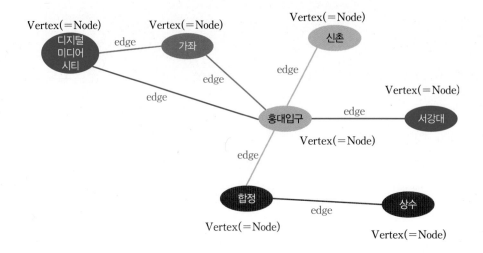

복잡해 보이지만 지하철 노선도를 이루는 요소는 크게 두 가지만 있는 것을 볼 수 있다.

1. 지하철 역
2. 역들을 잇는 노선

역은 그래프의 정점^{Node, Vertex}, 역을 잇고 있는 노선은 그래프의 간선^{Edge}이라 할 수 있다. 그래프에는 여러 가지 많은 개념들, 요소들이 있고 그래프 종류도 매우 다양하며 복잡한 그래프 알고리즘들도 많다. 여기서는 기본적인 몇 가지만 보자.

그래프의 방향성

그래프는 간선의 방향성을 기준으로 두 가지 종류로 나뉜다. 방향성이 있는 방향 그래프와 방향성이 없는 무방향 그래프가 있다.

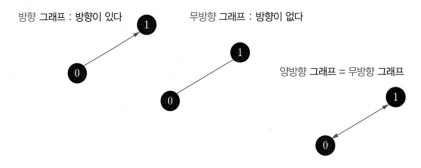

그런데 두 가지라고 했는데, '양방향' 그래프가 보인다. 결론부터 말하자면 양방향 그래프는 무방향 그래프나 마찬가지이다. 직관적으로 와닿지 않을 수도 있지만 천천히 생각해보자. 무방향 그래프에서는 두 노드가 연결되어 있을 때 노드 간에 오갈 수 없다는 의미일까? 연결되어 있기 때문에 오갈 수 있다. 오갈 수 없다면 연결을 하지 않았어야 한다. 방향성이 없다는 건 어느 쪽으로든 갈 수 있다는 의미이다. 양방향 그래프 역시 연결된 노드는 어느 쪽으로든 오갈 수 있다. 그래서 무방향 그래프와 양방향 그래프는 완전히 동일하다.

그래프의 순환성

이번에는 그래프를 순환성을 기준으로 나눈 순환 그래프와 비순환 그래프를 살펴보자.

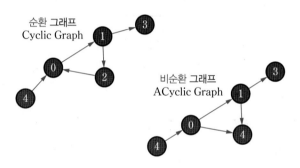

그래프 내 어떤 부분이라도 순환하는 부분이 한 군데만 있어도 순환 그래프이며, 한 군데도 없다면 비순환 그래프이다. 오른쪽의 비순환 그래프에서 3번 노드와 4번 노드를 잇는 간선을 추가하면 사이클이 생기므로 순환 그래프가 된다.

참고로 방향성 비순환 그래프는 DAG^{Directed Acyclic Graph}라고 한다. 개발하면서 웬만하면 접하게 되는 git과 같은 버전 관리 시스템^{Version Control System}의 브랜치가 DAG로 되어 있다. 커밋 기록은 시간이 지나며 쌓이는데 시간은 한 방향으로만 흐르고 다시 되돌아갈 수 없어서 사이클이 발생하지 않기 때문이다.

[master] 6c6faa5 My first commit — John Doe

[develop] 3e89ec8 Develop a feature — part 1 — John Doe

[develop] e188fa9 Develop a feature — part 2 — John Doe

[master] 665003d Fast bugfix — John Fixer

[myfeature] eaf618c New cool feature — John Feature

[master] 8f1e0e7 Merge branch `develop' into `master' — John Doe

[master] 6a3dacc Merge branch `myfeature' into `master' — John Doe

[master] abcdef0 Release of version 0.1 — John Releaser

그래프의 연결 요소 Connected Component

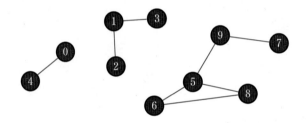

위 그림은 그래프 3개가 주어진 게 아니라 사실 하나의 그래프이다. 이런 식으로 서로 완전히 분리된 요소들이 여럿 주어지는 그래프도 있다. 각각을 연결 요소라고 한다. 만약 노드가 5개인데 간선이 0개인 그래프가 있다면 연결 요소가 5개인 그래프인 것이다.

트리 ^{Tree}

트리는 그래프의 일종으로 순환성이 없는 무방향 그래프이다. 나무가 가지를 뻗어가는 모습과 닮아서 트리라는 이름이 붙여졌다.

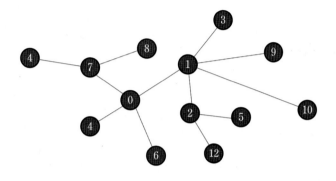

트리의 가장 바깥쪽 노드를 리프 노드^{leaf node}라고 한다. 즉, 간선이 하나만 연결된 노드들이다. 또한 어떤 노드도 루트^{root}가 될 수 있다. 그리고 노드 A에서 노드 B로 가는 경로는 반드시 존재하며 유일하다. 없어서도 안 되고 두 개 이상 이어도 안 된다.

트리에서 반드시 성립하는 공식이 있다. 노드 개수와 간선 개수를 알면 다음 공식을 이용해서 트리 여부를 파악할 수 있다.

$$노드개수 = 간선개수 + 1$$

그런데, 이런 트리도 있다.

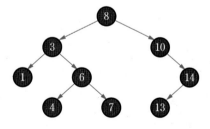

트리는 무방향 그래프라고 했는데, 수학적 개념상 그래프 이론에서의 트리는 무방향 그래프가 맞지만 전산학에서 자료구조로 사용될 경우에는 이렇게 계층이 있는 트리가 사용된다. 여기서의 트리는 루트 노드가 하나이며 부모−자식 관계가 존재한다. 상위 노드가 부모, 하위 노드가 자식에 해당된다.

그래프를 코드로 나타내는 방법

개념을 익혔으니 이제 그래프를 코드로 나타내는 방법을 알아보자. 트리는 그래프의 일종이기 때문에 트리를 나타내는 방법도 포함된다. 그래프를 코드로 나타내는 방법은 두 가지가 있다.

1. 인접 행렬 Adjacency Matrix

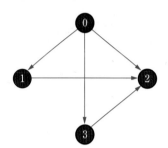

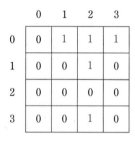

	0	1	2	3
0	0	1	1	1
1	0	0	1	0
2	0	0	0	0
3	0	0	1	0

인접행렬 – 방향 그래프

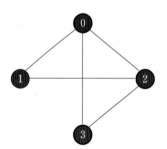

	0	1	2	3
0	0	1	1	1
1	1	0	1	0
2	1	1	0	1
3	1	0	1	0

인접행렬 – 무방향 그래프

각각 방향 그래프와 무방향 그래프를 나타낸 그림이다. 인접 행렬은 행렬에 간선 정보를 담는 방식이며 코드로는 2차원 배열을 만들고 그 안에 값을 넣으면 된다. i번 행의 j번 열은 i번 노드 → j번 노드를 잇는 간선을 나타낸다. 따라서 행렬의 첫 줄, 즉, 0번째 행은 0번 노드에서 시작해서 다른 노드로 향하는 간선들의 정보이다. 1, 2, 3번 노드로 전부 이어져 있어서 1, 2, 3번 열에 1이 들어갔다. 1번 노드에서는 2번 노드로 향하는 간선만 있다. 따라서 배열[1][2]에만 1이 있다. 나머지도 마찬가지로 진행한다.

무방향 그래프는 양방향 그래프와 같다는 점을 다시 한 번 강조한다. 무방향 그래프도 방향 그래프와 마찬가지로 진행하면 된다. 점선으로 표시한 대각선을 기준으로 대칭을 띄고 있는 것을 볼 수 있다. a → b로 갈 수 있다면 b → a로도 갈 수 있기 때문이다.

2. 인접 리스트 Adjacency List

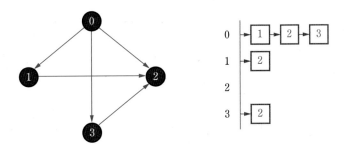

인접 리스트 - 방향 그래프

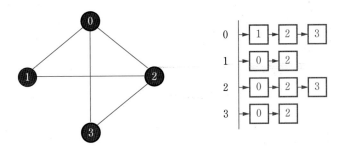

인접 리스트 - 무방향 그래프

같은 그래프들을 인접 리스트로 나타낸 모습이다. 각 행이 간선의 시작 노드를 나타내는 건 동일하다. 그리고 행마다 간선 개수만큼 각 간선의 도착 노드를 저장한다. 0번 노드에서 갈 수 있는 노드는 3개이므로 0번 행에는 3개의 값이 저장되었고, 그 값들은 도착 노드인 1, 2, 3이다. 2번 노드에서 갈 수 있는 노드는 없어서 2번 행에는 아무 값도 저장되지 않았다.

무방향 그래프 역시 양방향으로 생각해서 적용한다. 양방향 그래프에서는 2번 노드에서 다른 3개의 노드로 전부 갈 수 있어서 여기서는 2번 행에 값이 3개가 저장된 모습을 볼 수 있다.

원래는 이름에 리스트가 들어가는 만큼 연결 리스트로 구현하는 것이 맞지만, 알고리즘 문제를 풀 때는 C++은 vector, Python은 리스트로 구현하는 게 일반적이다.

인접 행렬과 인접 리스트

두 가지 방법이 있다는 걸 알았는데, 그러면 언제 어떤 방법을 사용하면 될까? 각각 장단점이 있어서 경우에 맞게 사용하면 된다.

노드가 N개일 때 인접 행렬은 N^2개 공간을 할당한다. 인접 리스트는 간선 개수만큼 공간을 사용한다. 모든 노드 간에 간선이 전부 존재하면 인접 리스트 역시 N^2개 공간을 사용하게 되겠지만 이는 최악의 경우이다. 대부분의 경우는 간선 개수가 이보다는 적을 것이므로 인접 리스트는 인접 행렬보다 메모리를 덜 차지한다는 장점이 있다. 간선 개수가 적으면 적을수록 이 장점이 빛을 발한다.[9] 간선이 적든 많든 인접 행렬은 항상 N^2개 공간을 사용하니까 인접 리스트는 인접 행렬보다 메모리 사용이 적거나 같다.

PART 1. Chapter 3에서 시간과 메모리는 trade—off 관계를 띤다고 했다. 인접 행렬은 메모리를 많이 쓰니까 시간면에서 이점이 있다. 특정 노드 A → B로 가는 간선이 있는지 여부를 O(1)만에 알아낼 수 있다. 배열[A][B]에 있는 값을 살펴보면 바로 알 수 있기 때문이다. 하지만 인접 리스트는 [A]행에 있는 데이터를 순차 탐색하며 B가 있는지 살펴보는 수밖에 없다. 따라서 O(N)이다.

알고리즘 문제를 풀 때 입력 범위를 보고, 노드 대비 간선의 최대 개수가 적은 편이라면 인접 리스트를, 간선 최대 개수가 노드 개수의 제곱과 같다면 인접 행렬을 쓰면 되지만, 전자의 경우라도 인접 행렬을 써도 될 때가 대부분이다. 그래서 너무 까다롭게 신경 쓰지는 않아도 되며 인접 행렬로 구현할 때가 많은 편이다.

DFS Depth First Search

DFS는 우리말로 '깊이 우선 탐색'이라 한다. 그래프 탐색 알고리즘 중 하나로 어떤 노드에서 시작해서 답을 찾을 때까지 갈 수 있는 인접 노드가 존재한다면 그 노드로 탐색을 반복한다. 계속해서 깊게 파고 내려가는 형태를 띠며, 더 이상 진행할 인접 노드가 없다면 올라와서 또 다시 다른 인접 노드로 탐색을 진행한다. 다음 그림은 DFS 진행 예시이며, 각 노드에 쓰인 숫자가 곧 탐색 순서이다.

---

9 간선이 거의 없는 그래프를 희소 그래프[sparse graph], 반대로 간선이 빽빽하게 많은 그래프를 밀집 그래프[dense graph]라 한다.

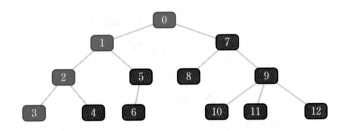

0번 노드에서 탐색을 시작하면 1, 7번 노드로 갈 수 있다. 우선 1번 노드로 가 보자. 1번 노드에서는 2, 5번 노드로 갈 수 있다. 2번 노드로 가 보자. 3번 노드로 갈 수 있으므로 3번 노드로 간다. 더 이상 갈 수 있는 노드가 없으므로 다시 올라와 4번으로 간다. 또 갈 수 있는 노드가 없으니 다시 올라와서 5번으로 간다. 이런 식으로 정답이 되는 노드를 찾을 때까지 탐색을 진행한다.

DFS는 스택 또는 재귀함수로 구현하는데, 재귀 자체가 스택 구조를 이용하는 것이므로 원리는 같다. 일반적으로는 재귀로 구현하는 게 편리해서 재귀 함수를 작성한다.

BFS Breadth First Search

BFS는 '너비 우선 탐색'이다. 이 역시 마찬가지로 그래프 탐색 알고리즘인데, DFS와는 탐색 순서에서 차이가 있다. BFS는 현재 노드에서 모든 인접 노드를 탐색하고 나서 그 다음 아래 계층으로 내려간다. 다음 그림은 BFS의 진행 예시이며, 각 노드에 쓰인 숫자가 곧 탐색 순서이다. 0번 노드에서 탐색을 시작하면 1, 2번 노드로 갈 수 있다. 1, 2번 노드를 탐색하고 나면 그 다음 한 층 내려가 3~6번 노드를 탐색한다. 그 다음 7~12번 노드를 탐색한다.

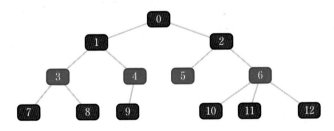

BFS는 큐로 구현한다. 맨 처음에 큐에 시작 노드인 0번 노드를 넣고 시작한다. 그리고 큐가 비거나 정답이 되는 노드를 찾기 전까지 계속 큐에서 노드를 하나 빼서 다음 갈 수 있는 노드를 큐에 넣는 것을 반복한다.

DFS와 BFS 둘 다 완전탐색 알고리즘이므로 대부분 문제에서 어떤 걸 써도 답을 구할 수 있다. 그런데 BFS는 한 가지 장점이 더 있다. 최단거리를 구할 때 쓰기 좋다는 점이다. 탐색 시작 노드에서 목표 노드까지 최단거리를 구할 때는 보통 BFS를 쓰게 된다. 제일 짧은 거리부터 하나씩 늘려가며 도달 가능한 모든 노드를 탐색하기 때문에, 탐색 과정에서 최초로 목표 노드에 도달했을 때가 최단거리임이 보장되기 때문이다.

DFS도 모든 경우를 살펴보는 '완전탐색' 알고리즘이므로 물론 최단거리 역시 구할 수는 있다. 그런데, BFS와 달리 탐색 과정에서 처음 발견된 경로가 최단거리인지는 보장되지 않기 때문에 모든 경로를 탐색하며 그 중에 가장 짧은 경로를 취해야 한다. BFS는 최초로 경로가 발견되자마자 탐색을 종료하면 되므로 운이 좋으면 더 빠른 시간 내에 답을 구할 수 있다. 둘 다 완전탐색이므로 최악의 경우에는 소요 시간이 둘 다 비슷할 것이다. 어쨌든 최단거리 탐색을 해야 할 경우, 일반적으로 BFS를 쓴다.

DFS/BFS의 시간 복잡도

인접 행렬을 썼을 때와 인접 리스트를 썼을 때가 다르다. 정점Vertex 개수를 V, 간선Edge 개수를 E라고 했을 때, 완전탐색 DFS/BFS의 시간 복잡도는 다음과 같다.

- 인접 행렬: $O(V^2)$
- 인접 리스트: $O(V+E)$

인접 행렬은 행렬의 모든 칸을 살펴보므로 $O(V^2)$이다. 인접 리스트는 모든 노드를 살펴보면서 각각의 노드를 볼 때마다 갈 수 있는 모든 간선을 살펴보게 된다. 간선 개수가 매우 적고 노드 개수가 훨씬 많다면 $O(V)$에 근접해지고, 간선 개수가 매우 많다면 $O(E)$에 근접해진다.

길찾기 문제

격자칸 형태의 board가 주어지고 위, 아래, 왼쪽, 오른쪽 사방으로 움직이며 경로를 찾는 형태의 문제들이 있다. 이런 문제는 DFS/BFS 단골 문제 유형으로 나오기 때문에 이 문제를 푸는 코드 형태를 익혀 두는 게 좋다.

사방으로 움직이는 부분을 일일이 반복 코드를 작성하는 것 보다는 dy, dx에 상대 좌표를 저장해두고 다음 좌표를 구하는 테크닉을 사용하는 게 좋다. 각 격자칸의 방문체크하는 부분도 눈여겨 보자.

```Python
# Python
from collections import deque

dy = (0, 1, 0, -1)
dx = (-1, 0, 1, 0)
N = int(input())
chk = [[False] * N for _ in range(N)]


def is_valid_coord(y, x):
    return 0 <= y < N and 0 <= x < N


def dfs(y, x):
    if adj[y][x] == ans:
        return

    for k in range(4):
        ny = y + dy[k]
        nx = x + dx[k]
        if is_valid_coord(ny, nx) and not chk[ny][nx]:
            chk[ny][nx] = True
            dfs(ny, nx)

def bfs(sy, sx):  # start y, x
    q = deque()
```

```
        chk[sy][sx] = True
        q.append((sy, sx))
        while len(q):
            y, x = q.popleft()
            if adj[y][x] == ans:
                return

            for k in range(4):
                ny = y + dy[k]
                nx = x + dx[k]
                if is_valid_coord(ny, nx) and not chk[ny][nx]:
                    chk[ny][nx] = True
                    q.append(ny, nx)
```

그래프 정보를 입력받아 저장하는 부분은 생략했다. DFS로 탐색한다면, 처음 호출할 때 시작 좌표의 방문체크를 하고, 시작 좌표를 인자로 전달하며 dfs()를 호출한다. dfs()는 재귀 호출되며 탐색이 진행된다.

BFS로 탐색한다면, 시작 좌표를 인자로 전달하며 bfs()를 호출하면 된다. while 문 내부를 반복하다가 중간에 답을 찾으면 return 하는 구조이다.

필수예제   연결 요소의 개수

boj.kr/11724 | ★★★☆☆ | 시간 제한 3초 | 메모리 제한 512MB

방향 없는 그래프가 주어졌을 때, 연결 요소(Connected Component)의 개수를 구하는 프로그램을 작성하시오.

⬇ 입력

첫째 줄에 정점의 개수 N과 간선의 개수 M이 주어진다. (1≤N≤1,000, 0≤M≤N×(N−1)/2) 둘째 줄부터 M개의 줄에 간선의 양 끝점 u와 v가 주어진다. (1≤u, v≤N, u≠v) 같은 간선은 한 번만 주어진다.

[↑] 출력

첫째 줄에 연결 요소의 개수를 출력한다.

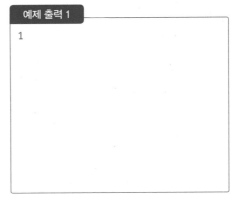

문제 풀이

앞에서 다뤘던 연결 요소 개념이 등장했다. 연결 요소를 어떻게 찾을까? 어떤 노드에서 DFS나 BFS를 이용해서 도달 가능한 모든 노드를 전부 탐색하면 그 노드의 같은 연결 요소 내에 있는 모든 노드를 방문하게 된다. 방문 체크를 해주면서 아직 방문하지 않은 노드에서 탐색을 시작할 때는 새로운 연결 요소이므로 답 개수를 1 늘린다. 여기서는 DFS를 써서 풀어보겠다.

```
                                                    CODE EXAMPLE
import sys


sys.setrecursionlimit(10 ** 6)

input = sys.stdin.readline

N, M = map(int, input().split())
```

```python
adj = [[False] * (N + 1) for _ in range(N + 1)]

for _ in range(M):
    a, b = map(int, input().split())
    adj[a][b] = True
    adj[b][a] = True


ans = 0
chk = [False] * (N + 1)


def dfs(i):
    for j in range(1, N + 1):
        if adj[i][j] and not chk[j]:
            chk[j] = True
            dfs(j)


for i in range(1, N + 1):
    if not chk[i]:
        ans += 1
        chk[i] = True
        dfs(i)


print(ans)
```

Python은 재귀호출 횟수가 1,000회로 제한되어 있어 그 이상 쓰려면 sys 모듈의 setrecursionlimit()으로 제한을 늘려야 한다. 무방향 그래프이므로 양방향 그래프로 생각해서 a → b로 갈 수 있으면 b → a로도 갈 수 있음을 반영했다.

노드 번호가 1부터 시작하기 때문에 모든 공간을 N+1 크기로 할당했다. N 크기로 할당하고 싶다면 입력받은 a, b를 1씩 줄여 저장한다(1-based를 0-based로 변경).

방문 체크 배열을 전부 False로 초기화시키고 방문하지 않은 노드를 발견할 때마다 방문 체크하고 ans를 늘린 뒤 dfs를 돌려 같은 연결 요소의 모든 노드를 방문한다. 최종적으로 ans를 출력한다.

boj.kr/2178 | ★★★☆☆ | **시간 제한** 1초 | **메모리 제한** 192MB

N×M크기의 배열로 표현되는 미로가 있다.

1	0	1	1	1	1
1	0	1	0	1	0
1	0	1	0	1	1
1	1	1	0	1	1

미로에서 1은 이동할 수 있는 칸을 나타내고, 0은 이동할 수 없는 칸을 나타낸다. 이러한 미로가 주어졌을 때, (1, 1)에서 출발하여 (N, M)의 위치로 이동할 때 지나야 하는 최소의 칸 수를 구하는 프로그램을 작성하시오. 한 칸에서 다른 칸으로 이동할 때, 서로 인접한 칸으로만 이동할 수 있다.

위의 예에서는 15칸을 지나야 (N, M)의 위치로 이동할 수 있다. 칸을 셀 때에는 시작 위치와 도착 위치도 포함한다.

⬇️ 입력

첫째 줄에 두 정수 N, M(2≤N, M≤100)이 주어진다. 다음 N개의 줄에는 M개의 정수로 미로가 주어진다. 각각의 수들은 붙어서 입력으로 주어진다.

⬆️ 출력

첫째 줄에 지나야 하는 최소의 칸 수를 출력한다. 항상 도착위치로 이동할 수 있는 경우만 입력으로 주어진다.

예제 입력 1

```
4 6
101111
101010
101011
111011
```

예제 출력 1

```
15
```

예제 입력 2

```
4 6
110110
110110
111111
111101
```

예제 출력 2

```
9
```

예제 입력 3

```
2 25
1011101110111011101110111
1110111011101110111011101
```

예제 출력 3

```
38
```

예제 입력 4

```
7 7
1011111
1110001
1000001
1000001
1000001
1000001
1111111
```

예제 출력 4

```
13
```

문제 풀이

전형적인 길찾기 문제이며 최단거리를 구하는 문제이므로 BFS를 쓰는 게 좋다. 시작 노드와 목표 노드가 고정되어 있고 갈 수 있는 칸과 없는 칸이 있다. 길찾기 문제에서는 벽이 있거나, 막혀있는 등 갈 수 없는 칸이 나오는 경우가 많다. 탐색 과정에서 다음 진행할 칸을 알아볼 때 그 칸이 갈 수 있는 칸인지 검사한다.

```
from collections import deque


dy = (0, 1, 0, -1)
dx = (1, 0, -1, 0)


N, M = map(int, input().split())
board = [input() for _ in range(N)]
chk = [[False] * M for _ in range(N)]
dq = deque()
dq.append((0, 0, 1))
chk[0][0] = True


def is_valid_coord(y, x):
    return 0 <= y < N and 0 <= x < M


while len(dq) > 0:
    y, x, d = dq.popleft()

    if y == N - 1 and x == M - 1:
        print(d)
        break

    for k in range(4):
        ny = y + dy[k]
        nx = x + dx[k]
        nd = d + 1
        if is_valid_coord(ny, nx) and board[ny][nx] == '1' and not chk[ny][nx]:
            chk[ny][nx] = True
            dq.append((ny, nx, nd))
```

이 문제에서는 각 칸의 정보가 1 또는 0으로 들어오지만 공백 구분없이 붙어서 들어오므로 굳이 정수 자료형으로 바꾸지 않고 문자열로 받아 그대로 저장하고 문자로 처리했다. 어떤 수치를 나타내는 데이터가 아니므로 굳이 정수 자료형으로 바꿔줄 필요가 없었다.

BFS를 돌릴 때 지나온 거리를 알아야 하기 때문에 좌표 y, x 외에 거리 d도 같이 큐에 저장하며 이 d값을 다음 칸으로 진행할 때마다 1씩 늘렸다.

방문체크는 반드시 해야 한다. 방문체크를 하지 않으면 이미 지나온 곳을 다시 방문하게 되므로 큐가 계속 쌓여 메모리가 과도하게 사용될 수 있고 심지어 무한반복에 빠질 수도 있다.

백트래킹 Backtracking

미연시[10]라는 게임 장르가 있다. 미연시에서는 캐릭터와 커뮤니케이션하는 과정이 객관식 문제처럼 선택지들이 뜨고 그 중에 하나를 고르는 게 대표적 방식으로 알려져 있다. 이런 선택 분기가 많아지면 많아질수록 경우의 수는 기하급수적으로 늘어나게 된다. 이론상 엔딩의 가지 수도 엄청나게 많아질 것이다. 수많은 엔딩 중에 우리가 원하는 하나의 엔딩을 찾기 위해서는 모든 선택지를 골라보며 완전탐색을 하면 된다.

그런데 만약 우리가 찾는 엔딩이 여주인공의 호감도를 최대로 쌓아야 볼 수 있는 엔딩이라고 가정하자. 그러면 선택지 중에 여주인공의 호감도를 떨어뜨리는 선택지가 있다면 이걸 고를 필요는 없다. 이렇게 선택지를 가지치기 해준다면, 완전탐색보다는 살펴보는 경우의 수가 줄어들어 더 빨리 엔딩을 찾아낼 수 있을 것이다.

백트래킹은 기본적으로 완전탐색 알고리즘이며 DFS나 BFS와 같은 방식으로 진행되지만, 진행 과정에서 답이 아닌 분기를 만나면 탐색을 진행하지 않고 돌아가 다른 분기로 감으로써 가지치기를 한다는 차이가 있다.

---

10 미소녀 연애 시뮬레이션 게임의 줄임말이다.

boj.kr/1987 | ★★★★☆ | **시간 제한** 2초 | **메모리 제한** 256MB | **출처** Olympiad CHCI 2002

세로 R칸, 가로 C칸으로 된 표 모양의 보드가 있다. 보드의 각 칸에는 대문자 알파벳이 하나씩 적혀 있고, 좌측 상단 칸 (1행 1열)에는 말이 놓여 있다.

말은 상하좌우로 인접한 네 칸 중의 한 칸으로 이동할 수 있는데, 새로 이동한 칸에 적혀 있는 알파벳은 지금까지 지나온 모든 칸에 적혀 있는 알파벳과는 달라야 한다. 즉, 같은 알파벳이 적힌 칸을 두 번 지날 수 없다.

좌측 상단에서 시작해서, 말이 최대한 몇 칸을 지날 수 있는지를 구하는 프로그램을 작성하시오. 말이 지나는 칸은 좌측 상단의 칸도 포함된다.

📥 입력

첫째 줄에 R과 C가 빈칸을 사이에 두고 주어진다. (1≤R, C≤20) 둘째 줄부터 R개의 줄에 걸쳐서 보드에 적혀 있는 C개의 대문자 알파벳들이 빈칸 없이 주어진다.

📤 출력

첫째 줄에 말이 지날 수 있는 최대의 칸 수를 출력한다.

예제 입력 1
2 4
CAAB
ADCB

예제 출력 1
3

예제 입력 2
3 6
HFDFFB
AJHGDH
DGAGEH

예제 출력 2
6

예제 입력 3
5 5
IEFCJ
FHFKC
FFALF
HFGCF
HMCHH

예제 출력 3
10

문제 풀이

이 문제도 상하좌우 인접한 네 칸으로 이동할 수 있어 길찾기 문제와 스타일이 비슷하다. 갈 수 있는 최대의 칸으로 가려면 최대한 많은 알파벳을 지나가야 한다. 지나온 알파벳은 가지 못하므로 무슨 무슨 알파벳들을 지나왔는지 기록해 둘 필요가 있다.

그런데, R, C가 20밖에 되지 않는다고 해도 평범하게 DFS/BFS로 풀어 보면 시간 초과가 발생하는 것을 볼 수 있다. 각 격자 칸들은 가장자리를 제외하고 대부분의 칸에서 다음 4칸으로 진행할 수 있다. 왔던 칸을 제외하면 3칸이므로 경우의 수가 3의 거듭제곱 꼴로 늘어나는 셈이다.

그래서 가지치기를 해서 백트래킹으로 풀어 보자. 어디를 가지치기 하면 될까? 시작점에서는 오른쪽과 아래로 갈 수 있는데, 이 두 군데에 같은 글자가 있는 경우를 보자.

3번째 칸으로 2행 2열의 'C'가 있는 칸을 간다고 하면, 지나간 알파벳은 'ABC'가 된다. 이때 오른쪽을 갔다가 아래로 가나, 아래로 갔다가 오른쪽으로 가나 지나온 알파벳은 동일하다. 그리고 이미 'B'는 체크되었으니 이제 'C'가 있는 칸의 오른쪽이나 아래로만 갈 수 있다. 물론 A, B, C가 아닌 다른 알파벳이 있을 경우이다. 여기서 가지치기할 수 있는 여지가 보이는가? 결국 'C' 칸에 도달했을 때 지나온 알파벳 경로가 동일한 다른 경로는 또 살펴보지 않아도 된다. 'A'에서 오른쪽으로 갔다가 아래로 간 다음 'C'에서 나머지 탐색을 진행하는 것과, 'A'에서 아래로 갔다가 오른쪽으로 간 다음 'C'에서 나머지 탐색을 진행하는 것은 결과가 동일할 것이다. 두 탐색 중 하나만 진행하면 된다.

이 문제에서 또 하나 시간을 줄일 수 있는 부분이 있는데, 바로 알파벳은 26자이기 때문에 답은 최대 26을 넘지 못한다는 점이다. 탐색을 진행하며 지나온 알파벳 개수의 최댓값을 전역 변수에 갱신해 두는데, 26에 도달했다면 그 순간 바로 탐색을 종료하면 된다. 아무리 더 탐색을 진행해봐야 26보다 큰 경우는 있을 수 없기 때문에 탐색이 무의미하다.

```
from collections import deque


dy = (0, 1, 0, -1)
dx = (1, 0, -1, 0)


R, C = map(int, input().split())
board = [input() for _ in range(R)]
chk = [[set() for _ in range(C)] for _ in range(R)]
ans = 0



def is_valid_coord(y, x):
    return 0 <= y < R and 0 <= x < C



dq = deque()
chk[0][0].add(board[0][0])
dq.append((0, 0, board[0][0]))
while dq:
    y, x, s = dq.popleft()
    ans = max(ans, len(s))

    for k in range(4):
        ny = y + dy[k]
        nx = x + dx[k]
```

```
        if is_valid_coord(ny, nx) and board[ny][nx] not in s:
            ns = s + board[ny][nx]
            if ns not in chk[ny][nx]:
                chk[ny][nx].add(ns)
                dq.append((ny, nx, ns))

print(ans)
```

위 코드는 BFS 방식 백트래킹으로 구현했다. 큐에는 좌표와 그 때까지 지나온 알파벳들을 연결한 문자열을 넣고 뺀다. 그런데 방문체크 배열이 R×C개의 집합으로 되어 있다. 각 칸까지 지나온 알파벳들이 동일하면 또 탐색하지 않아도 된다는 점은 위에서 다뤘다. 따라서 지나온 알파벳 문자열을 집합에 저장해 두고, 다음에 다시 이 칸을 방문할 때 지나온 알파벳 문자열이 이미 집합에 있다면 탐색을 더 진행하지 않고 가지치기한다.

이 문제는 가지치기를 하지 않고 DFS/BFS로 풀어도 백준 온라인 저지에서 Python 3보다 빠른 PyPy 3로 제출하면 통과된다.

boj.kr/1743 | ★★★☆☆ | **시간 제한** 2초 | **메모리 제한** 128MB | **출처** USACO 2007

코레스코 콘도미니엄 8층은 학생들이 3끼의 식사를 해결하는 공간이다. 그러나 몇몇 비양심적인 학생들의 만행으로 음식물이 통로 중간 중간에 떨어져 있다. 이러한 음식물들은 근처에 있는 것끼리 뭉치게 돼서 큰 음식물 쓰레기가 된다.

이 문제를 출제한 선생님은 개인적으로 이러한 음식물을 실내화에 묻히는 것을 정말로 싫어한다. 참고로 우리가 구해야 할 답은 이 문제를 낸 조교를 맞추는 것이 아니다.

통로에 떨어진 음식물을 피해가기란 쉬운 일이 아니다. 따라서 선생님은 떨어진 음식물 중에 제일 큰 음식물만은 피해 가려고 한다.

선생님을 도와 제일 큰 음식물의 크기를 구해서 "킹받네"를 외치지 않게 도와주자.

⬇ 입력

첫째 줄에 통로의 세로 길이 N(1≤N≤100)과 가로 길이 M(1≤M≤100) 그리고 음식물 쓰레기의 개수 K(1≤K≤N×M)이 주어진다. 그리고 다음 K개의 줄에 음식물이 떨어진 좌표 (r, c)가 주어진다.

좌표 (r, c)의 r은 위에서부터, c는 왼쪽에서부터 기준이다. 입력으로 주어지는 좌표는 중복되지 않는다.

⬆ 출력

첫째 줄에 음식물 중 가장 큰 음식물의 크기를 출력하라.

예제 입력 1
3 4 5
3 2
2 2
3 1
2 3
1 1

예제 출력 1
4

```
#...
 .##.
 ##..
```

위와 같이 음식물이 떨어져 있고 제일 큰 음식물의 크기는 4가 된다(인접한 것은 붙어서 크게 된다고 나와 있다. 대각선으로는 음식물끼리 붙을 수 없고 상하좌우로만 붙을 수 있다).

컴공선배's 알고리즘 Q

다음 중 이 문제를 푸는 데 사용할 알고리즘은?

① DFS ② BFS ③ 백트래킹 ④ 브루트 포스 ⑤ 그리디

연습문제 05 | 나이트의 이동

boj.kr/7562 | ★★★☆☆ | **시간 제한** 1초 | **메모리 제한** 256MB | **출처** TUD 2001

체스판 위에 한 나이트가 놓여져 있다. 나이트가 한 번에 이동할 수 있는 칸은 아래 그림에 나와있다. 나이트가 이동하려고 하는 칸이 주어진다. 나이트는 몇 번 움직이면 이 칸으로 이동할 수 있을까?

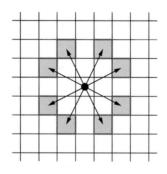

(↓) 입력

입력의 첫째 줄에는 테스트 케이스의 개수가 주어진다.

각 테스트 케이스는 세 줄로 이루어져 있다. 첫째 줄에는 체스판의 한 변의 길이 N($4 \leq l \leq 300$)이 주어진다. 체스판의 크기는 N×N이다. 체스판의 각 칸은 두 수의 쌍 {0, ..., N−1} × {0, ..., N−1}로 나타낼 수 있다. 둘째 줄과 셋째 줄에는 나이트가 현재 있는 칸, 나이트가 이동하려고 하는 칸이 주어진다.

(↑) 출력

테스트 케이스마다 나이트가 최소 몇 번 만에 이동할 수 있는지 출력한다.

예제 입력 1
3
8
0 0
7 0
100
0 0
30 50
10
1 1
1 1

예제 출력 1
5
28
0

컴공선배's 알고리즘 Q

다음 중 이 문제를 푸는 데 사용할 알고리즘은?

① DFS ② BFS ③ 백트래킹 ④ 브루트 포스 ⑤ 그리디

boj.kr/9663 | ★★★★☆ | **시간 제한** 10초 | **메모리 제한** 128MB

N−Queen 문제는 크기가 N×N인 체스판 위에 퀸 N개를 서로 공격할 수 없게 놓는 문제이다. N이 주어졌을 때, 퀸을 놓는 방법의 수를 구하는 프로그램을 작성하시오.

(↓) 입력

첫째 줄에 N이 주어진다. (1≤N<15)

(↑) 출력

첫째 줄에 퀸 N개를 서로 공격할 수 없게 놓는 경우의 수를 출력한다.

예제 입력 1
8

예제 출력 1
92

컴공선배's 알고리즘 Q

다음 중 이 문제를 푸는 데 사용할 알고리즘은?
① DFS ② BFS ③ 백트래킹 ④ 브루트 포스 ⑤ 그리디

_ Chapter 05

이분탐색

선형탐색 Linear Search

이분탐색을 배우기 앞서 우선, 선형탐색부터 보겠다. 선형탐색은 순차탐색Sequential Search 이라고도 하며 쉽고 단순한 탐색 알고리즘이다. 여러분은 이미 많이 해봐서 잘 알고 있을 것이다. 배열에 여러 값들을 넣어 두고 그 중에 어떤 값을 찾을 때 반복문을 돌려 하나하나 비교하며 찾는 게 선형탐색이다.

```
CODE EXAMPLE

a = [2, 3, 6, 6, 8, 12]
for i in range(len(a)):
    if a[i] == 6:
        print(f'a[{i}] = 6')
        break
```

배열 안에 어떤 값이 있는지 찾기 위해 배열의 요소들을 하나하나 조회하기 때문에 선형탐색의 시간 복잡도는 O(N)이다.

이분탐색 Binary Search

이분탐색은 선형탐색보다 구현이 더 복잡하지만 더 빠른 탐색 알고리즘이다. 탐색할 부분이 하나만 남을 때까지 탐색 범위를 절반씩 줄여 가는 방식인데 이분탐색을 하기 위해서는 우선 배열 안에 값들이 정렬되어 있어야 한다.

```
a = [2, 3, 6, 6, 8, 12]
left = 0
right = len(a) - 1
mid = (left + right) // 2
while left <= right:
    if a[mid] == 3:
        print(f'a[{mid}] = 3')
        break
    elif a[mid] > 3:
        right = mid - 1
    else:
        left = mid + 1

    mid = (left + right) // 2
```

이분탐색을 할 때는 보통 3개의 변수를 사용한다. 탐색 범위의 왼쪽 포인트, 오른쪽 포인트, 가운데 포인트에 해당되는 변수들을 만들어주고 이 값들을 바꿔가는 것으로 탐색 범위가 변경되는 걸 반영한다.

이분탐색을 처음 시작할 때는 전 범위를 탐색하므로 left는 배열의 시작 index를, right는 배열의 마지막 index로 지정했다. mid는 정 가운데이다. 가운데 값이 목표 값보다 크다면 그 오른쪽에 있는 값들은 목표 값보다 더 큰 값들이므로 더 살펴볼 필요가 없다. 목표 값은 반드시 왼쪽 범위에 있으므로 right를 mid−1로 옮긴다. 반대로, 가운데 값이 목표 값보다 작다면 그 왼쪽에 있는 값들은 목표 값보다 더 작을 테니 살펴볼 필요가 없다. 목표 값은 반드시 오른쪽 범위에 있으므로 left를 mid+1로 옮긴다.

총 길이가 N인 배열을 이분탐색 한다면 탐색 범위가 반씩 줄어서 $\log_2 N$번 정도 만에 답을 찾게 된다. 로그의 밑은 생략해서 시간 복잡도는 $O(\log N)$이다.

다만, 이분탐색은 배열이 정렬되어 있어야 한다는 조건이 있기 때문에 입력 데이터가 처음부터 정렬되어 주어지는 경우나 탐색을 여러 번 해야 할 때 사용하는 것이 좋다. 탐색을 한 번만 하면 되는 경우라면 굳이 시간 복잡도 $O(N\log N)$인 정렬을 하고서 구현도 더 복잡한 이분탐색을 하는 이점이 없다.

이분탐색 관련 라이브러리들도 있어서 이들을 이용하면 매우 편리하다. C++에서는 algorithm 헤더를 include 해주고 lower_bound(), upper_bound()를 사용하면 된다. 두 함수 모두 인자를 3개 전달해 주는데, 첫 번째는 탐색할 부분의 왼쪽 포인터, 두 번째는 탐색할 부분의 오른쪽 포인터, 세 번째는 목표 값이다. 이때 오른쪽 포인터는 실제 탐색할 범위보다 하나 더 오른쪽에 위치한 값이다. 즉, 반열린 구간이며 수학적으로 나타내면 [left, right)=left ≤x<right이다.

- lower_bound(): 목표 값보다 같거나 큰 첫 번째 값의 위치 반환
- upper_bound(): 목표 값보다 큰 첫 번째 값의 위치 반환

upper_bound() − lower_bound()를 하면 배열에 목표 값이 몇 개 있는지도 알 수 있다. 다음은 크기 8짜리 배열에서 6이 몇 개 있는지 구하는 예시 코드이다.

```
// C++
#include <cstdio>
#include <algorithm>

using namespace std;

int arr[8] = {2, 3, 6, 6, 6, 10, 12, 15};

int main() {
    auto l = lower_bound(arr, arr + 8, 6);
    auto u = upper_bound(arr, arr + 8, 6);
    printf("%d\n", u - l); // 3

    return 0;
}
```

파이썬에도 같은 기능을 하는 모듈이 있다. bisect_left(), bisect_right()가 각각 C++의 lower_bound(), upper_bound()와 동일하다.

```
# Python
from bisect import bisect_left, bisect_right


a = [2, 3, 6, 6, 6, 10, 12, 15]
l = bisect_left(a, 6)
r = bisect_right(a, 6)
print(r - l)  # 3
```

CODE EXAMPLE

파라메트릭 서치(매개변수탐색) Parametric Search

이분탐색을 배웠으니 한 가지 더 알아볼 게 있다. 이분탐색의 친구, 파라메트릭 서치이다. 파라메트릭 서치는 최적화 문제$^{Optimization\ Problem}$를 결정 문제$^{Decision\ Problem}$로 바꿔 푸는 탐색 알고리즘이다. 최적화 문제는 문제 상황을 만족하는 변수의 최솟값, 최댓값을 구하는 문제를 의미하며, 결정 문제는 Yes, No 중 하나로 답할 수 있는 문제이다. 이 설명만으로는 파라메트릭 서치가 뭔지 감이 잡히지 않겠지만 파라메트릭 서치는 이분탐색과 거의 비슷한 개념이라 알고 나면 그리 어렵지 않다.

외모를 객관적으로 수치화 할 수 있는 어떤 방법이 탄생했습니다! 이 방법을 이용해서 한 동아리 회원들의 외모 점수를 나타내 보니, 연인을 사귀고 있는 회원들은 전부 솔로 회원들보다 외모 점수가 높았습니다. 외모 점수 순서대로 회원들의 외모 점수와 커플 여부가 주어진다고 할 때, 외모 점수가 몇 이상이어야 커플일까요?

즉, 커플인 회원 중에 외모 점수가 가장 낮은 회원을 찾는 문제이다. 외모 점수의 '최솟값'을 찾는 문제이므로 최적화 문제에 해당된다. 이제, 정 가운데 있는 회원에게 '너는 커플이니?' 물어 보고 'Yes'라고 답변 받았다. 이제 이 회원보다 외모 점수가 높은 회원들 쪽은 살펴볼 필요가 없으니 범위를 왼쪽 절반으로 줄인다. 다시 줄어든 범위에서 가운데 있는 회원에게 '너는 커플이니?'라고 물어 보고 'No'라고 답변 받았다. 그러면 이 회원보다 외모 점수가 낮은 회원들 쪽을 살펴볼 필요가 없으니 범위를 오른쪽 절반으로 줄인다. 이런 식으로 솔로와 커플의 경계선을 찾기 위해 범위를 절반씩 줄이는 것이다. 결국 동작 방식은 이분탐색과 다를 바가 없다.

왼쪽 범위를 택할지, 오른쪽 범위를 택할지 여부를 Yes/No 결정 문제의 결과로 정한다는 차이점만 빼면 비슷한 알고리즘이다.

파라메트릭 서치는 다른 알고리즘과 결합해서 문제를 내기 좋다. 결정 문제 부분을 어떤 문제로 할지에 따라서 난이도가 바뀐다. 이분탐색, 파라메트릭 서치는 단독보다는 다른 알고리즘과 결부시켜 출제되는 경우가 많다.

필수예제 | 나무 자르기

boj.kr/2805 | ★★☆☆☆ | **시간 제한** 1초 | **메모리 제한** 256MB | **출처** COCI 2011/2012

상근이는 나무 M미터가 필요하다. 그러나 근처에 나무를 구입할 곳이 모두 망해버렸기 때문에, 정부에 벌목 허가를 요청했다. 정부는 상근이네 집 근처의 나무 한 줄에 대한 벌목 허가를 내주었고, 상근이는 새로 구입한 목재절단기를 이용해서 나무를 구할 것이다.

목재절단기는 다음과 같이 동작한다. 먼저, 상근이는 절단기에 높이 H를 지정해야 한다. 높이를 지정하면 톱날이 땅으로부터 H미터 위로 올라간다. 그 다음, 한 줄에 연속해 있는 나무를 모두 절단해버린다. 따라서, 높이가 H보다 큰 나무는 H 위의 부분이 잘릴 것이고, 낮은 나무는 잘리지 않을 것이다. 예를 들어, 한 줄에 연속해 있는 나무의 높이가 20, 15, 10, 17이라고 하자. 상근이가 높이를 15로 지정했다면, 나무를 자른 뒤의 높이는 15, 15, 10, 15가 될 것이고, 상근이는 길이가 5인 나무와 2인 나무를 들고 집에 갈 것이다(총 7미터를 집에 들고 간다). 절단기에 설정할 수 있는 높이는 양의 정수 또는 0이다.

상근이는 환경에 매우 관심이 많기 때문에, 나무를 필요한 만큼만 집으로 가져가려고 한다. 이때, 적어도 M미터의 나무를 집에 가져가기 위해서 절단기에 설정할 수 있는 높이의 최댓값을 구하는 프로그램을 작성하시오.

첫째 줄에 나무의 수 N과 상근이가 집으로 가져가려고 하는 나무의 길이 M이 주어진다(1≤N≤ 1,000,000, 1≤M≤2,000,000,000).

둘째 줄에는 나무의 높이가 주어진다. 나무의 높이의 합은 항상 M보다 크거나 같기 때문에, 상근이는 집에 필요한 나무를 항상 가져갈 수 있다. 높이는 1,000,000,000보다 작거나 같은 양의 정수 또는 0이다.

출력

적어도 M미터의 나무를 집에 가져가기 위해서 절단기에 설정할 수 있는 높이의 최댓값을 출력한다.

예제 입력 1
4 7
20 15 10 17

예제 출력 1
15

예제 입력 1
5 20
4 42 40 26 46

예제 출력 1
36

문제 **풀이**

절단기 설정 높이의 '최댓값'을 구하는 최적화 문제인데 결정 문제로 바꿔서 풀 수 있으므로 파라메트릭 서치로 풀면 된다.

절단기 높이를 x로 설정했다면, 나무들을 자른 길이를 구할 수 있고 그 합이 M 이상이라면 x는 답의 후보가 된다. x가 답의 후보라면 더 큰 x가 있는지 살펴봐야 한다. 답의 후보가 안 된다면 x를 더 줄인다. 이를 반복해서 x의 최댓값을 찾는다.

파라메트릭 서치 최초 범위는 몇으로 하면 될까? 절단기 높이를 0으로 하면 주어진 나무들의 모든 길이를 전부 얻을 수 있다. 절단기 높이를 가장 긴 나무의 높이로 해두면 얻을 수 있는 길이가 0이 되므로 답은 이 사이에 존재할 것이다. 코드는 다음과 같다.

```
N, M = map(int, input().split())

tree = list(map(int, input().split()))

lo = 0

hi = max(tree)

mid = (lo + hi) // 2


def get_total_tree(h):

    ret = 0

    for t in tree:

        if t > h:

            ret += t - h


    return ret


ans = 0

while lo <= hi:

    if get_total_tree(mid) >= M:

        ans = mid

        lo = mid + 1

    else:

        hi = mid - 1


    mid = (lo + hi) // 2


print(ans)
```

절단기 높이가 정해지면 얻을 수 있는 나무 길이의 총합을 get_total_tree()에서 구하고 있다. 파라메트릭 서치에서 결정 문제를 이렇게 따로 함수로 분리하면 코드 가독성이 좋아지고 구해야 하는 값이 명확하게 파악된다.

이 문제를 선형탐색으로 푼다면, 절단기 높이를 가장 긴 나무의 높이부터 시작해서 1씩 줄여 가며 어느 순간에 나무 자른 길이 총합이 M 이상이 되는지를 찾는다. 그런데 나무 높이가 최대 1,000,000,000이고 나무의 수는 최대 1,000,000이므로 최악의 경우 연산 횟수가 10^{15}번으로 시간 초과가 발생할 수 있다. 따라서 이 문제는 이분탐색을 필수적으로 사용해야 하는 문제다.

boj.kr/10816 | ★★☆☆☆ | **시간 제한** 1초 | **메모리 제한** 256MB

숫자 카드는 정수 하나가 적혀져 있는 카드이다. 상근이는 숫자 카드 N개를 가지고 있다. 정수 M개가 주어졌을 때, 이 수가 적혀있는 숫자 카드를 상근이가 몇 개 가지고 있는지 구하는 프로그램을 작성하시오.

(↓) 입력

첫째 줄에 상근이가 가지고 있는 숫자 카드의 개수 N(1≤N≤500,000)이 주어진다. 둘째 줄에는 숫자 카드에 적혀있는 정수가 주어진다. 숫자 카드에 적혀있는 수는 −10,000,000보다 크거나 같고, 10,000,000보다 작거나 같다.

셋째 줄에는 M(1≤M≤500,000)이 주어진다. 넷째 줄에는 상근이가 몇 개 가지고 있는 숫자 카드인지 구해야 할 M개의 정수가 주어지며, 이 수는 공백으로 구분되어 있다. 이 수도 −10,000,000보다 크거나 같고, 10,000,000보다 작거나 같다.

(↑) 출력

첫째 줄에 입력으로 주어진 M개의 수에 대해서, 각 수가 적힌 숫자 카드를 상근이가 몇 개 가지고 있는지를 공백으로 구분해 출력한다.

예제 입력 1
10
6 3 2 10 10 10 -10 -10 7 3
8
10 9 -5 2 3 4 5 -10

예제 출력 1
3 0 0 1 2 0 0 2

이 문제를 선형탐색으로 푼다면 시간 복잡도는 O(NM)이므로 시간 초과가 발생한다. 따라서 이분탐색으로 풀어야 한다. 카드를 정렬하고 M번 각각 이분탐색으로 목표값이 최초로 등장하는 위치와 목표값 바로 다음으로 큰 카드가 최초로 등장하는 위치를 찾으면 목표값의 개수를 알 수 있다. 앞서 소개했던 C++의 lower_bound(), upper_bound(), Python의 bisect_left(), bisect_right()를 이용한다.

```python
from bisect import bisect_left, bisect_right


N = int(input())
cards = sorted(map(int, input().split()))
M = int(input())
ans = []
for i in map(int, input().split()):
    ans.append(bisect_right(cards, i) - bisect_left(cards, i))


print(' '.join(map(str, ans)))
```

시간 복잡도는 어떻게 될까? 우선 N개의 숫자 카드를 정렬하므로 O(NlogN), 2M번의 이분탐색을 진행하므로 O(2MlogN), 따라서 최종 시간 복잡도는 O(NlogN+2MlogN)=O((N+M)logN)이다.

자료구조를 이용해서 푸는 방법도 있다. 바로 맵을 이용하는 것이다. key에는 카드번호, value에는 개수를 저장해 주고 M번 각각 맵에서 조회하면 된다. 파이썬의 딕셔너리를 이용하면 값 조회/삽입/변경/삭제가 O(1)이므로 총 시간 복잡도는 O(N+M)이다.

```python
N = int(input())

cards = {}

for i in map(int, input().split()):

    if i in cards:

        cards[i] += 1

    else:

        cards[i] = 1


M = int(input())

ans = []

for i in map(int, input().split()):

    ans.append(cards[i] if i in cards else 0)


print(' '.join(map(str, ans)))
```

_ Chapter 06

동적 계획법

컴퓨터는 굉장히 빠른 연산 속도를 장점으로 갖고 있기 때문에 인간이 풀기엔 오래 걸리는 문제라도 컴퓨터로는 금방 답을 얻을 수 있다. 이 특징이 가장 두드러지는 방법이 모든 경우를 돌아보는 완전탐색이다. 무식한(?) 방법이지만 컴퓨터는 빠르기 때문에 완전탐색으로도 금방 풀려서 괜찮았다. 하지만, 컴퓨터조차 다 살펴보기엔 경우의 수가 너무 많을 때에는 어떻게 해야 할까?

코딩테스트에서도 완전탐색으로 풀기에는 시간 초과가 발생하는 문제들이 흔하게 출제된다. 그래서 더 효율적인 알고리즘을 사용해서 풀어야 하는데 그 중 하나가 바로 지금부터 소개할 동적 계획법이다. 줄여서 DP라고 흔히 부른다. 동적 계획법은 풀고자 하는 문제를 쪼개고, 작은 문제(부분 문제)의 답을 구하고, 그것으로 더 큰 문제의 답을 구하는 과정을 반복하는 방법이다. 큰 문제가 작은 문제를 포함하고 있는 형태를 띠고 있어, 작은 문제들의 답을 구해야 큰 문제를 구할 수 있다.

이렇게만 설명하면 추상적이라서 어떻게 돌아가는 알고리즘인지 그리 와 닿지 않을 것이다. 그래서 동적 계획법은 문제들을 직접 보면서 '이런 게 DP구나!'하고 느끼는 게 이해가 빠르다. DP 문제들은 유형도 다양하고 난이도도 다양해서 여러 문제들을 접해보는 게 좋다.

동적 계획법은 수학자 리처드 벨만[Richard Ernest Bellman]이 1950년대에 처음으로 고안한 방법인데 이름을 'Dynamic Programming'으로 지은 데에는 일화가 있다. 그는 당시 공군 소속 회사를 다녔는데 '연구'에 대해 굉장히 공포심을 갖는 공군 간부가 있었다고 한다. 이 간부 때문에 수학적 연구 느낌을 피해가면서 이 알고리즘의 성격을 나타내기 위해 'dynamic'이라는 단어를 선택했다고 한다. 'programming'이라는 용어도 지금의 컴퓨터 프로그래밍이 아니라 당시에는 공군에서 훈련이나 병참을 위한 최적의 군사 일정을 찾는 방법을 의미했기에 채택한 것이라 한다. 결국 Dynamic Programming이라는 용어만 보고서는 이 알고리즘이 어떻게 돌아가는지 쉽게 파악하기는 어렵다.

동적 계획법을 맛보기에 가장 쉬운 문제로 피보나치 수열이 있다. 피보나치 수열은 0, 1로 시작해서 앞의 두 수를 더해가며 구하는 수열이다. 점화식으로 나타내면 다음과 같다.

$$F_0 = 0$$

$$F_1 = 1$$

$$F_n = F_{n-1} + F_{n-2} \quad \text{if} \quad n \geq 2$$

F_6을 구하고 싶다면 어떻게 해야 할까? F_6을 구하려면 F_5와 F_4가 필요하다. F_5를 구하려면 F_4와 F_3이 필요하다. F_4를 구하려면 F_3과 F_2가 필요하다. F_3을 구하려면 F_2와 F_1이 필요하다. 이렇게 계속 반복되어 결국 F_0과 F_1까지 오게 된다. 이를 가지고 F_2를 구할 수 있고, F_2를 구했다면 이제 F_3를 구할 수 있고, F_6까지 연쇄적으로 구할 수 있다. F_6을 구하는 문제를 풀기 위해 작은 문제 F_5와 F_4를 먼저 구해야 하는 구조이다. 작은 문제들은 더 작은 문제를 선행적으로 풀면 구할 수 있으므로 피보나치 수 F_5를 구하는 코드를 파이썬 재귀 함수로 구현하면 다음과 같다.

```
CODE EXAMPLE

def f(n):
    if n < 2:
        return n

    return f(n - 1) + f(n - 2)

print(f(6))
```

구하려는 피보나치 수가 작을 때는 괜찮은데, 수가 커지면 답을 구하는 시간이 길어진다. 위 코드에서 함수 f()에 전달해 주는 값이 36 이상일 때부터는 슬슬 답을 구하는 데 시간이 상당히 오래 걸리는 것을 볼 수 있다. 이는 부분 문제들을 중복으로 구하고 있는데, 중복이 굉장히 많이 발생하고 있기 때문이다. 위 코드에서 f()을 호출할 때마다 로그가 찍히도록 print()문을 심거나 따로 카운트 변수를 이용해서 얼마나 많이 재귀 함수가 호출되고 있는지를 볼 수 있다. f(6)을 호출하면 f()가 총 25번 호출되는데, f(36)을 호출하면 f()가 총 48,315,633번이나 호출된다.

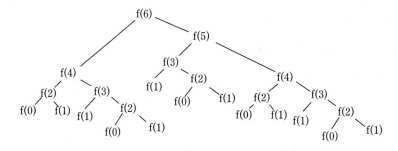

호출되는 재귀 함수를 도식화해서 나타내면 위와 같이 중복해서 호출되는 함수가 많이 보인다. f(4)는 왼쪽에서 한 번 호출되고 오른쪽에서 또 한 번 호출되고 있다. f(4)가 호출되면 그 아래로 8번이나 함수가 호출되는데, 이런 중복 호출 문제를 해결하면 답을 구하는 속도가 훨씬 빨라질 것이다.

메모이제이션 Memoization

그 해결법으로는 메모이제이션[11]이 있다. 한 번 구한 부분 문제의 답을 따로 저장해두고 만약 또 함수가 호출되면 다시 구하지 말고 저장해 두었던 답을 바로 반환하는 것이다. 캐싱caching이라고도 하는 개념으로, 컴퓨터 과학 전반에 걸쳐 여기저기 쓰인다. 메모이제이션을 사용했을 때 얼마나 함수 호출 횟수가 줄어드는지 보자.

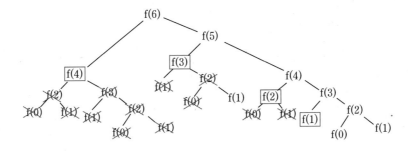

사각형으로 표시된 부분이 답을 이미 구한 부분 문제를 또 호출해서 캐싱이 일어난 부분이다. 그로 인해 엑스 친 부분이 호출되지 않게 되어 총 11번만 함수가 호출되었다. 이를 파이썬으로 구현한 코드는 다음과 같다.

---

11 메모라이제이션 이라고 착각하기 쉬운데, '메모이제이션'이다.

```
cache = [-1] * 37

def f(n):

    if cache[n] != -1:

        return cache[n]


    cache[n] = n if n < 2 else f(n - 1) + f(n - 2)

    return cache[n]


print(f(36))
```

처음에 −1로 초기화하고, f()를 호출할 때 이미 구한 적이 있는 부분 문제인지 살펴본다. cache에 −1이 아닌 어떤 다른 수가 있다면, 이 전에 f()가 호출되어 답을 저장했다는 의미일 테니, 이 경우에는 바로 구해 놨던 답을 반환하고 끝낸다. −1이 들어 있다면 처음 호출되었다는 의미이므로 부분 문제의 답을 구해서 cache에 넣는다.

이 방법으로 f(36)를 호출하면 총 함수 호출 횟수가 몇 번일까? 무려 71번으로 엄청나게 줄어든 것을 확인할 수 있다. 이렇듯 메모이제이션은 DP와는 별개의 개념이긴 하나 DP 문제를 풀 때 빠지지 않고 꼭 같이 사용되는 필수 개념이다. 메모이제이션을 사용하지 않으면 대부분의 경우 시간 초과가 발생할 것이다.

4살짜리 아이한테 메모이제이션을 설명하는 방법

아빠: (종이에 "1+1+1+1+1+1+1+1="이라고 쓰고서) 정답이 뭘까?

아이: (세어보고서) 8이요!

아빠: (왼쪽에 "1+"를 덧붙여 쓰고서) 이번에는?

아이: (바로 대답) 9요!

아빠: 어떻게 그렇게 빨리 9인 걸 알았어?

아이: 하나 더했으니까요!

아빠: 8이라는 걸 기억하고 있었으니까 처음부터 다시 셀 필요가 없었네!

[출처] www.quora.com/Jonathan-Paulson

원문의 제목은 '4살짜리 아이한테 동적 계획법을 설명하는 방법'이지만 동적 계획법이 아니라 메모이제이션을 설명하는 일화라서 여기서는 제목을 수정해서 번역했다. 메모이제이션 개념을 아주 쉽게 설명하고 있어 발췌한다.

타뷸레이션 Tabulation

피보나치 수를 구하는 문제는 재귀 함수 외에 반복문으로 구할 수도 있다. 이때는 작은 수부터 순서대로 구하게 되며, 전부 구해서 저장해 두는 것을 타뷸레이션이라고 한다.

```python
fibo = [-1] * 37

for i in range(37):
    fibo[i] = i if i < 2 else fibo[i - 1] + fibo[i - 2]


print(fibo[36])
```

Top-down vs Bottom-up

재귀 함수로 풀 때는 점점 작은 부분 문제의 답을 구하기 위해 내려가는 방식이기 때문에 이를 하향식 접근Top-down, 반복문으로 풀 때는 작은 부분 문제부터 순차적으로 점점 큰 문제를 풀어가기 때문에 상향식 접근Bottom-up이라고 한다.

두 방식에는 각각 장단점이 있다. Top-down 방식으로 구현하면 직관적이라 코드 가독성이 좋다. 메모이제이션을 사용하면 필요한 부분 문제들의 답만 구해서 저장해 두므로 모든 부분 문제를 구하지 않는다. 어떤 부분 문제의 답이 필요한 경우에 닥쳐서 구하는 이런 방식을 Lazy-Evaluation이라고 한다. 단점은 재귀 호출을 너무 많이 하게 되면 스택 메모리에 호출 함수가 많이 쌓이게 되어 부하가 크고 느릴 수 있다.

Bottom-up 방식으로 구현하면 반복문을 사용하게 되므로 Top-down 방식보다 대체로 더 빠른 편이라는 장점이 있다. 모든 부분 문제의 답을 구해 두는 타뷸레이션은 Eager-Evaluation 방식이라고 한다. Bottom-up 방식으로 풀 때는 한 가지 주의할 점이 있다. 부분 문제들을 어느 순서로 구해야 하는지 신경 써야 한다. 피보나치 수열은 1차원적이라 작은 수부터 순서대로 구하면 되는 게 보이지만, 난이도가 올라가면 부분 문제를 구해야 하는 순서가 직관적으로 파악되지 않을 수 있다.

구분	Top-down	Bottom-up
구현	재귀	반복문
장점	직관적이라 코드 가독성이 좋음	시간과 메모리를 좀 더 아낄 수 있음
단점	재귀함수를 많이 호출하여 느릴 수 있음	DP 테이블을 채워 나가는 순서를 알아야 함

문제를 풀 때는 두 방식 모두 알아 두고 상황에 맞게 적절하게 선택해야 한다. 예를 들어, 실제 코딩테스트 때 DP 문제가 주어져서 Bottom-up으로 풀려고 했으나 부분 문제를 구해야 하는 순서가 파악되지 않으면 Top-down 방식으로 시도해 볼 수 있을 것이다.

필수예제 | 1로 만들기

boj.kr/1463 | ★★☆☆☆ | **시간 제한** 0.15초 | **메모리 제한** 128MB

정수 X에 사용할 수 있는 연산은 다음과 같이 세 가지이다.

1. X가 3으로 나누어 떨어지면, 3으로 나눈다.
2. X가 2로 나누어 떨어지면, 2로 나눈다.
3. 1을 뺀다.

정수 N이 주어졌을 때, 위와 같은 연산 세 개를 적절히 사용해서 1을 만들려고 한다. 연산을 사용하는 횟수의 최솟값을 출력하시오.

⬇ 입력

첫째 줄에 1보다 크거나 같고, 10^6보다 작거나 같은 정수 N이 주어진다.

⬆ 출력

첫째 줄에 연산을 하는 횟수의 최솟값을 출력한다.

예제 입력 1
2

예제 출력 1
1

❗ 힌트

10의 경우에 $10 \rightarrow 9 \rightarrow 3 \rightarrow 1$ 로 3번 만에 만들 수 있다.

문제 풀이

이 문제는 얼핏 보기에 그리디로 풀 수 있을 것 같이 느껴진다. 만약 X가 3의 배수라서 1, 3번 연산을 할 수 있다면 항상 1번 연산을 하는 게 최선이고, X가 2의 배수일 때는 2, 3번 연산을 할 수 있는데 항상 2번 연산을 하는 게 최선일 것 같다. 과연 그럴까?

10은 짝수이므로 그리디로 풀 경우, 2로 나눠 5로 만들어야 한다. 그러면 $10 \rightarrow 5 \rightarrow 4 \rightarrow 2 \rightarrow 1$로 4번 만에 만든다. 하지만 위에 힌트에 나와 있듯 처음에 10에서 1을 빼서 9로 만드는 게 더 적은 횟수가 된다. 따라서 그리디로는 풀 수 없다.

어려운 DP 문제들은 점화식을 어떻게 세워야 할지, DP 테이블을 어떻게 정의하고 채워야 할지 감을 잡기 어렵기 때문에 DP는 알고리즘 문제들 중에서도 악명이 높다. 다행히 이 문제는 점화식을 세우기 쉬운 편이다. 문제에 나온 1~3번 연산을 거의 그대로 쓰면 되기 때문이다.

3의 배수일 경우엔 1, 3번 연산이 가능하고 2의 배수일 경우엔 2, 3번 연산이 가능하니 둘 다 해보면 된다. 3의 배수도, 2의 배수도 아니라면 3번 연산만 가능하다. 6의 배수일 때는 어떨까? 1, 2, 3번 연산이 모두 가능하다. 그런데 이때, 3번 연산은 할 필요가 없다. 6의 배수일 때는 3번 연산 결과는 반드시 1, 2번 연산 결과들보다 더 값이 커서 1, 2번 연산 중에서만 최솟값을 취하면 된다. 그 이유는 다음과 같다.

이 문제에서 N이 $2^a 3^b$로 나타낼 수 있는 값일 때 답은 $a+b$이며, 그 외의 값들은 가급적 적은 횟수로 $2^a 3^b$ 꼴로 빨리 만들어야 한다. 그런데, 6의 배수는 이미 $2^a 3^b$ 꼴이므로 1을 빼는 3번 연산을 하면 2의 배수도, 3의 배수도 아닌 값이 나올 뿐이므로 $a+b$보다 더 많은 연산을 하게 된다.

함수 f(x)='x를 1로 만들기 위해 필요한 연산의 최소 횟수'라고 정의하겠다. 그러면 우리가 구하는 답은 f(N)이다. 점화식은 다음과 같다.

$$
f(x) = \begin{cases}
\min\left(f\left(\dfrac{x}{3}\right), f\left(\dfrac{x}{2}\right)\right) + 1 & \text{if } x\text{는 6의 배수} \\[2mm]
\min\left(f\left(\dfrac{x}{3}\right), f(x-1)\right) + 1 & \text{else if } x\text{는 3의 배수} \\[2mm]
\min\left(f\left(\dfrac{x}{2}\right), f(x-1)\right) + 1 & \text{else if } x\text{는 2의 배수} \\[2mm]
f(x-1) + 1
\end{cases}
$$

점화식을 그대로 Top−down 방식으로 구현한 코드는 다음과 같다. 메모이제이션을 잊지 말자!

```python
import sys

sys.setrecursionlimit(10 ** 6)
INF = 987654321  # 무한
N = int(input())
cache = [INF] * (N + 1)
cache[1] = 0


def dp(x):
    if cache[x] != INF:
        return cache[x]

    if x % 6 == 0:
        cache[x] = min(dp(x // 3), dp(x // 2)) + 1
    elif x % 3 == 0:
        cache[x] = min(dp(x // 3), dp(x - 1)) + 1
    elif x % 2 == 0:
        cache[x] = min(dp(x // 2), dp(x - 1)) + 1
    else:
```

```
        cache[x] = dp(x - 1) + 1


    return cache[x]


print(dp(N))
```

최솟값을 구해야 하기 때문에 cache에 초기값으로 무한을 나타내는 값을 넣고 시작하며, 무한은 '아직 구하지 않은 부분 문제'를 의미하는 역할도 한다. 이 값은 답으로 나올 수 있는 어떤 값들보다도 더 큰 값으로 설정해야 하며 관행적으로 987,654,321 또는 int의 최댓값(C++에서는 INT_MAX)으로 설정한다. 이는 C++로 알고리즘 문제를 푸는 사람이 대부분이던 과거부터 사용되어 오던 값이다. 987,654,321을 쓰는 이유는 타이핑하기 쉽고 1,000,000,000과 같은 숫자와 달리 자릿수를 헷갈려 잘못 쓸 일이 적고(10의 거듭제곱 꼴은 실수로 0을 하나 덜 쓰거나 더 쓰는 실수가 일어나기 쉽다), 약 10억보다 조금 작은 값이라서 대부분의 문제에서 충분히 큰 값으로 쓰일 수 있다. int의 최대범위인 21억의 절반보다 더 작은 값이라서 혹시나 이 값끼리 더해져도 오버플로우가 발생하지 않는다. 이렇게 몇 가지 이유들로 '무한'을 의미하기 위해 충분히 큰 수로 사용되고 있다. 물론 무한을 나타낼 충분히 큰 수를 꼭 이 값으로 해야 할 필요는 없다.

재귀 함수에서 첫 번째로 해줄 일은 이미 구한 값인지 체크하고, 구한 값이라면 즉시 캐싱해서 반환한다. 구한 적이 없다면 점화식을 이용해 값을 구해서 캐시 저장해 주고 반환한다.

Bottom-up으로 푼 코드는 다음과 같다. 재귀가 아닌 반복문으로 구현하며, 작은 X에 대해서부터 부분 문제를 구해서 입력 받은 수까지 수행한다. Bottom-up 방식에서는 DP 테이블을 채우는 타뷸레이션을 수행한다.

```
                                                    CODE EXAMPLE
INF = 987654321

N = int(input())

dp = [INF] * (N + 1)

dp[1] = 0

for i in range(2, N + 1):

    if i % 6 == 0:
```

```
        dp[i] = min(dp[i // 3], dp[i // 2]) + 1
    elif i % 3 == 0:
        dp[i] = min(dp[i // 3], dp[i - 1]) + 1
    elif i % 2 == 0:
        dp[i] = min(dp[i // 2], dp[i - 1]) + 1
    else:
        dp[i] = dp[i - 1] + 1


print(dp[N])
```

사실 이 문제는 시작 노드에서 목표 노드까지의 최단거리를 구하는 그래프 문제로 해석해서 BFS로도 풀 수 있다. 노드마다 1~3번 연산을 통해 다음 노드로 갈 수 있다. 큐에는 현재 값 x 와 몇 번 건너 왔는지를 의미하는 d를 튜플로 넣는다.

```
from collections import deque

N = int(input())
dq = deque()
dq.append((N, 0))
chk = [False] * (N + 1)
chk[N] = True


while dq:
    x, d = dq.popleft()
    if x == 1:
        print(d)
        break

    if x % 3 == 0 and not chk[x // 3]:
        dq.append((x // 3, d + 1))
        chk[x // 3] = True
```

```
    if x % 2 == 0 and not chk[x // 2]:

        dq.append((x // 2, d + 1))

        chk[x // 2] = True


    if not chk[x - 1]:

        dq.append((x - 1, d + 1))

        chk[x - 1] = True
```

chk는 방문체크 배열이다. 최초로 한 번 도달한 곳은 이후에 다시 도달할 경우 더 진행할 필요가 없으므로 가지치기를 해주기 위해 방문체크를 한다.

필수예제   2×n 타일링

boj.kr/11726 | ★★☆☆☆ | **시간 제한** 1초 | **메모리 제한** 256MB

2×n 크기의 직사각형을 1×2, 2×1 타일로 채우는 방법의 수를 구하는 프로그램을 작성하시오.

아래 그림은 2×5 크기의 직사각형을 채운 한 가지 방법의 예이다.

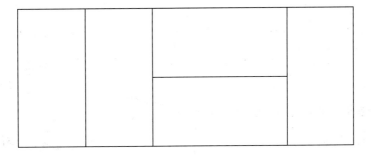

⬇ 입력

첫째 줄에 n이 주어진다. (1≤n≤1,000)

⬆️ 출력

첫째 줄에 2×n 크기의 직사각형을 채우는 방법의 수를 10,007로 나눈 나머지를 출력한다.

예제 입력 1	예제 출력 1
2	2

예제 입력 2	예제 출력 2
9	55

문제 풀이

이 문제를 처음 봤을 때 '이런 것도 DP라고?'하고 생소하게 느끼는 사람도 있을 것이다. 알고리즘 문제를 많이 풀어본 고수들에게도 DP는 까다로운 분야이다. 여러 문제를 풀어 보며 경험을 쌓아야 감이 생긴다.

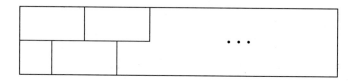

우선, 이 문제에서 위 그림과 같이 타일을 엇갈려 놓는 건 불가능하다. 타일을 이렇게 배치하면 반드시 1×1칸이 남는 곳이 생기기 때문이다. 따라서 1×2 형태로 위 아래 나란히 두거나, 2×1 형태로 두어야 한다.

그런데 DP는 부분 문제로 쪼개야 하는데, 이 문제에서는 어떻게 하면 될까? 우선, f(n)='2×n 크기의 직사각형을 채우는 방법의 수'라고 정의해 보자. 그러면 우리가 구하는 답은 f(n)이다.

한편, 타일을 가운데 어떻게 채우든지 가장 오른쪽 마지막에는 반드시 아래 두 가지 경우 중 하나의 형태가 된다.

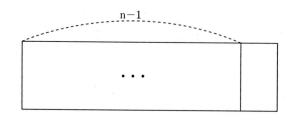

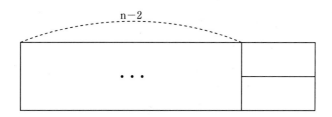

이 두 가지 경우 외에 다르게 타일을 채우는 경우는 없기 때문에 점화식은 다음과 같다.

$$f(n)=\begin{cases} 1 & \text{if } n=1 \\ 2 & \text{if } n=2 \\ f(n-1)+f(n-2) & \text{if } n\geq 3 \end{cases}$$

Top−down 방식으로 짠 코드는 다음과 같다. 모든 n에 대해 f(n)이 0인 경우는 없기 때문에 초기값은 0으로 넣었다.

```
import sys

sys.setrecursionlimit(10 ** 6)
n = int(input())
cache = [0] * (n + 1)

def f(n):
    if cache[n]:
        return cache[n]

    cache[n] = n if n <= 2 else (f(n - 1) + f(n - 2)) % 10007

    return cache[n]

print(f(n))
```

CODE EXAMPLE

boj.kr/9465 | ★★★☆☆ | **시간 제한** 1초 | **메모리 제한** 256MB | **출처** ICPC 대전 리저널 2013

상근이의 여동생 상냥이는 문방구에서 스티커 2n개를 구매했다. 스티커는 그림 (a)와 같이 2행 n열로 배치되어 있다. 상냥이는 스티커를 이용해 책상을 꾸미려고 한다.

상냥이가 구매한 스티커의 품질은 매우 좋지 않다. 스티커 한 장을 떼면, 그 스티커와 변을 공유하는 스티커는 모두 찢어져서 사용할 수 없게 된다. 즉, 뗀 스티커의 왼쪽, 오른쪽, 위, 아래에 있는 스티커는 사용할 수 없게 된다.

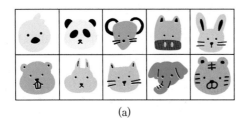
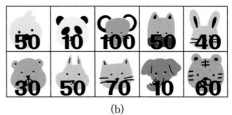

(a)   (b)

모든 스티커를 붙일 수 없게 된 상냥이는 각 스티커에 점수를 매기고, 점수의 합이 최대가 되게 스티커를 떼어내려고 한다. 먼저, 그림 (b)와 같이 각 스티커에 점수를 매겼다. 상냥이가 뗄 수 있는 스티커의 점수의 최댓값을 구하는 프로그램을 작성하시오. 즉, 2n개의 스티커 중에서 점수의 합이 최대가 되면서 서로 변을 공유하지 않는 스티커 집합을 구해야 한다.

위의 그림의 경우에 점수가 50, 50, 100, 60인 스티커를 고르면, 점수는 260이 되고 이 것이 최대 점수이다. 가장 높은 점수를 가지는 두 스티커 (100과 70)은 변을 공유하기 때문에, 동시에 뗄 수 없다.

⊕ 입력

첫째 줄에 테스트 케이스의 개수 T가 주어진다. 각 테스트 케이스의 첫째 줄에는 n(1≤n≤100,000)이 주어진다. 다음 두 줄에는 n개의 정수가 주어지며, 각 정수는 그 위치에 해당하는 스티커의 점수이다. 연속하는 두 정수 사이에는 빈칸이 하나 있다. 점수는 0보다 크거나 같고, 100보다 작거나 같은 정수이다.

각 테스트 케이스 마다, 2n개의 스티커 중에서 두 변을 공유하지 않는 스티커 점수의 최댓값을 출력한다.

예제 입력 1
2 5 50 10 100 20 40 30 50 70 10 60 7 10 30 10 50 100 20 40 20 40 30 50 60 20 80

예제 출력 1
260 290

문제 풀이

이 문제처럼 어떻게 접근해야 하는지 보이지 않을 때는 주어진 예제 입력을 가지고 직접 손으로 계산해보며 실마리를 찾아보는 게 좋다. 어떤 스티커를 하나 선택했다면 인접한 상하좌우 칸의 스티커는 고를 수 없기 때문에 대체로 대각선에 있는 스티커를 고르게 되는 것은 금방 파악할 수 있다. 하지만 첫 번째 예제처럼 한 열을 건너 뛰고 선택하는 게 최선인 경우도 있다.

그렇다면 두 열을 건너 뛰는 게 최선인 경우도 있을까? 몇 가지 경우들을 직접 손으로 풀어보면 어떤 경우라도 2개 열을 건너 뛰는 게 최선인 경우는 없다는 것을 알 수 있다. 2개 열 각각의 행들, 즉 총 4개의 칸 중에 반드시 최소 하나는 고를 수 있다.

그리고 열 하나를 건너 뛰어 선택하는 경우는 반드시 행을 바꾸게 된다. 같은 행을 고른다면 그 사이에 열을 비워 둘 필요 없이 (대각선에 있는) 다른 쪽 행의 칸을 선택한다.

정리하자면, 결국 스티커를 고르는 경우들은 아래의 두 가지 경우로 나눌 수 있다. 마지막 열 A, B칸 중에 하나의 스티커를 골랐다고 가정해 보자.

	C	D	A
...	E	F	B

A칸을 골랐다면 이전 칸은 반드시 E, F칸 중에 하나를 고르게 된다. C칸을 고른다면 F칸도 고르게 되기 때문에 이는 F칸을 고른 경우에 속한다.

B칸을 골랐다면 이전 칸은 반드시 C, D칸 중에 하나를 고르게 된다. E칸을 고른다면 D칸도 고르게 되기 때문에 이는 D칸을 고른 경우에 속한다.

A, B칸을 전부 고르지 않는 게 최선인 경우가 존재할 수 있을까? C, D, E, F칸 중 어떤 칸을 마지막으로 고르고 끝내는 게 최선인 경우는 존재하지 않으나, A, B칸 중 하나는 반드시 고르게 된다.

이제 DP 테이블을 어떻게 정의해야 할지 감이 잡혔을 것이다. 2n 크기의 배열을 만들고, 왼쪽에서부터 스티커를 선택해서 각 칸을 마지막으로 골랐을 때 점수의 최댓값을 저장해주면 된다. 이 테이블을 다 채우고 가장 오른쪽 열에 있는 A, B칸 중에 최댓값이 문제의 답이 될 것이다. 다음은 Bottom-up 방식으로 푼 코드이다.

```
CODE EXAMPLE
for _ in range(int(input())):
    n = int(input())
    sticker = [list(map(int, input().split())) for _ in range(2)]
    dp = [[0] * n for _ in range(2)]
    for i in range(2):
        dp[i][0] = sticker[i][0]
        if n > 1:
            dp[i][1] = sticker[i ^ 1][0] + sticker[i][1]

    for j in range(2, n):
        for i in range(2):
            dp[i][j] = max(dp[i ^ 1][j - 2], dp[i ^ 1][j - 1]) + sticker[i][j]

    print(max(dp[0][n - 1], dp[1][n - 1]))
```

DP 테이블을 채워줄 때 첫 번째와 두 번째 열은 주의해야 한다. 이 두 열은 이전 두 칸이 없기 때문에 처음에 따로 처리를 해주는 것이 좋다.

위 코드에서는 i^1이라는 코드를 사용했는데, '^'는 비트 연산자 'XOR'를 수행한다. 0 XOR 1=1이고, 1 XOR 1=0이므로 i가 0일 때는 1을, i가 1일 때는 0을 얻을 수 있다. 즉, 0−1을 바꿔주는 셈이다. 또 다른 방법으로는 (i+1) % 2 또는 1−i를 쓰는 것이다.

2중 for문을 돌릴 때 순서도 눈여겨보자. 일반적인 경우처럼 각 행에 대해 먼저 돌리지 않고, 각 열에 대해 보는 것으로 시작한다. Bottom−up 방식에서는 부분 문제를 구하는 순서가 중요하다고 강조했던 것을 기억하자.

boj.kr/2343 | ★★★☆☆ | **시간 제한** 2초 | **메모리 제한** 128MB

강토는 자신의 기타 레슨 동영상을 블루레이로 만들어 판매하려고 한다. 블루레이에는 총 N 개의 레슨이 들어가는데, 블루레이를 녹화할 때, 레슨의 순서가 바뀌면 안 된다. 순서가 뒤바뀌는 경우에는 레슨의 흐름이 끊겨, 학생들이 대혼란에 빠질 수 있기 때문이다. 즉, i번 레슨과 j번 레슨을 같은 블루레이에 녹화하려면 i와 j 사이의 모든 레슨도 같은 블루레이에 녹화해야 한다.

강토는 이 블루레이가 얼마나 팔릴지 아직 알 수 없기 때문에, 블루레이의 개수를 가급적 줄이려고 한다. 오랜 고민 끝에 강토는 M개의 블루레이에 모든 기타 레슨 동영상을 녹화하기로 했다. 이때, 블루레이의 크기(녹화 가능한 길이)를 최소로 하려고 한다. 단, M개의 블루레이는 모두 같은 크기여야 한다.

강토의 각 레슨의 길이가 분 단위(자연수)로 주어진다. 이때, 가능한 블루레이의 크기 중 최소를 구하는 프로그램을 작성하시오.

⬇ 입력

첫째 줄에 레슨의 수 N($1 \leq N \leq 100{,}000$)과 M($1 \leq M \leq N$)이 주어진다. 다음 줄에는 강토의 기타 레슨의 길이가 레슨 순서대로 분 단위로(자연수)로 주어진다. 각 레슨의 길이는 10,000분을 넘지 않는다.

⬆ 출력

첫째 줄에 가능한 블루레이 크기 중 최소를 출력한다.

예제 입력 1
9 3
1 2 3 4 5 6 7 8 9

예제 출력 1
17

! 힌트

레슨은 총 9개이고, 블루레이는 총 3개 가지고 있다.

1번 블루레이에 1, 2, 3, 4, 5번 레슨을, 2번 블루레이에 6, 7번 레슨을, 3번 블루레이에 8, 9번 레슨을 넣으면 각 블루레이의 길이는 15, 13, 17이 된다. 블루레이의 길이는 모두 같아야 하기 때문에, 블루레이의 길이는 17이 된다. 17보다 더 작은 길이를 가지는 블루레이를 만들 수 없다.

컴공선배's 알고리즘 Q

다음 중 이 문제를 푸는 데 사용할 알고리즘은?
① DFS ② BFS ③ 파라메트릭 서치 ④ 동적 계획법

boj.kr/1699 | ★★☆☆☆ | **시간 제한** 2초 | **메모리 제한** 128MB | **출처** ICPC 2007 서울 리저널 예선

어떤 자연수 N은 그보다 작거나 같은 제곱수들의 합으로 나타낼 수 있다. 예를 들어 $11 = 3^2 + 1^2 + 1^2$(3개 항)이다. 이런 표현방법은 여러 가지가 될 수 있는데, 11의 경우 $11 = 2^2 + 2^2 + 1^2 + 1^2 + 1^2$(5개 항)도 가능하다. 이 경우, 수학자 숌크라테스는 "11은 3개 항의 제곱수 합으로 표현할 수 있다."라고 말한다. 또한 11은 그보다 적은 항의 제곱수 합으로 표현할 수 없으므로, 11을 그 합으로써 표현할 수 있는 제곱수 항의 최소 개수는 3이다.

주어진 자연수 N을 이렇게 제곱수들의 합으로 표현할 때에 그 항의 최소 개수를 구하는 프로그램을 작성하시오.

⏬ 입력

첫째 줄에 자연수 N이 주어진다. ($1 \leq N \leq 100,000$)

⏫ 출력

주어진 자연수를 제곱수의 합으로 나타낼 때에 그 제곱수 항의 최소 개수를 출력한다.

예제 입력 1
7

예제 출력 1
4

컴공선배's 알고리즘 Q

다음 중 이 문제를 푸는 데 사용할 알고리즘은?
① DFS ② BFS ③ 파라메트릭 서치 ④ 동적 계획법

boj.kr/11055 | ★★★☆☆ | **시간 제한** 1초 | **메모리 제한** 256MB

수열 A가 주어졌을 때, 그 수열의 증가 부분 수열 중에서 합이 가장 큰 것을 구하는 프로그램을 작성하시오.

예를 들어, 수열 A={1, 100, 2, 50, 60, 3, 5, 6, 7, 8} 인 경우에 합이 가장 큰 증가 부분 수열은 A={**1**, 100, **2**, **50**, **60**, 3, 5, 6, 7, 8} 이고, 합은 113이다.

입력

첫째 줄에 수열 A의 크기 N(1≤N≤1,000)이 주어진다.
둘째 줄에는 수열 A를 이루고 있는 A_i가 주어진다. (1≤A_i≤1,000)

출력

첫째 줄에 수열 A의 합이 가장 큰 증가 부분 수열의 합을 출력한다.

예제 입력 1
10 1 100 2 50 60 3 5 6 7 8

예제 출력 1
113

컴공선배's 알고리즘 Q

다음 중 이 문제를 푸는 데 사용할 알고리즘은?
① DFS ② BFS ③ 파라메트릭 서치 ④ 동적 계획법

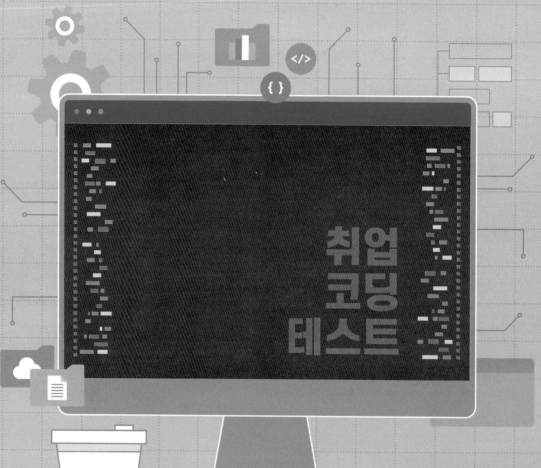

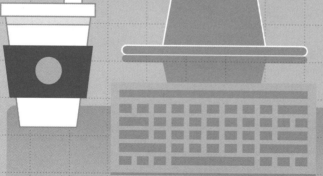

part.

03

알고리즘
핵심문제 20

/* 핵심문제 */

_ Part 03

알고리즘 핵심문제 20

지금까지 여러 자료구조와 알고리즘들을 살펴보았다. 각각의 개념을 충분히 익혀도 코딩테스트에서 임의의 문제를 접했을 때 어떤 도구를 써서 풀어야 하는지 막막한 경우가 있다. 직관적으로 어떤 알고리즘을 쓰면 되는지 바로 보이는 문제들도 있지만, 그렇지 않은 문제들도 많다.

많은 문제를 풀어 보고 경험을 쌓으면 문제해결력이 길러지지만, 한 문제 한 문제 풀기에는 시간이 오래 걸린다. 시간을 아끼고 효율을 극대화시키는 방법으로 '커리큘럼 소개'에서 제안했던 방법을 추천한다. 문제를 구현(코딩)까지는 하지 않고, 어떤 자료구조를 써서 어떻게 풀면 될지 구상하고 자신이 생각한 방법이 맞는지 확인한 후 다음 문제로 넘어가는 것이다. 구현해서 제출하고 정답인지 확인하는 것은 본인이 생각한 방법이 정말 맞았는지 검증하는 단계로 볼 수 있다. 이렇게 공부하면 확실하게 검증하고 넘어가지 않아 찜찜할 수도 있고, 구현 단계에서 신경 써야 할 점을 놓치고 넘어갈 수도 있다는 단점은 있다. 하지만 그 부분은 구현력에 해당되므로 문제해결력만 집중적으로 키우기 위해서는 우선 이렇게 공부하고, 구현은 나중에 따로 하는 것이 좋다.

어떤 도구를 써서 풀어야 할지 모르는 문제를 접했을 때에는 우선 모든 경우의 수를 살펴봐서 풀 수 있는지 생각하자. 단순한 완전탐색으로 풀 수 있다면, 굳이 더 어렵고 복잡한 방법을 고민할 필요가 없다.

규칙을 찾아야 하는 문제에서 규칙이 보이지 않는다면 예제 입력을 필두로 직접 손으로 풀어보며 실마리를 찾아본다. 예제 입력은 문제를 풀기 위해 기본적으로 알아야 할 사항들을 담고 있는 샘플 케이스를 주므로 예제 입력을 통해 최대한 정보를 모아야 한다. 하지만, 예제 입력만으로는 모든 걸 파악할 수 없게 내는 문제가 많아서 다양한 경우들을 생각해 봐야 한다.

백준 온라인 저지에서 문제해결력 트레이닝 공부를 할 때, 문제 분류가 보이면 스포일러가 되므로 설정에서 미리 꺼두고 하는 것을 권장한다. 문제 하나를 같이 살펴보자.

boj.kr/1018 | ★★☆☆☆ | **시간 제한** 2초 | **메모리 제한** 128MB

지민이는 자신의 저택에서 MN개의 단위 정사각형으로 나누어져 있는 M×N 크기의 보드를 찾았다. 어떤 정사각형은 검은색으로 칠해져 있고, 나머지는 흰색으로 칠해져 있다. 지민이는 이 보드를 잘라서 8×8 크기의 체스판으로 만들려고 한다.

체스판은 검은색과 흰색이 번갈아서 칠해져 있어야 한다. 구체적으로, 각 칸이 검은색과 흰색 중 하나로 색칠되어 있고, 변을 공유하는 두 개의 사각형은 다른 색으로 칠해져 있어야 한다. 따라서 이 정의를 따르면 체스판을 색칠하는 경우는 두 가지뿐이다. 하나는 맨 왼쪽 위 칸이 흰색인 경우이고, 하나는 검은색인 경우이다.

보드가 체스판처럼 칠해져 있다는 보장이 없어서, 지민이는 8×8 크기의 체스판으로 잘라낸 후에 몇 개의 정사각형을 다시 칠해야겠다고 생각했다. 당연히 8×8 크기는 아무데서나 골라도 된다. 지민이가 다시 칠해야 하는 정사각형의 최소 개수를 구하는 프로그램을 작성하시오.

입력

첫째 줄에 N과 M이 주어진다. N과 M은 8보다 크거나 같고, 50보다 작거나 같은 자연수이다. 둘째 줄부터 N개의 줄에는 보드의 각 행의 상태가 주어진다. B는 검은색이며, W는 흰색이다.

출력

첫째 줄에 지민이가 다시 칠해야 하는 정사각형 개수의 최솟값을 출력한다.

예제 입력 1
8 8
WBWBWBWB
BWBWBWBW
WBWBWBWB
BWBBBWBW
WBWBWBWB
BWBWBWBW
WBWBWBWB
BWBWBWBW

예제 출력 1
1

```
10 13
BBBBBBBBWBWBW
BBBBBBBBBWBWB
BBBBBBBBWBWBW
BBBBBBBBBWBWB
BBBBBBBBWBWBW
BBBBBBBBBWBWB
BBBBBBBBWBWBW
BBBBBBBBBWBWB
WWWWWWWWWBWB
WWWWWWWWWBWB
```

```
12
```

문제 풀이

완전탐색으로 푼다면 8×8칸으로 자르는 모든 경우 각각에 대해서 맨 왼쪽 위 칸을 'B'로 뒀을 때와 'W'로 뒀을 때가 총 경우의 수가 될 것이다. N과 M이 50일 때가 가장 수가 많은데, 이 때 8×8칸으로 자르는 경우는 총 43×43가지이다. 검은색, 흰색 각각 2가지 경우가 있으므로 43×43×2=3,698가지 경우의 수가 있다. 그리고 각 경우마다 8×8개 칸을 돌아보며 다시 칠해야 하는 칸을 세야 하므로 3,698×8×8=236,672번 살펴보게 된다. 시간 복잡도는 $O(N^2 \times 2 \times 8^2) = O(N^2)$이기는 하나, 만약 8×8이 아니라 예를 들어, 800×800칸을 살펴봐야 했다면 비록 800×800이 계수라 할지라도 총 연산 수는 무시하지 못할 정도로 큰 수이므로 완전탐색으로 풀기엔 시간이 촉박했을 것이다. 이렇게 항상 구상한 방법이 시간 제한 내에 통과될지 체크해보는 것이 좋다. 완전탐색으로 푼 코드는 다음과 같다.

```
CODE EXAMPLE

N, M = map(int, input().split())

board = [input() for _ in range(N)]

ans = N * M


def fill(y, x, bw):
    global ans
    cnt = 0
    for i in range(8):
        for j in range(8):
```

```
            if (i + j) % 2:
                if board[y + i][x + j] == bw:
                    cnt += 1
            else:
                if board[y + i][x + j] != bw:
                    cnt += 1

    ans = min(ans, cnt)

for y in range(N - 7):
    for x in range(M - 7):
        fill(y, x, 'B')
        fill(y, x, 'W')

print(ans)
```

8×8칸으로 잘랐을 때 맨 왼쪽 위 칸의 좌표는 (y, x)이다. 'B'로 시작할 때와 'W'로 시작할 때를 봐야 하는데 코드 중복이 발생하므로 따로 함수로 빼는 것이 좋다. 최솟값을 구하는 문제에서는 초기값을 무한을 의미하는 큰 수로 설정해야 하는데, 여기서는 모든 칸을 다시 칠하는 경우인 N×M으로 두었다. 사실 모든 칸을 다시 칠하는 경우는 발생하지 않을 것이다. 정답이 될 수 있는 최대값은 N×M/2가 될 테니 N×M은 여기서 무한으로 쓸 수 있다.

만약 이 문제를 완전탐색으로 풀 수 없을 정도로 제한시간 대비 N이 크다면 어떤 방법으로 풀 수 있을까? DP의 일종인 누적합[12]이라는 테크닉을 생각할 수 있다. 1차원 배열 [4, 2, 0, 3, 1, 3]이 주어졌을 때 임의의 두 index a, b가 주어지고 [a, b] 구간의 값의 합을 구하는 문제가 있다면 어떻게 할까? a에서 b까지 반복문으로 합을 구하면 된다. 시간 복잡도는 O(N)이다. 하지만 누적합을 미리 구해 두면 O(1) 로 구할 수 있다. a, b가 여러 번 다른 값으로 주어지는 문제에서 유용하다. 위 배열의 누적합은 [4, 6, 6, 9, 10, 13]이다. 왼쪽부터 계속 값을 누적시켜 저장하면 된다. 이제 [a, b]는 이 누적합에서 [b] − [a−1]로 O(1)로 구할 수 있다.

---

12 연속합 또는 구간합 Prefix Sum 이라고도 한다.

2차원 배열도 마찬가지 원리를 사용할 수 있다. 2차원 배열에서 (i, j) 칸의 누적합은 왼쪽 (i, j−1) 과 위칸 (i−1, j), 대각선 왼쪽 위 칸 (i−1, j−1)의 값을 이용해 구할 수 있다. 아래 그림에서 누적합[i][j] 칸에 와야 할 값은 (0, 0)에서 (i, j)까지의 직사각형 범위 내 모든 값의 합이다. 이는 누적합에서 누적합[i−1][j]+누적합[i][j−1]−누적합[i−1][j−1]+입력값[i][j]으로 구할 수 있다. 회색 영역+연한 초록색 영역−초록색 영역+(i, j)값이다.

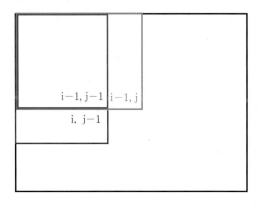

이렇게 누적합을 구해 두면 (a, b) ~ (c, d) (단, a<c, b<d)의 직사각형 영역의 총합은 반복문을 쓸 필요 없이 누적합[c][d] - 누적합[a−1][d] - 누적합[c][b−1] + 누적합[a−1][b−1]로 $O(1)$만에 구할 수 있다.

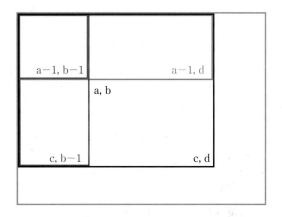

이 방법을 이용해서 이 문제를 다시 보자. 맨 왼쪽 위 칸을 'B'로 두면 나머지 칸들은 무엇으로 칠해야 하는지 정해지며, 다시 칠하는 칸 수의 누적합을 구해 두면 직사각형을 어떻게 잡든 해당 영역에서 다시 칠하는 칸 수를 $O(1)$ 만에 알 수 있다. 맨 왼쪽 위 칸을 'W'로 두면 누적합을 다시 구해야 하긴 하지만[13], 2차원 배열 누적합을 완성하는 데는 $O(N^2)$밖에 안 되므로 크게

---

13 다시 구할 필요 없이, 구해 둔 누적합을 가지고 알아내는 방법도 있다. 한번 생각해 보자!

문제되지 않는다. 8×8 사각형을 자를 때 마다 8×8번 반복문으로 다시 칠하는 칸 수를 세보는 것보다는 누적합으로 구하는 게 더 효율적이다.

```python
N, M = map(int, input().split())
board = [input() for _ in range(N)]
ans = N * M


def make_acc(bw):
    global ans
    acc = [[0] * M for _ in range(N)]
    for i in range(N):
        for j in range(M):
            if i > 0:
                acc[i][j] += acc[i - 1][j]

            if j > 0:
                acc[i][j] += acc[i][j - 1]

            if i > 0 and j > 0:
                acc[i][j] -= acc[i - 1][j - 1]

            if (i + j) % 2 and board[i][j] == bw:
                acc[i][j] += 1

            if (i + j) % 2 == 0 and board[i][j] != bw:
                acc[i][j] += 1

    for i in range(N - 7):
        for j in range(M - 7):
            cnt = acc[i + 7][j + 7]
```

```
        if i > 0:
            cnt -= acc[i - 1][j + 7]

        if j > 0:
            cnt -= acc[i + 7][j - 1]

        if i > 0 and j > 0:
            cnt += acc[i - 1][j - 1]

        ans = min(ans, cnt)

make_acc('B')
make_acc('W')
print(ans)
```

좀 더 복잡하고 코드가 긴 편이지만, 더 효율적이므로 제출했을 때 코드가 돌아간 시간이 더 빠른 것을 볼 수 있다. 더 효율적인 방법이지만 실전에서는 이 방법이 떠오르지 않을 수도 있고, 복잡해서 실수하기도 쉬울 것이다. 완전탐색으로 바로 풀 수 있을 것 같은 문제는 완전탐색으로 빠르게 풀고, 시험 시간 확보를 하는 게 더 나을 수도 있다.

다음 챕터부터는 문제집이라 생각하고, 미리 제한시간을 정하여 각 문제를 읽고 무엇을 써서 어떻게 풀면 될지 간단히 메모한 후, 해설을 보며 맞았는지 체크해 보자.

boj.kr/2841 | ★★★☆☆ | **시간 제한** 1초 | **메모리 제한** 256MB | **출처** COCI 2010/2011

상근이의 상상의 친구 외계인은 손가락을 수십억 개 가지고 있다. 어느 날 외계인은 기타가 치고 싶었고, 인터넷에서 간단한 멜로디를 검색했다. 이제 이 기타를 치려고 한다.

보통 기타는 1번 줄부터 6번 줄까지 총 6개의 줄이 있고, 각 줄은 P개의 프렛으로 나누어져 있다. 프렛의 번호도 1번부터 P번까지 나누어져 있다.

멜로디는 음의 연속이고, 각 음은 줄에서 해당하는 프렛을 누르고 줄을 튕기면 연주할 수 있다. 예를 들면, 4번 줄의 8번 프렛을 누르고 튕길 수 있다. 만약, 어떤 줄의 프렛을 여러 개 누르고 있다면, 가장 높은 프렛의 음이 발생한다. 예를 들어, 3번 줄의 5번 프렛을 이미 누르고 있다고 하자. 이때, 7번 프렛을 누른 음을 연주하려면, 5번 프렛을 누르는 손을 떼지 않고 다른 손가락으로 7번 프렛을 누르고 줄을 튕기면 된다. 여기서 2번 프렛의 음을 연주하려고 한다면, 5번과 7번을 누르던 손가락을 뗀 다음에 2번 프렛을 누르고 연주해야 한다.

이렇게 손가락으로 프렛을 한 번 누르거나 떼는 것을 손가락을 한 번 움직였다고 한다. 어떤 멜로디가 주어졌을 때, 손가락의 가장 적게 움직이는 회수를 구하는 프로그램을 작성하시오.

(↓) 입력

첫째 줄에 멜로디에 포함되어 있는 음의 수 N과 한 줄에 있는 프렛의 수 P가 주어진다. (N≤500,000, 2≤P≤300,000)

다음 N개 줄에는 멜로디의 한 음을 나타내는 두 정수가 주어진다. 첫 번째 정수는 줄의 번호이고, 두 번째 정수는 그 줄에서 눌러야 하는 프렛의 번호이다. 입력으로 주어진 음의 순서대로 기타를 연주해야 한다.

(↑) 출력

첫째 줄에 멜로디를 연주하는 데 필요한 최소 손가락 움직임을 출력한다.

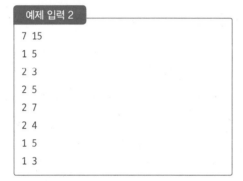

예제 입력 1

```
5 15
2 8
2 10
2 12
2 10
2 5
```

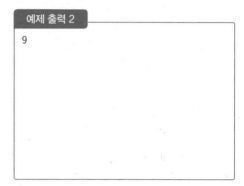

예제 출력 1

```
7
```

예제 입력 2

```
7 15
1 5
2 3
2 5
2 7
2 4
1 5
1 3
```

예제 출력 2

```
9
```

컴공선배's 알고리즘 Q

1. 이 문제를 푸는 데 사용할 자료구조/알고리즘은?

    ➜ _____

2. 생각한 알고리즘의 시간 복잡도를 쓰고, 제한시간 내 통과될지 판단하라.

    ➜ _____

boj.kr/4796 | ★★☆☆☆ | **시간 제한** 1초 | **메모리 제한** 128MB | **출처** ICPC 2012 록키 마운틴 리저널

등산가 김강산은 가족들과 함께 캠핑을 떠났다. 하지만, 캠핑장에는 다음과 같은 경고문이 쓰여 있었다.

캠핑장은 연속하는 20일 중 10일 동안만 사용할 수 있다.

강산이는 이제 막 28일 휴가를 시작했다. 이번 휴가 기간 동안 강산이는 캠핑장을 며칠 동안 사용할 수 있을까?

강산이는 조금 더 일반화해서 문제를 풀려고 한다.

캠핑장을 연속하는 P일 중, L일 동안만 사용할 수 있다. 강산이는 이제 막 V일짜리 휴가를 시작했다. 강산이가 캠핑장을 최대 며칠 동안 사용할 수 있을까? $(1 < L < P < V)$

⬇ 입력

입력은 여러 개의 테스트 케이스로 이루어져 있다. 각 테스트 케이스는 한 줄로 이루어져 있고, L, P, V 를 순서대로 포함하고 있다. 모든 입력 정수는 int범위이다. 마지막 줄에는 0이 3개 주어진다.

⬆ 출력

각 테스트 케이스에 대해서, 강산이가 캠핑장을 최대 며칠 동안 사용할 수 있는지 예제 출력처럼 출력한다.

예제 입력 1
5 8 20
5 8 17
0 0 0

예제 출력 1
Case 1: 14
Case 2: 11

컴공선배's 알고리즘 Q

1. 이 문제를 푸는 데 사용할 자료구조/알고리즘은?

    ➜ _____

2. 생각한 알고리즘의 시간 복잡도를 쓰고, 제한시간 내 통과될지 판단하라.

    ➜ _____

boj.kr/15686 | ★★★★☆ | **시간 제한** 1초 | **메모리 제한** 512MB

크기가 N×N인 도시가 있다. 도시는 1×1 크기의 칸으로 나누어져 있다. 도시의 각 칸은 빈 칸, 치킨집, 집 중 하나이다. 도시의 칸은 (r, c)와 같은 형태로 나타내고, r행 c열 또는 위에서 부터 r번째 칸, 왼쪽에서부터 c번째 칸을 의미한다. r과 c는 1부터 시작한다.

이 도시에 사는 사람들은 치킨을 매우 좋아한다. 따라서, 사람들은 '치킨 거리'라는 말을 주로 사용한다. 치킨 거리는 집과 가장 가까운 치킨집 사이의 거리이다. 즉, 치킨 거리는 집을 기준으로 정해지며, 각각의 집은 치킨 거리를 가지고 있다. 도시의 치킨 거리는 모든 집의 치킨 거리의 합이다.

임의의 두 칸 (r1, c1)과 (r2, c2) 사이의 거리는 |r1−r2| + |c1−c2|로 구한다.

예를 들어, 아래와 같은 지도를 갖는 도시를 살펴보자.

```
0 2 0 1 0
1 0 1 0 0
0 0 0 0 0
0 0 0 1 1
0 0 0 1 2
```

0은 빈칸, 1은 집, 2는 치킨집이다.

(2, 1)에 있는 집과 (1, 2)에 있는 치킨집과의 거리는 |2−1| + |1−2| = 2, (5, 5)에 있는 치킨집과의 거리는 |2−5| + |1−5| = 7이다. 따라서, (2, 1)에 있는 집의 치킨 거리는 2이다.

(5, 4)에 있는 집과 (1, 2)에 있는 치킨집과의 거리는 |5−1| + |4−2| = 6, (5, 5)에 있는 치킨집과의 거리는 |5−5| + |4−5| = 1이다. 따라서, (5, 4)에 있는 집의 치킨 거리는 1이다.

이 도시에 있는 치킨집은 모두 같은 프랜차이즈이다. 프랜차이즈 본사에서는 수익을 증가시키기 위해 일부 치킨집을 폐업시키려고 한다. 오랜 연구 끝에 이 도시에서 가장 수익을 많이 낼 수 있는 치킨집의 개수는 최대 M개라는 사실을 알아내었다.

도시에 있는 치킨집 중에서 최대 M개를 고르고, 나머지 치킨집은 모두 폐업시켜야 한다. 어떻게 고르면 도시의 치킨 거리가 가장 작게 될지, 구하는 프로그램을 작성하시오.

⬇ 입력

첫째 줄에 N(2≤N≤50)과 M(1≤M≤13)이 주어진다.
둘째 줄부터 N개의 줄에는 도시의 정보가 주어진다.

도시의 정보는 0, 1, 2로 이루어져 있고, 0은 빈칸, 1은 집, 2는 치킨집을 의미한다. 집의 개수는 2N개를 넘지 않으며, 적어도 1개는 존재한다. 치킨집의 개수는 M보다 크거나 같고, 13보다 작거나 같다.

⬆ 출력

첫째 줄에 폐업시키지 않을 치킨집을 최대 M개를 골랐을 때, 도시의 치킨 거리의 최솟값을 출력한다.

예제 입력 1
```
5 3
0 0 1 0 0
0 0 2 0 1
0 1 2 0 0
0 0 1 0 0
0 0 0 0 2
```

예제 출력 1
```
5
```

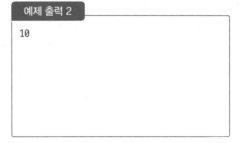

예제 입력 2
```
5 2
0 2 0 1 0
1 0 1 0 0
0 0 0 0 0
2 0 0 1 1
2 2 0 1 2
```

예제 출력 2
```
10
```

```
예제 입력 3
5 1
1 2 0 0 0
1 2 0 0 0
1 2 0 0 0
1 2 0 0 0
1 2 0 0 0
```

```
예제 출력 3
11
```

```
예제 입력 4
5 1
1 2 0 2 1
1 2 0 2 1
1 2 0 2 1
1 2 0 2 1
1 2 0 2 1
```

```
예제 출력 4
32
```

컴공선배's 알고리즘 Q

1. 이 문제를 푸는 데 사용할 자료구조/알고리즘은?

   ➜ _____

2. 생각한 방법이 제한시간 내 통과될지 판단하라.

   ➜ _____

boj.kr/1389 | ★★★☆☆ | 시간 제한 2초 | 메모리 제한 128MB

케빈 베이컨의 6단계 법칙에 의하면 지구에 있는 모든 사람들은 최대 6단계 이내에서 서로 아는 사람으로 연결될 수 있다. 케빈 베이컨 게임은 임의의 두 사람이 최소 몇 단계 만에 이어질 수 있는지 계산하는 게임이다. 예를 들면, 전혀 상관없을 것 같은 인하대학교의 이강호와 서강대학교의 민세희는 몇 단계만에 이어질 수 있을까?

천민호는 이강호와 같은 학교에 다니는 사이이다. 천민호와 최백준은 Baekjoon Online Judge를 통해 알게 되었다. 최백준과 김선영은 같이 Startlink를 창업했다. 김선영과 김도현은 같은 학교 동아리 소속이다. 김도현과 민세희는 같은 학교에 다니는 사이로 서로 알고 있다. 즉, 이강호−천민호−최백준−김선영−김도현−민세희와 같이 5단계만 거치면 된다.

케빈 베이컨은 미국 헐리우드 영화배우들끼리 케빈 베이컨 게임을 했을 때 나오는 단계의 총합이 가장 적은 사람이라고 한다.

오늘은 Baekjoon Online Judge의 유저 중에서 케빈 베이컨의 수가 가장 작은 사람을 찾으려고 한다. 케빈 베이컨 수는 모든 사람과 케빈 베이컨 게임을 했을 때, 나오는 단계의 합이다.

예를 들어, BOJ의 유저가 5명이고, 1과 3, 1과 4, 2와 3, 3과 4, 4와 5가 친구인 경우를 생각해보자.

1은 2까지 3을 통해 2단계 만에, 3까지 1단계, 4까지 1단계, 5까지 4를 통해서 2단계 만에 알 수 있다. 따라서, 케빈 베이컨의 수는 $2+1+1+2=6$이다.

2는 1까지 3을 통해서 2단계 만에, 3까지 1단계 만에, 4까지 3을 통해서 2단계 만에, 5까지 3과 4를 통해서 3단계 만에 알 수 있다. 따라서, 케빈 베이컨의 수는 $2+1+2+3=8$이다.

3은 1까지 1단계, 2까지 1단계, 4까지 1단계, 5까지 4를 통해 2단계 만에 알 수 있다. 따라서, 케빈 베이컨의 수는 $1+1+1+2=5$이다.

4는 1까지 1단계, 2까지 3을 통해 2단계, 3까지 1단계, 5까지 1단계 만에 알 수 있다. 4의 케빈 베이컨의 수는 $1+2+1+1=5$가 된다.

마지막으로 5는 1까지 4를 통해 2단계, 2까지 4와 3을 통해 3단계, 3까지 4를 통해 2단계, 4까지 1단계 만에 알 수 있다. 5의 케빈 베이컨의 수는 $2+3+2+1=8$이다.

5명의 유저 중에서 케빈 베이컨의 수가 가장 작은 사람은 3과 4이다.

BOJ 유저의 수와 친구 관계가 입력으로 주어졌을 때, 케빈 베이컨의 수가 가장 작은 사람을 구하는 프로그램을 작성하시오.

⬇ 입력

첫째 줄에 유저의 수 N(2≤N≤100)과 친구 관계의 수 M(1≤M≤5,000)이 주어진다. 둘째 줄부터 M개의 줄에는 친구 관계가 주어진다. 친구 관계는 A와 B로 이루어져 있으며, A와 B가 친구라는 뜻이다. A와 B가 친구이면, B와 A도 친구이며, A와 B가 같은 경우는 없다. 친구 관계는 중복되어 들어올 수도 있으며, 친구가 한 명도 없는 사람은 없다. 또, 모든 사람은 친구 관계로 연결되어 있다. 사람의 번호는 1부터 N까지이며, 두 사람이 같은 번호를 갖는 경우는 없다.

⬆ 출력

첫째 줄에 BOJ의 유저 중에서 케빈 베이컨의 수가 가장 작은 사람을 출력한다. 그런 사람이 여러 명일 경우에는 번호가 가장 작은 사람을 출력한다.

예제 입력 1	예제 출력 1
5 5 1 3 1 4 4 5 4 3 3 2	3

컴공선배's 알고리즘 Q

이 문제를 푸는 데 사용할 자료구조/알고리즘과 그 이유는?

➜ _____

boj.kr/1915 | ★★★★☆ | **시간 제한** 2초 | **메모리 제한** 128MB

N×M의 0, 1로 된 배열이 있다. 이 배열에서 1로 된 가장 큰 정사각형의 크기를 구하는 프로그램을 작성하시오.

0	1	0	0
0	1	1	1
1	1	1	0
0	0	1	0

위와 같은 예제에서는 가운데의 2×2 배열이 가장 큰 정사각형이다.

⬇ 입력

첫째 줄에 N, M(1≤N, M≤1,000)이 주어진다. 다음 N개의 줄에는 M개의 숫자로 배열이 주어진다.

⬆ 출력

첫째 줄에 가장 큰 정사각형의 넓이를 출력한다.

예제 입력 1
4 4
0100
0111
1110
0010

예제 출력 1
4

컴공선배's 알고리즘 Q

이 문제를 푸는 데 사용할 자료구조/알고리즘과 그 이유는?

➜ _____

boj.kr/2696 | ★★★★★ | **시간 제한** 1초 | **메모리 제한** 128MB | **출처** ICPC 2009 그레이터 뉴욕 리저널

어떤 수열을 읽고, 홀수 번째 수를 읽을 때마다, 지금까지 입력받은 값의 중앙값을 출력하는 프로그램을 작성하시오. 예를 들어, 수열이 1, 5, 4, 3, 2이면, 홀수 번째 수는 1번째 수, 3번째 수, 5번째 수이고, 1번째 수를 읽었을 때 중앙값은 1, 3번째 수를 읽었을 때는 4, 5번째 수를 읽었을 때는 3이다.

(↓) 입력

첫째 줄에 테스트 케이스의 개수 T(1≤T≤1,000)가 주어진다. 각 테스트 케이스의 첫째 줄에는 수열의 크기 M(1≤M≤9999, M은 홀수)이 주어지고, 그 다음 줄부터 이 수열의 원소가 차례대로 주어진다. 원소는 한 줄에 10개씩 나누어져 있고, 32비트 부호가 있는 정수이다.

(↑) 출력

각 테스트 케이스에 대해 첫째 줄에 출력하는 중앙값의 개수를 출력하고, 둘째 줄에는 홀수 번째 수를 읽을 때마다 구한 중앙값을 차례대로 공백으로 구분하여 출력한다. 이때, 한 줄에 10개씩 출력해야 한다.

예제 입력 1
3
9
1 2 3 4 5 6 7 8 9
9
9 8 7 6 5 4 3 2 1
23
23 41 13 22 -3 24 -31 -11 -8 -7
3 5 103 211 -311 -45 -67 -73 -81 -99
-33 24 56

예제 출력 1
5
1 2 3 4 5
5
9 8 7 6 5
12
23 23 22 22 13 3 5 5 3 -3
-7 -3

컴공선배's 알고리즘 Q

1. 이 문제를 푸는 데 사용할 자료구조/알고리즘은?
    ➜ _____

2. 생각한 알고리즘의 시간 복잡도를 쓰고, 제한시간 내 통과될지 판단하라.
    ➜ _____

boj.kr/14888 | ★★★☆☆ | **시간 제한** 2초 | **메모리 제한** 512MB

N개의 수로 이루어진 수열 A_1, A_2, $\cdots$, A_N이 주어진다. 또, 수와 수 사이에 끼워 넣을 수 있는 N−1개의 연산자가 주어진다. 연산자는 덧셈(+), 뺄셈(−), 곱셈(×), 나눗셈(÷)으로만 이루어져 있다. 우리는 수와 수 사이에 연산자를 하나씩 넣어서, 수식을 하나 만들 수 있다. 이때, 주어진 수의 순서를 바꾸면 안 된다. 예를 들어, 6개의 수로 이루어진 수열이 1, 2, 3, 4, 5, 6이고, 주어진 연산자가 덧셈(+) 2개, 뺄셈(−) 1개, 곱셈(×) 1개, 나눗셈(÷) 1개인 경우에는 총 60가지의 식을 만들 수 있다. 예를 들어, 아래와 같은 식을 만들 수 있다.

- $1+2+3-4\times5\div6$
- $1\div2+3+4-5\times6$
- $1+2\div3\times4-5+6$
- $1\div2\times3-4+5+6$

식의 계산은 연산자 우선 순위를 무시하고 앞에서부터 진행해야 한다. 또, 나눗셈은 정수 나눗셈으로 몫만 취한다. 음수를 양수로 나눌 때는 C++14의 기준을 따른다. 즉, 양수로 바꾼 뒤 몫을 취하고, 그 몫을 음수로 바꾼 것과 같다. 이에 따라서, 위의 식 4개의 결과를 계산해 보면 아래와 같다.

- $1+2+3-4\times5\div6=1$
- $1\div2+3+4-5\times6=12$
- $1+2\div3\times4-5+6=5$
- $1\div2\times3-4+5+6=7$

N개의 수와 N−1개의 연산자가 주어졌을 때, 만들 수 있는 식의 결과가 최대인 것과 최소인 것을 구하는 프로그램을 작성하시오.

⊕ 입력

첫째 줄에 수의 개수 N(2≤N≤11)가 주어진다. 둘째 줄에는 A_1, A_2, ..., A_N이 주어진다. (1≤Ai≤100) 셋째 줄에는 합이 N−1인 4개의 정수가 주어지는데, 차례대로 덧셈(＋)의 개수, 뺄셈(−)의 개수, 곱셈(×)의 개수, 나눗셈(÷)의 개수이다.

⊕ 출력

첫째 줄에 만들 수 있는 식의 결과의 최댓값을, 둘째 줄에는 최솟값을 출력한다. 연산자를 어떻게 끼워넣어도 항상 −10억보다 크거나 같고, 10억보다 작거나 같은 결과가 나오는 입력만 주어진다. 또한, 앞에서부터 계산했을 때, 중간에 계산되는 식의 결과도 항상 −10억보다 크거나 같고, 10억보다 작거나 같다.

예제 입력 1
2 5 6 0 0 1 0

예제 출력 1
30 30

예제 입력 2
3 3 4 5 1 0 1 0

예제 출력 2
35 17

예제 입력 3
6 1 2 3 4 5 6 2 1 1 1

예제 출력 3
54 −24

❗ 힌트

세 번째 예제의 경우에 다음과 같은 식이 최댓값/최솟값이 나온다.

- 최댓값: $1−2÷3+4+5×6$
- 최솟값: $1+2+3÷4−5×6$

컴공선배's 알고리즘 Q

1. 이 문제를 푸는 데 사용할 자료구조/알고리즘은?
   ➔ _____

2. 생각한 방법이 제한시간 내 통과될지 판단하라.
   ➔ _____

boj.kr/1213 | ★★☆☆☆ | **시간 제한** 2초 | **메모리 제한** 128MB

임한수와 임문빈은 서로 사랑하는 사이이다.

임한수는 세상에서 팰린드롬인 문자열을 너무 좋아하기 때문에, 둘의 백일을 기념해서 임문빈은 팰린드롬을 선물하려고 한다.

임문빈은 임한수의 영어 이름으로 팰린드롬을 만들려고 하는데, 임한수의 영어 이름의 알파벳 순서를 적절히 바꿔서 팰린드롬을 만들려고 한다.

임문빈을 도와 임한수의 영어 이름을 팰린드롬으로 바꾸는 프로그램을 작성하시오.

(↓) 입력

첫째 줄에 임한수의 영어 이름이 있다. 알파벳 대문자로만 된 최대 50글자이다.

(↑) 출력

첫째 줄에 문제의 정답을 출력한다. 만약 불가능할 때는 "I'm Sorry Hansoo"를 출력한다. 정답이 여러 개일 경우에는 사전순으로 앞서는 것을 출력한다.

예제 입력 1
AABB

예제 출력 1
ABBA

컴공선배's 알고리즘 Q

이 문제를 푸는 데 사용할 자료구조/알고리즘은?

→ _____

boj.kr/17298 | ★★★★☆ | 시간 제한 1초 | 메모리 제한 512MB

크기가 N인 수열 $A = A_1, A_2, \cdots, A_N$이 있다. 수열의 각 원소 A_i에 대해서 오큰수 NGE(i)를 구하려고 한다. A_i의 오큰수는 오른쪽에 있으면서 A_i보다 큰 수 중에서 가장 왼쪽에 있는 수를 의미한다. 그러한 수가 없는 경우에 오큰수는 −1이다.

예를 들어, A = [3, 5, 2, 7]인 경우 NGE(1) = 5, NGE(2) = 7, NGE(3) = 7, NGE(4) = −1이다. A = [9, 5, 4, 8]인 경우에는 NGE(1) = −1, NGE(2) = 8, NGE(3) = 8, NGE(4) = −1이다.

⬇ 입력

첫째 줄에 수열 A의 크기 $N(1 \leq N \leq 1,000,000)$이 주어진다. 둘째 줄에 수열 A의 원소 $A_1, A_2, \cdots, A_N(1 \leq A_i \leq 1,000,000)$이 주어진다.

⬆ 출력

총 N개의 수 NGE(1), NGE(2), $\cdots$, NGE(N)을 공백으로 구분해 출력한다.

예제 입력 1
4 3 5 2 7

예제 출력 1
5 7 7 -1

예제 입력 2
4 9 5 4 8

예제 출력 2
-1 8 8 -1

컴공선배's 알고리즘 Q

1. 이 문제를 푸는 데 사용할 자료구조/알고리즘은?
   ➜ _____

2. 생각한 알고리즘의 시간 복잡도를 쓰고, 제한시간 내 통과될지 판단하라.
   ➜ _____

boj.kr/1256 | ★★★★☆ | **시간 제한** 2초 | **메모리 제한** 128MB

동호와 규완이는 212호에서 문자열에 대해 공부하고 있다. 김진영 조교는 동호와 규완이에게 특별 과제를 주었다. 특별 과제는 특별한 문자열로 이루어진 사전을 만드는 것이다. 사전에 수록되어 있는 모든 문자열은 N개의 'a'와 M개의 'z'로 이루어져 있다. 그리고 다른 문자는 없다. 사전에는 알파벳 순서대로 수록되어 있다.

규완이는 사전을 완성했지만, 동호는 사전을 완성하지 못했다. 동호는 자신의 과제를 끝내기 위해서 규완이의 사전을 몰래 참조하기로 했다. 동호는 규완이가 자리를 비운 사이에 몰래 사전을 보려고 하기 때문에, 문자열 하나 밖에 찾을 여유가 없다. N과 M이 주어졌을 때, 규완이의 사전에서 K번째 문자열이 무엇인지 구하는 프로그램을 작성하시오.

⬇ 입력

첫째 줄에 N, M, K가 순서대로 주어진다. N과 M은 100보다 작거나 같은 자연수이고, K는 1,000,000,000보다 작거나 같은 자연수이다.

⬆ 출력

첫째 줄에 규완이의 사전에서 K번째 문자열을 출력한다. 만약 규완이의 사전에 수록되어 있는 문자열의 개수가 K보다 작으면 −1을 출력한다.

예제 입력 1
2 2 2

예제 출력 1
azaz

컴공선배's 알고리즘 Q

1. 이 문제를 푸는 데 사용할 자료구조/알고리즘은?
   ➜ _____

2. 생각한 알고리즘의 시간 복잡도를 쓰고, 제한시간 내 통과될지 판단하라.
   ➜ _____

boj.kr/1015 │ ★★☆☆☆ │ **시간 제한** 2초 │ **메모리 제한** 128MB

P[0], P[1], ..., P[N−1]은 0부터 N−1까지(포함)의 수를 한 번씩 포함하고 있는 수열이다. 수열 P를 길이가 N인 배열 A에 적용하면 길이가 N인 배열 B가 된다. 적용하는 방법은 B[P[i]] = A[i]이다.

배열 A가 주어졌을 때, 수열 P를 적용한 결과가 비내림차순이 되는 수열을 찾는 프로그램을 작성하시오. 비내림차순이란, 각각의 원소가 바로 앞에 있는 원소보다 크거나 같을 경우를 말한다. 만약 그러한 수열이 여러 개라면 사전순으로 앞서는 것을 출력한다.

⬇ 입력

첫째 줄에 배열 A의 크기 N이 주어진다. 둘째 줄에는 배열 A의 원소가 0번부터 차례대로 주어진다. N은 50보다 작거나 같은 자연수이고, 배열의 원소는 1,000보다 작거나 같은 자연수이다.

⬆ 출력

첫째 줄에 비내림차순으로 만드는 수열 P를 출력한다.

예제 입력 1
3 2 3 1

예제 출력 1
1 2 0

컴공선배's 알고리즘 Q

이 문제를 푸는 데 사용할 자료구조/알고리즘은?

➜ _____

boj.kr/1131 | ★★★★★ | **시간 제한** 2초 | **메모리 제한** 128MB

자연수 N이 주어졌을 때, N의 각 자리 수를 K제곱 한 후에 그 합을 구하는 함수를 SK(N)이라고 하자.

예를 들어, S2(65)＝6^2+5^2＝61이다.

따라서, 다음 수열을 생각할 수 있다. N, SK(N), SK(SK(N)), …

이때, A와 B와 K가 주어졌을 때, A보다 크거나 같고, B보다 작거나 같은 모든 N으로 각각 수열을 만들었을 때, 그 수열에서 가장 작은 수의 합을 구하는 프로그램을 작성하시오.

(↓) 입력

첫째 줄에 A B K가 주어진다. A와 B는 1,000,000보다 작거나 같은 자연수이고, K는 6보다 작거나 같은 자연수이다. B는 A보다 크거나 같다.

(↑) 출력

첫째 줄에 문제의 정답을 출력한다.

예제 입력 1
1 5 2

예제 출력 1
14

컴공선배's 알고리즘 Q

이 문제를 푸는 데 사용할 자료구조/알고리즘은?
➜ _____

boj.kr/10819 | ★★★☆☆ | 시간 제한 1초 | 메모리 제한 256MB

N개의 정수로 이루어진 배열 A가 주어진다. 이때, 배열에 들어 있는 정수의 순서를 적절히 바꿔서 다음 식의 최댓값을 구하는 프로그램을 작성하시오.

$$|A[0]-A[1]|+|A[1]-A[2]|+\cdots+|A[N-2]-A[N-1]|$$

⬇ 입력

첫째 줄에 N(3≤N≤8)이 주어진다. 둘째 줄에는 배열 A에 들어 있는 정수가 주어진다. 배열에 들어 있는 정수는 −100보다 크거나 같고, 100보다 작거나 같다.

⬆ 출력

첫째 줄에 배열에 들어 있는 수의 순서를 적절히 바꿔서 얻을 수 있는 식의 최댓값을 출력한다.

예제 입력 1
6 20 1 15 8 4 10

예제 출력 1
62

컴공선배's 알고리즘 Q

1. 이 문제를 푸는 데 사용할 자료구조/알고리즘은?

   ➔ _____

2. 생각한 알고리즘의 시간 복잡도를 쓰고, 제한시간 내 통과될지 판단하라.

   ➔ _____

boj.kr/1026 | ★★☆☆☆ | **시간 제한** 2초 | **메모리 제한** 128MB

옛날 옛적에 수학이 항상 큰 골칫거리였던 나라가 있었다. 이 나라의 국왕 김지민은 다음과 같은 문제를 내고 큰 상금을 걸었다.

길이가 N인 정수 배열 A와 B가 있다. 다음과 같이 함수 S를 정의하자.

$$S=A[0] \times B[0] + \cdots + A[N-1] \times B[N-1]$$

S의 값을 가장 작게 만들기 위해 A의 수를 재배열하자. 단, B에 있는 수는 재배열하면 안 된다. S의 최솟값을 출력하는 프로그램을 작성하시오.

⬇ 입력

첫째 줄에 N이 주어진다. 둘째 줄에는 A에 있는 N개의 수가 순서대로 주어지고, 셋째 줄에는 B에 있는 수가 순서대로 주어진다. N은 50보다 작거나 같은 자연수이고, A와 B의 각 원소는 100보다 작거나 같은 음이 아닌 정수이다.

⬆ 출력

첫째 줄에 S의 최솟값을 출력한다.

예제 입력 1
5 1 1 1 6 0 2 7 8 3 1

예제 출력 1
18

❗ 힌트

A를 {1, 1, 0, 1, 6}과 같이 재배열하면 된다.

컴공선배's **알고리즘 Q**

이 문제를 푸는 데 사용할 자료구조/
알고리즘은?

➜ _____

boj.kr/1041 | ★★★☆☆ | **시간 제한** 2초 | **메모리 제한** 128MB

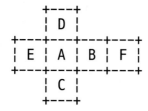

주사위는 위와 같이 생겼다. 주사위의 여섯 면에는 수가 쓰여 있다. 위의 진개도의 수가 밖으로 나오게 접는다.

A, B, C, D, E, F에 쓰여 있는 수가 주어진다.

지민이는 현재 동일한 주사위를 N^3개 가지고 있다. 이 주사위를 적절히 회전시키고 쌓아서, $N \times N \times N$ 크기의 정육면체를 만들려고 한다. 이 정육면체는 탁자 위에 있으므로, 5개의 면만 보인다.

N과 주사위에 쓰여 있는 수가 주어질 때, 보이는 5개의 면에 쓰여 있는 수의 합의 최솟값을 출력하는 프로그램을 작성하시오.

📥 입력

첫째 줄에 N이 주어진다. 둘째 줄에 주사위에 쓰여 있는 수가 주어진다. 위의 그림에서 A, B, C, D, E, F에 쓰여 있는 수가 차례대로 주어진다. N은 1,000,000보다 작거나 같은 자연수이고, 쓰여 있는 수는 50보다 작거나 같은 자연수이다.

📤 출력

첫째 줄에 문제의 정답을 출력한다.

예제 입력 1

```
2
1 2 3 4 5 6
```

예제 출력 1

```
36
```

예제 입력 2

```
3
1 2 3 4 5 6
```

예제 출력 2

```
69
```

예제 입력 3

```
1000000
50 50 50 50 50 50
```

예제 출력 3

```
250000000000000
```

예제 입력 4

```
10
1 1 1 1 50 1
```

예제 출력 4

```
500
```

컴공선배's 알고리즘 Q

이 문제를 푸는 데 사용할 자료구조/알고리즘은?

➜ _____

boj.kr/10597 | ★★★☆☆ | 시간 제한 1초 | 메모리 제한 256MB | 출처 NEERC 2014

kriii는 1부터 N까지의 수로 이루어진 순열을 파일로 저장해 놓았다. 모든 수는 10진수로 이루어져 있고, 모두 공백으로 분리되어 있다.

그런데 sujin이 그 파일의 모든 공백을 지워버렸다!

kriii가 순열을 복구하도록 도와 주자.

⬇ 입력

첫 줄에 공백이 사라진 kriii의 수열이 주어진다.
kriii의 순열은 최소 1개 최대 50개의 수로 이루어져 있다.

⬆ 출력

복구된 수열을 출력한다. 공백을 잊으면 안 된다.
복구한 수열의 경우가 여러 가지일 경우, 그 중 하나를 출력한다.

예제 입력 1
4111109876532

예제 출력 1
4 1 11 10 9 8 7 6 5 3 2

컴공선배's 알고리즘 Q

이 문제를 푸는 데 사용할 자료구조/알고리즘은?

➡ _____

boj.kr/1700 | ★★★★★ | **시간 제한** 2초 | **메모리 제한** 128MB | **출처** ICPC 2007 서울 리저널 예선

기숙사에서 살고 있는 준규는 한 개의 멀티탭을 이용하고 있다. 준규는 키보드, 헤어드라이기, 핸드폰 충전기, 디지털 카메라 충전기 등 여러 개의 전기용품을 사용하면서 어쩔 수 없이 각종 전기용품의 플러그를 뺐다 꽂았다 하는 불편함을 겪고 있다. 그래서 준규는 자신의 생활 패턴을 분석하여, 자기가 사용하고 있는 전기용품의 사용 순서를 알아 내었고, 이를 기반으로 플러그를 빼는 횟수를 최소화하는 방법을 고안하여 보다 쾌적한 생활환경을 만들려고 한다.

예를 들어 3구(구멍이 세 개 달린) 멀티탭을 쓸 때, 전기용품의 사용 순서가 아래와 같이 주어진다고 가정해 보자.

1. 키보드   2. 헤어드라이기

3. 핸드폰 충전기   4. 디지털 카메라 충전기

5. 키보드   6. 헤어드라이기

키보드, 헤어드라이기, 핸드폰 충전기의 플러그를 순서대로 멀티탭에 꽂은 다음 디지털 카메라 충전기 플러그를 꽂기 전에 핸드폰 충전기 플러그를 빼는 것이 최적일 것이므로 플러그는 한 번만 빼면 된다.

⬇ 입력

첫 줄에는 멀티탭 구멍의 개수 N(1≤N≤100)과 전기 용품의 총 사용횟수 K(1≤K≤100)가 정수로 주어진다. 두 번째 줄에는 전기용품의 이름이 K 이하의 자연수로 사용 순서대로 주어진다. 각 줄의 모든 정수 사이는 공백문자로 구분되어 있다.

⬆ 출력

하나씩 플러그를 빼는 최소의 횟수를 출력하시오.

```
2 7
2 3 2 3 1 2 7
```

```
2
```

컴공선배's 알고리즘 Q

이 문제를 푸는 데 사용할 자료구조/알고리즘은?

➜ _____

boj.kr/6593 | ★★★★☆ | **시간 제한** 1초 | **메모리 제한** 128MB | **출처** 울름대학교 콘테스트 1997

당신은 상범 빌딩에 갇히고 말았다. 여기서 탈출하는 가장 **빠른** 길은 무엇일까? 상범 빌딩은 각 변의 길이가 1인 정육면체(단위 정육면체)로 이루어져 있다. 각 정육면체는 금으로 이루어져 있어 지나갈 수 없거나, 비어 있어서 지나갈 수 있게 되어 있다. 당신은 각 칸에서 인접한 6개의 칸(동, 서, 남, 북, 상, 하)으로 1분의 시간을 들여 이동할 수 있다. 즉, 대각선으로 이동하는 것은 불가능하다. 그리고 상범 빌딩의 바깥면도 모두 금으로 막혀 있어 출구를 통해서만 탈출할 수 있다.

당신은 상범 빌딩을 탈출할 수 있을까? 만약 그렇다면 얼마나 걸릴까?

⬇ 입력

입력은 여러 개의 테스트 케이스로 이루어지며, 각 테스트 케이스는 세 개의 정수 L, R, C로 시작한다. L(1≤L≤30)은 상범 빌딩의 층 수이다. R(1≤R≤30)과 C(1≤C≤30)는 상범 빌딩의 한 층의 행과 열의 개수를 나타낸다.

그 다음 각 줄이 C개의 문자로 이루어진 R개의 행이 L번 주어진다. 각 문자는 상범 빌딩의 한 칸을 나타낸다. 금으로 막혀 있어 지나갈 수 없는 칸은 '#'으로 표현되고, 비어 있는 칸은 '.'으로 표현된다. 당신의 시작 지점은 'S'로 표현되고, 탈출할 수 있는 출구는 'E'로 표현된다. 각 층 사이에는 빈 줄이 있으며, 입력의 끝은 L, R, C가 모두 0으로 표현된다. 시작 지점과 출구는 항상 하나만 있다.

⬆ 출력

각 빌딩에 대해 한 줄씩 답을 출력한다. 만약 당신이 탈출할 수 있다면 다음과 같이 출력한다.

Escaped in x minute(s).

여기서 x는 상범 빌딩을 탈출하는 데에 필요한 최단 시간이다.
만일 탈출이 불가능하다면, 다음과 같이 출력한다.

Trapped!

예제 입력 1

```
3 4 5
S....
.###.
.##..
###.#

#####
#####
##.##
##...

#####
#####
#.###
####E

1 3 3
S##
#E#
###

0 0 0
```

예제 출력 1

```
Escaped in 11 minute(s).
Trapped!
```

컴공선배's 알고리즘 Q

1. 이 문제를 푸는 데 사용할 자료구조/알고리즘은?

➔ _____

2. 생각한 알고리즘의 시간 복잡도를 쓰고, 제한시간 내 통과될지 판단하라.

➔ _____

boj.kr/3986 | ★★☆☆☆ | **시간 제한** 1초 | **메모리 제한** 256MB | **출처** COCI 2012/2013

이번 계절학기에 심리학 개론을 수강 중인 평석이는 오늘 자정까지 보고서를 제출해야 한다. 보고서 작성이 너무 지루했던 평석이는 노트북에 엎드려서 꾸벅꾸벅 졸다가 제출 마감 1시간 전에 깨고 말았다. 안타깝게도 자는 동안 키보드가 잘못 눌려서 보고서의 모든 글자가 A와 B로 바뀌어 버렸다! 그래서 평석이는 보고서 작성을 때려치우고 보고서에서 '좋은 단어'나 세보기로 마음 먹었다.

평석이는 단어 위로 아치형 곡선을 그어 같은 글자끼리(A는 A끼리, B는 B끼리) 쌍을 짓기로 하였다. 만약 선끼리 교차하지 않으면서 각 글자를 정확히 한 개의 다른 위치에 있는 같은 글자와 짝 지을 수 있다면, 그 단어는 '좋은 단어'이다. 평석이가 '좋은 단어' 개수를 세는 것을 도와주자.

📥 입력

첫째 줄에 단어의 수 N이 주어진다. (1≤N≤100)

다음 N개 줄에는 A와 B로만 이루어진 단어가 한 줄에 하나씩 주어진다. 단어의 길이는 2와 100,000사이이며, 모든 단어 길이의 합은 1,000,000을 넘지 않는다.

📤 출력

첫째 줄에 좋은 단어의 수를 출력한다.

예제 입력 1	예제 출력 1
3 ABAB AABB ABBA	2

예제 입력 2

예제 입력 2
```
3
AAA
AA
AB
```

예제 출력 2
```
1
```

예제 입력 3
```
1
ABBABB
```

예제 출력 3
```
1
```

컴공선배's 알고리즘 Q

1. 이 문제를 푸는 데 사용할 자료구조/알고리즘은?

   ➜ _____

2. 생각한 알고리즘의 시간 복잡도를 쓰고, 제한시간 내 통과될지 판단하라.

   ➜ _____

boj.kr/1184 | ★★★★★ | **시간 제한** 1초 | **메모리 제한** 256MB | **출처** COCI 2013/2014

상근이와 선영이는 도심 속의 삶에 싫증을 느꼈고, 친구 현수가 있는 시골로 농사를 지으려 내려왔다. 현수의 땅은 크기가 N×N인 정사각형이고, 땅은 단위 정사각형 1×1로 나누어져 있다. 각 단위 정사각형 (i,j)의 수익은 A_{ij}이다. A_{ij}는 음수가 될 수도 있다(땅을 경작하지 않아 관리가 필요한 경우).

현수는 자신의 땅의 일부를 상근이와 선영이에게 빌려주려고 한다. 두 사람이 받게 되는 땅은 항상 직사각형 모양이고, 변은 축에 평행하다.

현수는 두 사람이 농사지을 땅의 수익의 합이 같게 되도록 땅을 빌려주려고 한다. 또, 경쟁심을 유도하기 위해 두 땅은 꼭짓점 하나에서만 만나게 하려고 한다(변을 공유할 수는 없다).

현수 땅의 정보가 주어졌을 때, 땅을 나누어 주는 방법의 수를 구하는 프로그램을 작성하시오.

⬇ 입력

첫째 줄에 땅의 크기 N(1≤N≤50)이 주어진다.

다음 N개의 줄의 N번째 숫자 A_{ij}는 부분 정사각형 (i,j)의 수익이다. (−1,000<A_{ij}<1,000)

⬆ 출력

현수의 조건을 만족시키면서 땅을 빌려주는 방법의 수를 출력한다.

예제 입력 1
3 1 2 3 2 3 4 3 4 8

예제 출력 1
7

```
4
-1 -1 -1 -1
1 2 3 4
1 2 3 4
1 2 3 4
```

```
10
```

```
5
-1 -1 -1 -1 -1
-2 -2 -2 -2 -2
-3 -3 -3 -3 -3
-4 -4 -4 -4 -4
-5 -5 -5 -5 -5
```

```
36
```

❗ 힌트

가능한 방법은 다음과 같다.

- $(0, 0) - (1, 1), (2, 2) - (2, 2)$
- $(1, 0) - (1, 0), (0, 1) - (0, 1)$
- $(2, 0) - (2, 0), (1, 1) - (1, 1)$
- $(1, 1) - (1, 1), (0, 2) - (0, 2)$
- $(2, 1) - (2, 1), (1, 2) - (1, 2)$
- $(2, 0) - (2, 1), (0, 2) - (1, 2)$
- $(1, 0) - (2, 0), (0, 1) - (0, 2)$

컴공선배's 알고리즘 Q

1. 이 문제를 푸는 데 사용할 자료구조/알고리즘은?
   ➜ _____

2. 생각한 알고리즘의 시간 복잡도를 쓰고, 제한시간 내 통과될지 판단하라.
   ➜ _____

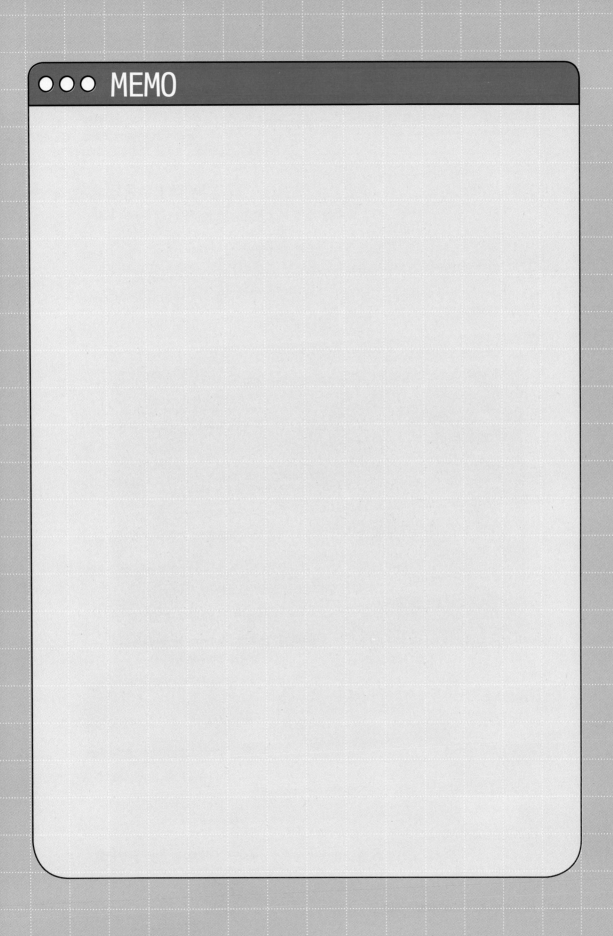
MEMO

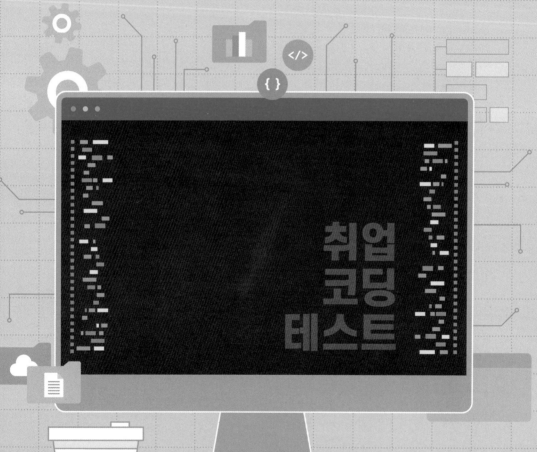

JOB
READINESS
CODING
TEST

취업
코딩
테스트

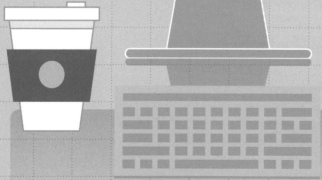

part.

04

삼성·카카오
기출문제

_ Part 04

삼성·카카오 기출문제

이번 파트에서는 삼성전자, 카카오 실제 기출문제들을 통해 실전 감각을 길러보자. Part 1의 Chapter 2에서 몇몇 기업들의 코딩테스트 출제 경향을 소개했다. 삼성전자는 기본적인 구현력을 시험하는 경향을 보여 DFS, BFS 같은 완전탐색이나 문제에서 서술한 그대로 구현하면 되는 시뮬레이션 문제를 주로 출제하기 때문에 삼성 기출문제들은 구현력을 트레이닝하기에 좋다.

어렵고 복잡한 구현 문제들은 코딩을 해서 한 번에 제대로 돌아가고 답이 나올 거라는 기대는 처음부터 버리는 것이 현명하다. 중간 과정들을 출력해 가며 의도한 대로 돌아가고 있는지 점검하여 단계별로 완성해 가는 식으로 푸는 것이 최선이다. 삼성 코딩테스트는 제한시간 3시간에 2문제가 주어지므로 2문제씩 나눠 3시간 동안 푸는 연습을 해도 좋다.

카카오 기출문제들 중에서는 이 책의 내용만 공부했다면 풀 수 있는 문제들로 선별했다. 카카오에서 출제했던 문제들은 전반적으로 난이도가 높고 책에서 다루지 않은 알고리즘까지 나오기도 해서 카카오를 대비하려면 더 심도 있는 공부가 필요하다. 하지만 기본적인 자료구조, 알고리즘을 제대로 이해하고 응용 문제들을 충분히 연습한다면 합격권인 절반 정도는 풀 수 있을 것이다. 카카오 블라인드 공채 코딩테스트 문제들과 풀이는 전부 인터넷에 공개되어 있다. 기출문제는 프로그래머스[14]에서 풀어볼 수 있다. 백준 온라인 저지처럼 main 함수를 완성시키는 게 아니라 특정 함수만 채우면 되는 방식이라 약간 차이가 있기 때문에 직접 프로그래머스에 접속해서 풀어 보는 연습을 꼭 하기 바란다.

---

14 https://programmers.co.kr

_ Chapter 01

삼성전자 역량 테스트

기출문제 01 | 구슬 탈출 2

boj.kr/13460 | ★★★★★ | **시간 제한** 2초 | **메모리 제한** 512MB | **출처** 삼성 SW역량테스트

스타트링크에서 판매하는 어린이용 장난감 중에서 가장 인기가 많은 제품은 구슬 탈출이다. 구슬 탈출은 직사각형 보드에 빨간 구슬과 파란 구슬을 하나씩 넣은 다음, 빨간 구슬을 구멍을 통해 빼내는 게임이다.

보드의 세로 크기는 N, 가로 크기는 M이고, 편의상 1×1 크기의 칸으로 나누어져 있다. 가장 바깥 행과 열은 모두 막혀있고, 보드에는 구멍이 하나 있다. 빨간 구슬과 파란 구슬의 크기는 보드에서 1×1 크기의 칸을 가득 채우는 사이즈이고, 각각 하나씩 들어가 있다. 게임의 목표는 빨간 구슬을 구멍을 통해서 빼내는 것이다. 이때, 파란 구슬이 구멍에 들어가면 안 된다.

이때, 구슬을 손으로 건드릴 수는 없고, 중력을 이용해서 이리저리 굴려야 한다. 왼쪽으로 기울이기, 오른쪽으로 기울이기, 위쪽으로 기울이기, 아래쪽으로 기울이기와 같은 네 가지 동작이 가능하다.

각각의 동작에서 공은 동시에 움직인다. 빨간 구슬이 구멍에 빠지면 성공이지만, 파란 구슬이 구멍에 빠지면 실패이다. 빨간 구슬과 파란 구슬이 동시에 구멍에 빠져도 실패이다. 빨간 구슬과 파란 구슬은 동시에 같은 칸에 있을 수 없다. 또, 빨간 구슬과 파란 구슬의 크기는 한 칸을 모두 차지한다. 기울이는 동작을 그만하는 것은 더 이상 구슬이 움직이지 않을 때까지이다.

보드의 상태가 주어졌을 때, 최소 몇 번 만에 빨간 구슬을 구멍을 통해 빼낼 수 있는지 구하는 프로그램을 작성하시오.

⏬ 입력

첫 번째 줄에는 보드의 세로, 가로 크기를 의미하는 두 정수 N, M(3≤N, M≤10)이 주어진다. 다음 N개의 줄에 보드의 모양을 나타내는 길이 M의 문자열이 주어진다. 이 문자열은 '.', '#', 'O', 'R', 'B' 로 이루어져 있다. '.'은 빈칸을 의미하고, '#'은 공이 이동할 수 없는 장애물 또는 벽을 의미하며, 'O'는 구멍의 위치를 의미한다. 'R'은 빨간 구슬의 위치, 'B'는 파란 구슬의 위치이다.

입력되는 모든 보드의 가장자리에는 모두 '#'이 있다. 구멍의 개수는 한 개이며, 빨간 구슬과 파란 구슬은 항상 1개가 주어진다.

⏫ 출력

최소 몇 번 만에 빨간 구슬을 구멍을 통해 빼낼 수 있는지 출력한다. 만약, 10번 이하로 움직여서 빨간 구슬을 구멍을 통해 빼낼 수 없으면 −1을 출력한다.

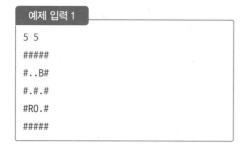

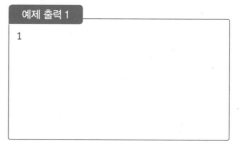

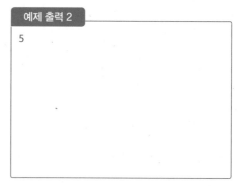

예제 입력 3

```
7 7
#######
#..R#B#
#.#####
#.....#
#####.#
#O....#
#######
```

예제 출력 3

```
5
```

예제 입력 4

```
10 10
##########
#R#...##B#
#...#.##.#
#####.##.#
#......#.#
#.######.#
#.#....#.#
#.#.#.#..#
#...#.O#.#
##########
```

예제 출력 4

```
-1
```

예제 입력 5

```
3 7
#######
#R.O.B#
#######
```

예제 출력 5

```
1
```

```
10 10
##########
#R#...##B#
#...#.##.#
####.##.#
#......#.#
#.######.#
#.#....#.#
#.#.##...#
#O..#....#
##########
```

```
7
```

```
3 10
##########
#.O....RB#
##########
```

```
-1
```

컴공선배's 알고리즘 Q

Q1. 이 문제를 푸는 데 사용할 자료구조/알고리즘은?

➜ _____

boj.kr/12100 | ★★★★★ | 시간 제한 1초 **| 메모리 제한** 512MB **| 출처** 삼성 SW역량테스트

2048 게임은 4×4 크기의 보드에서 혼자 즐기는 재미있는 게임이다.

이 게임에서 한 번의 이동은 보드 위에 있는 전체 블록을 상하좌우 네 방향 중 하나로 이동시키는 것이다. 이때, 같은 값을 갖는 두 블록이 충돌하면 두 블록은 하나로 합쳐지게 된다. 한 번의 이동에서 이미 합쳐진 블록은 또 다른 블록과 다시 합쳐질 수 없다(실제 게임에서는 이동을 한 번 할 때마다 블록이 추가되지만, 이 문제에서 블록이 추가되는 경우는 없다).

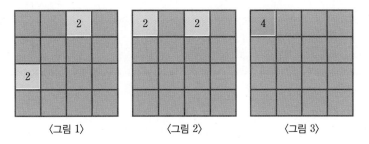

〈그림 1〉　　　　　〈그림 2〉　　　　　〈그림 3〉

〈그림 1〉의 경우에서 위로 블록을 이동시키면 〈그림 2〉의 상태가 된다. 여기서, 왼쪽으로 블록을 이동시키면 〈그림 3〉의 상태가 된다.

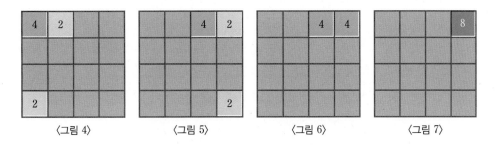

〈그림 4〉　　　　〈그림 5〉　　　　〈그림 6〉　　　　〈그림 7〉

〈그림 4〉의 상태에서 블록을 오른쪽으로 이동시키면 〈그림 5〉가 되고, 여기서 다시 위로 블록을 이동시키면 〈그림 6〉이 된다. 여기서 오른쪽으로 블록을 이동시켜 〈그림 7〉을 만들 수 있다.

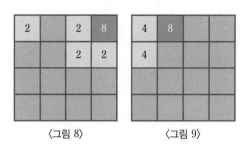

〈그림 8〉   〈그림 9〉

<그림 8>의 상태에서 왼쪽으로 블록을 옮기면 어떻게 될까? 2가 충돌하기 때문에, 4로 합쳐지게 되고 <그림 9>의 상태가 된다.

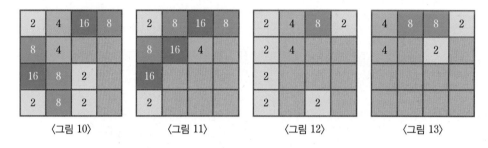

〈그림 10〉   〈그림 11〉   〈그림 12〉   〈그림 13〉

<그림 10>에서 위로 블록을 이동시키면 <그림 11>의 상태가 된다.

<그림 12>의 경우에 위로 블록을 이동시키면 <그림 13>의 상태가 되는데, 그 이유는 한 번의 이동에서 이미 합쳐진 블록은 또 합쳐질 수 없기 때문이다.

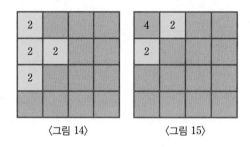

〈그림 14〉   〈그림 15〉

마지막으로, 똑같은 수가 세 개가 있는 경우에는 이동하려고 하는 쪽의 칸이 먼저 합쳐진다. 예를 들어, 위로 이동시키는 경우에는 위쪽에 있는 블록이 먼저 합쳐진다. <그림 14>의 경우에 위로 이동하면 <그림 15>를 만든다.

이 문제에서 다루는 2048 게임은 보드의 크기가 $N \times N$이다. 보드의 크기와 보드판의 블록 상태가 주어졌을 때, 최대 5번 이동해서 만들 수 있는 가장 큰 블록의 값을 구하는 프로그램을 작성하시오.

⬇ 입력

첫째 줄에 보드의 크기 $N(1 \leq N \leq 20)$이 주어진다. 둘째 줄부터 N개의 줄에는 게임판의 초기 상태가 주어진다. 0은 빈칸을 나타내며, 이외의 값은 모두 블록을 나타낸다. 블록에 쓰여 있는 수는 2보다 크거나 같고, 1024보다 작거나 같은 2의 제곱꼴이다. 블록은 적어도 하나 주어진다.

⬆ 출력

최대 5번 이동시켜서 얻을 수 있는 가장 큰 블록을 출력한다.

예제 입력 1
3
2 2 2
4 4 4
8 8 8

예제 출력 1
16

컴공선배's 알고리즘 Q

Q1. 이 문제를 푸는 데 사용할 자료구조/알고리즘은?

➜ _____

boj.kr/3190 | ★★★★☆ | **시간 제한** 1초 | **메모리 제한** 128MB | **출처** 삼성 SW역량테스트

'Dummy'라는 도스게임이 있다. 이 게임에는 뱀이 나와서 기어 다니는데, 사과를 먹으면 뱀 길이가 늘어난다. 뱀이 이리저리 기어 다니다가 벽 또는 자기자신의 몸과 부딪히면 게임이 끝난다.

게임은 N×N 정사각 보드 위에서 진행되고, 몇몇 칸에는 사과가 놓여 있다. 보드의 상하좌우 끝에 벽이 있다. 게임을 시작할 때 뱀은 맨 위, 가장 좌측에 위치하고 뱀의 길이는 1이다. 뱀은 처음에 오른쪽을 향한다.

뱀은 매 초마다 이동하는데 다음과 같은 규칙을 따른다.

- 먼저 뱀은 몸길이를 늘려 머리를 다음 칸에 위치시킨다.
- 만약 이동한 칸에 사과가 있다면, 그 칸에 있던 사과가 없어지고 꼬리는 움직이지 않는다.
- 만약 이동한 칸에 사과가 없다면, 몸길이를 줄여서 꼬리가 위치한 칸을 비워준다. 즉, 몸길이는 변하지 않는다.

사과의 위치와 뱀의 이동경로가 주어질 때 이 게임이 몇 초에 끝나는지 계산하라.

⬇ 입력

첫째 줄에 보드의 크기 N이 주어진다. (2≤N≤100) 다음 줄에 사과의 개수 K가 주어진다. (0≤K≤100)

다음 K개의 줄에는 사과의 위치가 주어지는데, 첫 번째 정수는 행, 두 번째 정수는 열 위치를 의미한다. 사과의 위치는 모두 다르며, 맨 위 맨 좌측(1행 1열)에는 사과가 없다.

다음 줄에는 뱀의 방향 변환 횟수 L이 주어진다. (1≤L≤100)

다음 L개의 줄에는 뱀의 방향 변환 정보가 주어지는데, 정수 X와 문자 C로 이루어져 있으며. 게임 시작 시간으로부터 X초가 끝난 뒤에 왼쪽(C가 'L') 또는 오른쪽(C가 'D')로 90도 방향을 회전시킨다는 뜻이다. X는 10,000 이하의 양의 정수이며, 방향 전환 정보는 X가 증가하는 순으로 주어진다.

⬆️ 출력

첫째 줄에 게임이 몇 초에 끝나는지 출력한다.

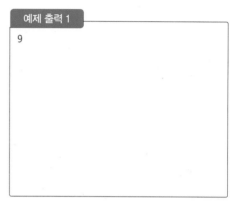

예제 입력 1
```
6
3
3 4
2 5
5 3
3
3 D
15 L
17 D
```

예제 출력 1
```
9
```

예제 입력 2
```
10
4
1 2
1 3
1 4
1 5
4
8 D
10 D
11 D
13 L
```

예제 출력 2
```
21
```

예제 입력 3
```
10
5
1 5
1 3
1 2
1 6
1 7
4
8 D
10 D
11 D
13 L
```

예제 출력 3
```
13
```

컴공선배's 알고리즘 Q

Q1. 이 문제를 푸는 데 사용할 자료구조/알고리즘은?

boj.kr/14499 | ★★★★☆ | 시간 제한 2초 | 메모리 제한 512MB | 출처 삼성 SW역량테스트

크기가 N×M인 지도가 존재한다. 지도의 오른쪽은 동쪽, 위쪽은 북쪽이다. 이 지도의 위에 주사위가 하나 놓여 있으며, 주사위의 전개도는 아래와 같다. 지도의 좌표는 (r, c)로 나타내며, r은 북쪽으로부터 떨어진 칸의 개수, c는 서쪽으로부터 떨어진 칸의 개수이다.

```
    2
4 1 3
    5
    6
```

주사위는 지도 위에 윗면이 1이고, 동쪽을 바라보는 방향이 3인 상태로 놓여 있으며, 놓여 있는 곳의 좌표는 (x, y)이다. 가장 처음에 주사위에는 모든 면에 0이 적혀 있다.

지도의 각 칸에는 정수가 하나씩 쓰여져 있다. 주사위를 굴렸을 때, 이동한 칸에 쓰여 있는 수가 0이면, 주사위의 바닥면에 쓰여 있는 수가 칸에 복사된다. 0이 아닌 경우에는 칸에 쓰여 있는 수가 주사위의 바닥면으로 복사되며, 칸에 쓰여 있는 수는 0이 된다.

주사위는 지도의 바깥으로 이동시킬 수 없다. 만약 바깥으로 이동시키려고 하는 경우에는 해당 명령을 무시해야 하며, 출력도 하면 안 된다.

주사위를 놓은 곳의 좌표와 이동시키는 명령이 주어졌을 때, 주사위가 이동했을 때마다 상단에 쓰여 있는 값을 구하는 프로그램을 작성하시오.

⬇ 입력

첫째 줄에 지도의 세로 크기 N, 가로 크기 M(1≤N, M≤20), 주사위를 놓은 곳의 좌표 x, y(0≤x ≤N−1, 0≤y≤M−1), 그리고 명령의 개수 K(1≤K≤1,000)가 주어진다.

둘째 줄부터 N개의 줄에 지도에 쓰여 있는 수가 북쪽부터 남쪽으로, 각 줄은 서쪽부터 동쪽 순서대로 주어진다. 주사위를 놓은 칸에 쓰여 있는 수는 항상 0이다. 지도의 각 칸에 쓰여 있는 수는 10을 넘지 않는 자연수 또는 0이다.

마지막 줄에는 이동하는 명령이 순서대로 주어진다. 동쪽은 1, 서쪽은 2, 북쪽은 3, 남쪽은 4로 주어진다.

⬆️ 출력

이동할 때마다 주사위의 윗면에 쓰여 있는 수를 출력한다. 만약 바깥으로 이동시키려고 하는 경우에는 해당 명령을 무시해야 하며, 출력도 하면 안 된다.

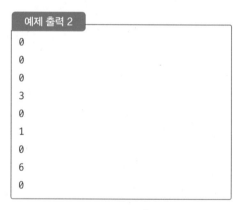

예제 입력 4

```
3 3 0 0 16
0 1 2
3 4 5
6 7 8
4 4 1 1 3 3 2 2 4 4 1 1 3 3 2 2
```

예제 출력 4

```
0
0
0
6
0
8
0
2
0
8
0
2
0
8
0
2
```

컴공선배's 알고리즘 Q

Q1. 명령 1번이 들어와서 주사위를 동쪽으로 굴렸다. 이때 주사위에 1~6면에는 이전 위치의
각 몇 번 면에 있던 값들이 있는지 쓰시오.

→ _____

boj.kr/21608 | ★★★☆☆ | **시간 제한** 1초 | **메모리 제한** 1,024MB | **출처** 삼성 SW역량테스트

상어 초등학교에는 교실이 하나 있고, 교실은 $N \times N$ 크기의 격자로 나타낼 수 있다. 학교에 다니는 학생의 수는 N^2명이다. 오늘은 모든 학생의 자리를 정하는 날이다. 학생은 1번부터 N^2번까지 번호가 매겨져 있고, (r, c)는 r행 c열을 의미한다. 교실의 가장 왼쪽 위 칸은 $(1, 1)$이고, 가장 오른쪽 아래 칸은 (N, N)이다.

선생님은 학생의 순서를 정했고, 각 학생이 좋아하는 학생 4명도 모두 조사했다. 이제 다음과 같은 규칙을 이용해 정해진 순서대로 학생의 자리를 정하려고 한다. 한 칸에는 학생 한 명의 자리만 있을 수 있고, $|r_1 - r_2| + |c_1 - c_2| = 1$을 만족하는 두 칸이 (r_1, c_1)과 (r_2, c_2)를 인접한다고 한다.

1. 비어 있는 칸 중에서 좋아하는 학생이 인접한 칸에 가장 많은 칸으로 자리를 정한다.
2. 1을 만족하는 칸이 여러 개이면, 인접한 칸 중에서 비어 있는 칸이 가장 많은 칸으로 자리를 정한다.
3. 2를 만족하는 칸도 여러 개인 경우에는 행의 번호가 가장 작은 칸으로, 그러한 칸도 여러 개이면 열의 번호가 가장 작은 칸으로 자리를 정한다.

예를 들어, $N = 3$이고, 학생 N^2명의 순서와 각 학생이 좋아하는 학생이 다음과 같은 경우를 생각해보자.

학생의 번호	좋아하는 학생의 번호
4	2, 5, 1, 7
3	1, 9, 4, 5
9	8, 1, 2, 3
8	1, 9, 3, 4
7	2, 3, 4, 8
1	9, 2, 5, 7
6	5, 2, 3, 4

5	1, 9, 2, 8
2	9, 3, 1, 4

가장 먼저, 4번 학생의 자리를 정해야 한다. 현재 교실의 모든 칸은 빈칸이다. 2번 조건에 의해 인접한 칸 중에서 비어 있는 칸이 가장 많은 칸인 (2, 2)가 4번 학생의 자리가 된다.

	4	

다음 학생은 3번이다. 1번 조건을 만족하는 칸은 (1, 2), (2, 1), (2, 3), (3, 2)이다. 이 칸은 모두 비어 있는 인접한 칸이 2개이다. 따라서, 3번 조건에 의해 (1, 2)가 3번 학생의 자리가 된다.

	3	
	4	

다음은 9번 학생이다. 9번 학생이 좋아하는 학생의 번호는 8, 1, 2, 3이고, 이 중에 3은 자리에 앉아 있다. 좋아하는 학생이 가장 많이 인접한 칸은 (1, 1), (1, 3)이다. 두 칸 모두 비어 있는 인접한 칸이 1개이고, 행의 번호도 1이다. 따라서, 3번 조건에 의해 (1, 1)이 9번 학생의 자리가 된다.

9	3	
	4	

이번에 자리를 정할 학생은 8번 학생이다. (2, 1)이 8번 학생이 좋아하는 학생과 가장 많이 인접한 칸이기 때문에, 여기가 그 학생의 자리이다.

9	3	
8	4	

7번 학생의 자리를 정해 보자. 1번 조건을 만족하는 칸은 (1, 3), (2, 3), (3, 1), (3, 2)로 총 4개가 있고, 비어 있는 칸과 가장 많이 인접한 칸은 (2, 3), (3, 2)이다. 행의 번호가 작은 (2, 3)이 7번 학생의 자리가 된다.

9	3	
8	4	7

이런 식으로 학생의 자리를 모두 정하면 다음과 같다.

9	3	2
8	4	7
5	6	1

이제 학생의 만족도를 구해야 한다. 학생의 만족도는 자리 배치가 모두 끝난 후에 구할 수 있다. 학생의 만족도를 구하려면 그 학생과 인접한 칸에 앉은 좋아하는 학생의 수를 구해야 한다. 그 값이 0이면 학생의 만족도는 0, 1이면 1, 2이면 10, 3이면 100, 4이면 1000이다.

학생의 만족도의 총합을 구해 보자.

⬇ 입력

첫째 줄에 N이 주어진다. 둘째 줄부터 N^2개의 줄에 학생의 번호와 그 학생이 좋아하는 학생 4명의 번호가 한 줄에 하나씩 선생님이 자리를 정할 순서대로 주어진다.

학생의 번호는 중복되지 않으며, 어떤 학생이 좋아하는 학생 4명은 모두 다른 학생으로 이루어져 있다. 입력으로 주어지는 학생의 번호, 좋아하는 학생의 번호는 N^2보다 작거나 같은 자연수이다. 어떤 학생이 자기 자신을 좋아하는 경우는 없다.

⬆ 출력

첫째 줄에 학생의 만족도의 총합을 출력한다.

⚠ 제한

• $3 \le N \le 20$

예제 입력 1

```
3
4 2 5 1 7
3 1 9 4 5
9 8 1 2 3
8 1 9 3 4
7 2 3 4 8
1 9 2 5 7
6 5 2 3 4
5 1 9 2 8
2 9 3 1 4
```

예제 출력 1

```
54
```

예제 입력 2

```
3
4 2 5 1 7
2 1 9 4 5
5 8 1 4 3
1 2 9 3 4
7 2 3 4 8
9 8 4 5 7
6 5 2 3 4
8 4 9 2 1
3 9 2 1 4
```

예제 출력 2

```
1053
```

컴공선배's 알고리즘 Q

Q1. 문제에서 명시한 '인접한 칸'의 정의에 의하면, 어떤 칸에서 인접한 칸은 최대 몇 개가 될 수 있는가?

➜ _____

Q2. 각 학생의 자리를 정할 때 선택할 수 있는 자리가 두 군데 이상이 되는 경우가 있는가?

➜ _____

boj.kr/21609 | ★★★★★ | **시간 제한** 1초 | **메모리 제한** 1,024MB | **출처** 삼성 SW역량테스트

상어 중학교의 코딩 동아리에서 게임을 만들었다. 이 게임은 크기가 N×N인 격자에서 진행되고, 초기에 격자의 모든 칸에는 블록이 하나씩 들어 있고, 블록은 검은색 블록, 무지개 블록, 일반 블록이 있다. 일반 블록은 M가지 색상이 있고, 색은 M 이하의 자연수로 표현한다. 검은색 블록은 −1, 무지개 블록은 0으로 표현한다. (i, j)는 격자의 i번 행, j번 열을 의미하고, $|r_1 - r_2| + |c_1 - c_2| = 1$을 만족하는 두 칸 (r_1, c_1)과 (r_2, c_2)를 인접한 칸이라고 한다.

블록 그룹은 연결된 블록의 집합이다. 그룹에는 일반 블록이 적어도 하나 있어야 하며, 일반 블록의 색은 모두 같아야 한다. 검은색 블록은 포함되면 안 되고, 무지개 블록은 얼마나 들어 있든 상관없다. 그룹에 속한 블록의 개수는 2보다 크거나 같아야 하며, 임의의 한 블록에서 그룹에 속한 인접한 칸으로 이동해서 그룹에 속한 다른 모든 칸으로 이동할 수 있어야 한다. 블록 그룹의 기준 블록은 무지개 블록이 아닌 블록 중에서 행의 번호가 가장 작은 블록, 그러한 블록이 여러 개이면 열의 번호가 가장 작은 블록이다.

오늘은 이 게임에 오토 플레이 기능을 만들려고 한다. 오토 플레이는 다음과 같은 과정이 블록 그룹이 존재하는 동안 계속해서 반복되어야 한다.

1. 크기가 가장 큰 블록 그룹을 찾는다. 그러한 블록 그룹이 여러 개라면 포함된 무지개 블록의 수가 가장 많은 블록 그룹, 그러한 블록도 여러 개라면 기준 블록의 행이 가장 큰 것을, 그것도 여러 개이면 열이 가장 큰 것을 찾는다.
2. 1에서 찾은 블록 그룹의 모든 블록을 제거한다. 블록 그룹에 포함된 블록의 수를 B라고 했을 때, B^2점을 획득한다.
3. 격자에 중력이 작용한다.
4. 격자가 90도 시계 반대 방향으로 회전한다.
5. 다시 격자에 중력이 작용한다.

격자에 중력이 작용하면 검은색 블록을 제외한 모든 블록이 행의 번호가 큰 칸으로 이동한다. 이동은 다른 블록이나 격자의 경계를 만나기 전까지 계속된다.

다음은 N=5, M=3인 경우의 예시이다.

2	2	−1	3	1
3	3	2	0	−1
0	0	0	1	2
−1	3	1	3	2
0	3	2	2	1

여기서 찾을 수 있는 크기가 가장 큰 블록 그룹을 다음과 같이 초록색으로 표시했다.

2	2	−1	3	1
3	3	2	0	−1
0	0	0	1	2
−1	3	1	3	2
0	3	2	2	1

블록 그룹이 제거되면 다음과 같이 변하고, 점수 8^2점을 획득한다.

2	2	−1	3	1
		2	0	−1
			1	2
−1		1	3	2
		2	2	1

중력이 작용하면 다음과 같이 변한다.

		−1	3	1
			0	−1
2		2	1	2
−1		1	3	2
	2	2	2	1

90도 시계 반대 방향으로 회전한 결과는 다음과 같다.

1	−1	2	2	1
3	0	1	3	2
−1		2	1	2
				2
		2	−1	

다시 여기서 중력이 작용하면 다음과 같이 변한다.

1	−1			
3		2	2	1
−1		1	3	2
		2	1	2
	0	2	−1	2

오토 플레이가 모두 끝났을 때 획득한 점수의 합을 구해 보자.

⬇ 입력

첫째 줄에 격자 한 변의 크기 N, 색상의 개수 M이 주어진다.

둘째 줄부터 N개의 줄에 격자의 칸에 들어 있는 블록의 정보가 1번 행부터 N번 행까지 순서대로 주어진다. 각 행에 대한 정보는 1열부터 N열까지 순서대로 주어진다. 입력으로 주어지는 칸의 정보는 −1, 0, M 이하의 자연수로만 이루어져 있다.

⬆ 출력

첫째 줄에 획득한 점수의 합을 출력한다.

⚠ 제한

- $1 \leq N \leq 20$
- $1 \leq M \leq 5$

```
5 3
2 2 -1 3 1
3 3 2 0 -1
0 0 0 1 2
-1 3 1 3 2
0 3 2 2 1
```

예제 출력 1

```
77
```

예제 입력 2

```
6 4
2 3 1 0 -1 2
2 -1 4 1 3 3
3 0 4 2 2 1
-1 4 -1 2 3 4
3 -1 4 2 0 3
1 2 2 2 2 1
```

예제 출력 2

```
125
```

예제 입력 3

```
4 3
1 1 1 3
3 2 3 3
1 2 -1 3
-1 -1 1 1
```

예제 출력 3

```
33
```

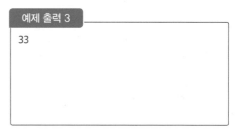

컴공선배's 알고리즘 Q

Q1. 이 문제를 푸는 데 사용할 자료구조/알고리즘은?
➔

boj.kr/21610 | ★★★★☆ | **시간 제한** 1초 | **메모리 제한** 1,024MB | **출처** 삼성 SW역량테스트

마법사 상어는 파이어볼, 토네이도, 파이어스톰, 물복사버그 마법을 할 수 있다. 오늘 새로 배운 마법은 비바라기이다. 비바라기를 시전하면 하늘에 비구름을 만들 수 있다. 오늘은 비바라기를 크기가 N×N인 격자에서 연습하려고 한다. 격자의 각 칸에는 바구니가 하나 있고, 바구니는 칸 전체를 차지한다. 바구니에 저장할 수 있는 물의 양에는 제한이 없다. (r, c)는 격자의 r행 c열에 있는 바구니를 의미하고, A[r][c]는 (r, c)에 있는 바구니에 저장되어 있는 물의 양을 의미한다.

격자의 가장 왼쪽 위 칸은 (1, 1)이고, 가장 오른쪽 아래 칸은 (N, N)이다. 마법사 상어는 연습을 위해 1번 행과 N번 행을 연결했고, 1번 열과 N번 열도 연결했다. 즉, N번 행의 아래에는 1번 행이, 1번 행의 위에는 N번 행이 있고, 1번 열의 왼쪽에는 N번 열이, N번 열의 오른쪽에는 1번 열이 있다.

비바라기를 시전하면 (N, 1), (N, 2), (N−1, 1), (N−1, 2)에 비구름이 생긴다. 구름은 칸 전체를 차지한다. 이제 구름에 이동을 M번 명령하려고 한다. i번째 이동 명령은 방향 d_i와 거리 s_i로 이루어져 있다. 방향은 총 8개의 경우가 있으며, 8개의 정수로 표현한다. 1부터 순서대로 ←, ↘, ↑, ↗, →, ↘, ↓, ↙이다. 이동을 명령하면 다음이 순서대로 진행된다.

1. 모든 구름이 d_i 방향으로 s_i칸 이동한다.
2. 각 구름에서 비가 내려 구름이 있는 칸의 바구니에 저장된 물의 양이 1 증가한다.
3. 구름이 모두 사라진다.
4. 2에서 물이 증가한 칸 (r, c)에 물복사버그 마법을 시전한다. 물복사버그 마법을 사용하면, 대각선 방향으로 거리가 1인 칸에 물이 있는 바구니의 수만큼 (r, c)에 있는 바구니의 물이 양이 증가한다.
   • 이때는 이동과 다르게 경계를 넘어가는 칸은 대각선 방향으로 거리가 1인 칸이 아니다.
   • 예를 들어, (N, 2)에서 인접한 대각선 칸은 (N−1, 1), (N−1, 3)이고, (N, N)에서 인접한 대각선 칸은 (N−1, N−1)뿐이다.

5. 바구니에 저장된 물의 양이 2 이상인 모든 칸에 구름이 생기고, 물의 양이 2 줄어든다.
이때, 구름이 생기는 칸은 3에서 구름이 사라진 칸이 아니어야 한다.

M번의 이동이 모두 끝난 후 바구니에 들어 있는 물의 양의 합을 구해 보자.

⬇ 입력

첫째 줄에 N, M이 주어진다.

둘째 줄부터 N개의 줄에는 N개의 정수가 주어진다. r번째 행의 c번째 정수는 A[r][c]를 의미한다.

다음 M개의 줄에는 이동의 정보 d_i, s_i가 순서대로 한 줄에 하나씩 주어진다.

⬆ 출력

첫째 줄에 M번의 이동이 모두 끝난 후 바구니에 들어 있는 물의 양의 합을 출력한다.

⚠ 제한

$2 \leq N \leq 50$
$1 \leq M \leq 100$
$0 \leq A[r][c] \leq 100$
$1 \leq d_i \leq 8$
$1 \leq s_i \leq 50$

예제 입력 1
5 4
0 0 1 0 2
2 3 2 1 0
4 3 2 9 0
1 0 2 9 0
8 8 2 1 0
1 3
3 4
8 1
4 8

예제 출력 1
77

구름이 있는 칸은 회색으로 표시했고, 물이 증가한 칸은 초록색으로 표시했다.

0	0	1	0	2
2	3	2	1	0
4	3	2	9	0
1	0	2	9	0
8	8	2	1	0

첫 번째 이동은 구름이 1번 방향(←)으로 3칸 이동해야 한다. 구름이 이동한 후는 다음과 같다.

0	0	1	0	2
2	3	2	1	0
4	3	2	9	0
1	0	2	9	0
8	8	2	1	0

구름이 있는 칸에 비가 1씩 내리고, 구름은 사라진다.

0	0	1	0	2
2	3	2	1	0
4	3	2	9	0
1	0	3	10	0
8	8	3	2	0

(4, 3)은 대각선 4개의 방향 모두에 물이 있다. 따라서, 물의 양이 4 증가해 7이 된다. (4, 4)는 대각선 2개의 방향(╲, ╱)에 물이 있다. 물의 양은 2 증가하고, 12가 된다. (5, 3)은 대각선으로 거리가 1인 칸이 2개(╲, ╱)있고, 이 중에서 1개(╱)만 물이 있다. 따라서, 물의 양은 3에서 4로 변한다. (5, 4)도 방향 1개(╲)만 물이 있기 때문에, 물의 양이 3이 된다.

0	0	1	0	2
2	3	2	1	0
4	3	2	9	0
1	0	7	12	0
8	8	4	3	0

이제 구름이 있었던 칸을 제외한 나머지 칸 중에서 물의 양이 2 이상인 칸에 구름이 생긴다. 구름이 생기면 물의 양이 2만큼 줄어든다.

0	0	1	0	0
0	1	0	1	0
2	1	0	7	0
1	0	7	12	0
6	6	4	3	0

두 번째 이동이 끝난 후의 상태는 다음과 같다.

2	1	1	0	0
0	1	0	1	2
5	4	5	5	0
4	5	12	15	0
4	4	2	1	0

다음은 세 번째 이동이 끝난 후의 상태이다.

4	2	4	0	2
0	1	0	1	0
3	2	3	3	0
2	3	17	13	0
2	2	0	1	0

모든 이동이 끝난 최종 상태는 다음과 같다.

2	4	2	2	4
3	1	0	5	3
1	0	1	1	0
0	1	22	11	0
4	5	0	3	2

예제 입력 2

```
5 8
0 0 1 0 2
2 3 2 1 0
0 0 2 0 0
1 0 2 0 0
0 0 2 1 0
1 9
2 8
3 7
4 6
5 5
6 4
7 3
8 2
```

예제 출력 2

```
41
```

2	1	1	0	0
1	0	3	7	1
1	1	9	0	0
0	1	4	0	2
2	1	2	1	1

100	104	104	104	100
104	112	112	119	99
109	112	105	112	104
99	112	119	112	104
100	104	104	99	104

컴공선배's 알고리즘 Q

Q1. 구름이 이동할 때 경계선을 벗어나 반대 방향으로 오는 것을 어떻게 처리할지 쓰시오.

➜ _____

boj.kr/21611 | ★★★★★ | **시간 제한** 1초 | **메모리 제한** 1,024MB | **출처** 삼성 SW역량테스트

마법사 상어는 파이어볼, 토네이도, 파이어스톰, 물복사버그, 비바라기 마법을 할 수 있다. 오늘 새로 배운 마법은 블리자드이고, 크기가 N×N인 격자에서 연습하려고 한다. N은 항상 홀수이고, (r, c)는 격자의 r행 c열을 의미한다. 격자의 가장 왼쪽 위 칸은 (1, 1)이고, 가장 오른쪽 아래 칸은 (N, N)이며 마법사 상어는 ((N+1)/2, (N+1)/2)에 있다. 일부 칸과 칸 사이에는 벽이 세워져 있으며, 다음은 N=3, 5, 7인 경우의 예시이다. 실선은 벽이고, 점선은 벽이 아니다. 칸에 적혀 있는 수는 칸의 번호이다.

가장 처음에 상어가 있는 칸을 제외한 나머지 칸에는 구슬이 하나 들어갈 수 있다. 구슬은 1번 구슬, 2번 구슬, 3번 구슬이 있다. 같은 번호를 가진 구슬이 번호가 연속하는 칸에 있으면, 그 구슬을 연속하는 구슬이라고 한다. 다음은 N=7인 경우 예시이다.

블리자드 마법을 시전하려면 방향 d_i와 거리 s_i를 정해야 한다. ↑, ↓, ←, → 등 총 4가지 방향이 있고, 정수 1, 2, 3, 4로 나타낸다. 상어는 d_i 방향으로 거리가 s_i 이하인 모든 칸에 얼음 파편을 던져 그 칸에 있는 구슬을 모두 파괴한다. 구슬이 파괴되면 그 칸은 구슬이 들어 있지 않은 빈칸이 된다. 얼음 파편은 벽의 위로 떨어지기 때문에, 벽은 파괴되지 않는다.

다음 예시는 방향은 아래, 거리는 2인 경우이다.

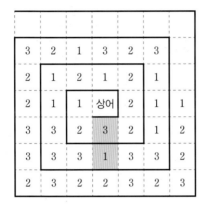 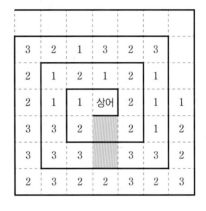

빨간색으로 표시된 칸에 얼음 파편이 떨어진다.　　　　　구슬이 파괴된 후

만약 어떤 칸 A의 번호보다 번호가 하나 작은 칸이 빈칸이면, A에 있는 구슬은 그 빈칸으로 이동한다. 이 이동은 더 이상 구슬이 이동하지 않을 때까지 반복된다. 따라서, 구슬이 파괴된 후에는 빈칸이 생겨 구슬이 이동하고, 구슬이 모두 이동한 결과는 다음과 같다.

이제 구슬이 폭발하는 단계이다. 폭발하는 구슬은 4개 이상 연속하는 구슬이 있을 때 발생한다. 다음은 왼쪽 그림은 위의 상태에서 폭발하는 구슬이 들어 있는 칸을 파란색과 초록색으로 표시한 것이고, 오른쪽 그림은 구슬이 폭발한 후의 상태이다.

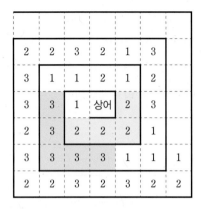

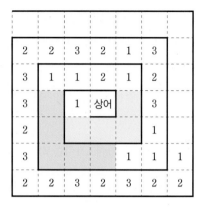

구슬이 폭발하기 전	구슬이 폭발한 후

구슬이 폭발해 빈칸이 생겼으니 다시 구슬이 이동한다. 구슬이 이동한 후에는 다시 구슬이 폭발하는 단계이고, 이 과정은 더 이상 폭발하는 구슬이 없을 때까지 반복된다. 구슬이 폭발한 후의 상태에서 구슬이 이동하면 다음과 같다.

위의 상태는 4개 이상 연속하는 구슬이 있기 때문에 구슬이 다시 폭발하게 된다.

구슬이 폭발하기 전   구슬이 폭발하고 이동한 후

이제 더 이상 폭발한 구슬이 없기 때문에, 구슬이 변화하는 단계가 된다. 연속하는 구슬은 하나의 그룹이라고 한다. 다음은 1번 구슬은 빨간색, 2번 구슬은 파란색, 3번 구슬은 보라색으로 표시한 그림이다.

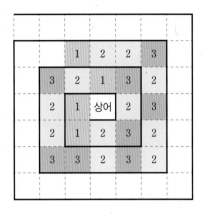

하나의 그룹은 두 개의 구슬 A와 B로 변한다. 구슬 A의 번호는 그룹에 들어 있는 구슬의 개수이고, B는 그룹을 이루고 있는 구슬의 번호이다. 구슬은 다시 그룹의 순서대로 1번 칸부터 차례대로 A, B의 순서로 칸에 들어간다. 다음 그림은 구슬이 변화한 후이고, 색은 구분하기 위해 위의 그림에 있는 그룹의 색을 그대로 사용했다. 만약, 구슬이 칸의 수보다 많아 칸에 들어가지 못하는 경우 그러한 구슬은 사라진다.

2	3	1	2	1	3
2	1	2	1	3	2
1	3	2	상어	1	2
3	1	1	1	2	2
1	1	1	2	1	3
2	1	3	2	1	1

마법사 상어는 블리자드를 총 M번 시전했다. 시전한 마법의 정보가 주어졌을 때, 1×(폭발한 1번 구슬의 개수)+2×(폭발한 2번 구슬의 개수)+3×(폭발한 3번 구슬의 개수)를 구해보자.

입력

첫째 줄에 N, M이 주어진다. 둘째 줄부터 N개의 줄에는 격자에 들어 있는 구슬의 정보가 주어진다. r번째 행의 c번째 정수는 (r, c)에 들어 있는 구슬의 번호를 의미한다. 어떤 칸에 구슬이 없으면 0이 주어진다. 상어가 있는 칸도 항상 0이 주어진다.

다음 M개의 줄에는 블리자드 마법의 방향 d_i와 거리 s_i가 한 줄에 하나씩 마법을 시전한 순서대로 주어진다.

출력

첫째 줄에 1×(폭발한 1번 구슬의 개수)+2×(폭발한 2번 구슬의 개수)+3×(폭발한 3번 구슬의 개수)를 출력한다.

제한

- 3≤N≤49
- N은 홀수
- 1≤M≤100
- 1≤d_i≤4
- 1≤s_i≤(N−1)/2
- 칸에 들어 있는 구슬이 K개라면, 구슬이 들어 있는 칸의 번호는 1번부터 K번까지이다.
- 입력으로 주어진 격자에는 4개 이상 연속하는 구슬이 없다.

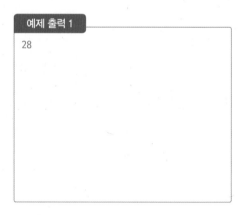

예제 입력 1
7 1
0 0 0 0 0 0 0
3 2 1 3 2 3 0
2 1 2 1 2 1 0
2 1 1 0 2 1 1
3 3 2 3 2 1 2
3 3 3 1 3 3 2
2 3 2 2 3 2 3
2 2

예제 출력 1
28

```
7 4
0 0 0 2 3 2 3
1 2 3 1 2 3 1
2 3 1 2 3 1 2
1 2 3 0 2 3 1
2 3 1 2 3 1 2
3 1 2 3 1 2 3
1 2 3 1 2 3 1
1 3
2 2
3 1
4 3
```

```
0
```

```
7 4
1 1 1 2 2 2 3
1 2 2 1 2 2 3
1 3 3 2 3 1 2
1 2 2 0 3 2 2
3 1 2 2 3 2 2
3 1 2 1 1 2 1
3 1 2 2 2 1 1
1 3
2 2
3 1
4 3
```

```
39
```

예제 입력 4	예제 출력 4
7 7 1 1 1 2 2 2 3 1 2 2 1 2 2 3 1 3 3 2 3 1 2 1 2 2 0 3 2 2 3 1 2 2 3 2 2 3 1 2 1 1 2 1 3 1 2 2 2 1 1 1 3 2 2 3 1 4 3 1 3 1 1 1 3	62

컴공선배's 알고리즘 Q

Q1. 이 문제에서는 구슬이 여러 단계들을 거친다. 다음 보기의 단계들을 문제에서 명시한 순서
대로 나타내시오.

    a. 구슬 변화

    b. 구슬 폭발

    c. 구슬 파괴

    d. 구슬 이동

➔ _____

_ Chapter 02

카카오 블라인드 코딩테스트

기출문제 01 | 다트 게임

programmers.co.kr/learn/courses/30/lessons/17682 | ★★★☆☆ | 시간 제한 1초 | 메모리 제한 128MB | 출처 2018 KAKAO BLIND RECRUITMENT

심심톡톡에 뜬 두 번째 별! 심심할 땐? 심심톡톡 게임별~

심심톡톡 게임별의 하반기 신규 서비스로 다트 게임을 출시하기로 했다. 다트 게임은 다트판에 다트를 세 차례 던져 그 점수의 합계로 실력을 겨루는 게임으로, 모두가 간단히 즐길 수 있다.
갓 입사한 레나는 코딩 실력을 인정받아 게임의 핵심 부분인 점수 계산 로직을 맡게 되었으며 다트 게임의 점수 계산 로직은 아래와 같다.

1. 다트 게임은 총 3번의 기회로 구성된다.
2. 기회마다 얻을 수 있는 점수는 0점에서 10점까지이다.
3. 점수와 함께 Single(S), Double(D), Triple(T) 영역이 존재하고 각 영역 당첨 시 점수에서 1제곱, 2제곱, 3제곱(점수^1, 점수^2, 점수^3)으로 계산된다.
4. 옵션으로 스타상(*), 아차상(#)이 존재하며 스타상(*) 당첨 시 해당 점수와 바로 전에 얻은 점수를 각 2배로 만든다. 아차상(#) 당첨 시 해당 점수는 마이너스된다.
5. 스타상(*)은 첫 번째 기회에서도 나올 수 있다. 이 경우 첫 번째 스타상(*)의 점수만 2배가 된다. (예제 4번 참고)
6. 스타상(*)의 효과는 다른 스타상(*)의 효과와 중첩될 수 있다. 이 경우 중첩된 스타상(*) 점수는 4배가 된다. (예제 4번 참고)
7. 스타상(*)의 효과는 아차상(#)의 효과와 중첩될 수 있다. 이 경우 중첩된 아차상(#)의 점수는 －2배가 된다. (예제 5번 참고)
8. Single(S), Double(D), Triple(T)은 점수마다 하나씩 존재한다.
9. 스타상(*), 아차상(#)은 점수마다 둘 중 하나만 존재할 수 있으며, 존재하지 않을 수도 있다.

0~10의 정수와 문자 S, D, T, *, #으로 구성된 문자열이 입력될 시 총점수를 반환하는 함수를 작성하시오.

⬇ 입력

"점수 | 보너스 | [옵션]"으로 이루어진 문자열 3세트
예) 1S2D*3T

- 점수는 0에서 10 사이의 정수이다.
- 보너스는 S, D, T 중 하나이다.
- 옵션은 * 또는 # 중 하나이며, 없을 수도 있다.

⬆ 출력

3번의 기회에서 얻은 점수 합계에 해당하는 정수값을 출력한다.
예) 37

입출력 예제

예제	dartResult	answer	설명
1	1S2D*3T	37	$1^1 * 2 + 2^2 * 2 + 3^3$
2	1D2S#10S	9	$1^2 + 2^1 * (-1) + 10^1$
3	1D2S0T	3	$1^2 + 2^1 + 0^3$
4	1S*2T*3S	23	$1^1 * 2 * 2 + 2^3 * 2 + 3^1$
5	1D#2S*3S	5	$1^2 * (-1) * 2 + 2^1 * 2 + 3^1$
6	1T2D3D#	-4	$1^3 + 2^2 + 3^2 * (-1)$
7	1D2S3T*	59	$1^2 + 2^1 * 2 + 3^3 * 2$

컴공선배's 알고리즘 Q

dartResult가 '10T#10D*8S*'인 경우 answer를 계산하라.

➡ _____

programmers.co.kr/learn/courses/30/lessons/42888 | ★★☆☆☆ | 시간 제한 1초 | 메모리 제한 128MB | 출처 2019 KAKAO
BLIND RECRUITMENT

심심톡톡 오픈챗방에서는 친구가 아닌 사람들과 대화를 할 수 있는데, 본래 닉네임이 아닌 가상의 닉네임을 사용하여 채팅방에 들어갈 수 있다.

신입사원인 윈스턴은 심심톡톡 오픈 채팅방을 개설한 사람을 위해 다양한 사람들이 들어오고 나가는 것을 지켜볼 수 있는 관리자창을 만들기로 했다. 채팅방에 누군가 들어오면 다음 메시지가 출력된다.

"[닉네임]님이 들어왔습니다."

채팅방에서 누군가 나가면 다음 메시지가 출력된다.

"[닉네임]님이 나갔습니다."

채팅방에서 닉네임을 변경하는 방법은 다음과 같이 두 가지이다.

1. 채팅방을 나간 후, 새로운 닉네임으로 다시 들어간다.
2. 채팅방에서 닉네임을 변경한다.
3. 닉네임을 변경할 때는 기존에 채팅방에 출력되어 있던 메시지의 닉네임도 전부 변경된다.

예를 들어, 채팅방에 "Hanzo"와 "Genji"라는 닉네임을 사용하는 사람이 순서대로 들어오면 채팅방에는 다음과 같은 메시지가 출력된다.

"Hanzo님이 들어왔습니다."
"Genji님이 들어왔습니다."

채팅방에 있던 사람이 나가면 채팅방에는 다음과 같은 메시지가 남는다.

"Hanzo님이 들어왔습니다."

"Genji님이 들어왔습니다."

"Hanzo님이 나갔습니다."

Hanzo가 나간후 다시 들어올 때, Genji 라는 닉네임으로 들어올 경우 기존에 채팅방에 남아있던 Hanzo도 Genji로 다음과 같이 변경된다.

"Genji님이 들어왔습니다."

"Genji님이 들어왔습니다."

"Genji님이 나갔습니다."

"Genji님이 들어왔습니다."

채팅방은 중복 닉네임을 허용하기 때문에, 현재 채팅방에는 Genji라는 닉네임을 사용하는 사람이 두 명이 있다. 이제, 채팅방에 두 번째로 들어왔던 Genji가 Gabriel으로 닉네임을 변경하면 채팅방 메시지는 다음과 같이 변경된다.

"Genji님이 들어왔습니다."

"Gabriel님이 들어왔습니다."

"Genji님이 나갔습니다."

"Genji님이 들어왔습니다."

채팅방에 들어오고 나가거나, 닉네임을 변경한 기록이 담긴 문자열 배열 record가 매개변수로 주어질 때, 모든 기록이 처리된 후, 최종적으로 방을 개설한 사람이 보게 되는 메시지를 문자열 배열 형태로 return 하도록 solution 함수를 완성하시오.

⚠ 제한사항
- record는 다음과 같은 문자열이 담긴 배열이며, 길이는 1 이상 100,000 이하이다.
- 다음은 record에 담긴 문자열에 대한 설명이다.
  - 모든 유저는 [유저 아이디]로 구분한다.
  - [유저 아이디] 사용자가 [닉네임]으로 채팅방에 입장 — "Enter [유저 아이디] [닉네임]" (ex. "Enter uid1234 Hanzo")

- [유저 아이디] 사용자가 채팅방에서 퇴장 − "Leave [유저 아이디]" (ex. "Leave uid1234")
- [유저 아이디] 사용자가 닉네임을 [닉네임]으로 변경 − "Change [유저 아이디] [닉네임]" (ex. "Change uid1234 Hanzo")
- 첫 단어는 Enter, Leave, Change 중 하나이다.
- 각 단어는 공백으로 구분되어 있으며, 알파벳 대문자, 소문자, 숫자로만 이루어져 있다.
- 유저 아이디와 닉네임은 알파벳 대문자, 소문자를 구별한다.
- 유저 아이디와 닉네임의 길이는 1 이상 10 이하이다.
- 채팅방에서 나간 유저가 닉네임을 변경하는 등 잘못된 입력은 주어지지 않는다.

입출력 예제

record	result
["Enter uid1234 Jesse", "Enter uid4567 Genji","Leave uid1234","Enter uid1234 Genji","Change uid4567 Gabriel"]	["Genji님이 들어왔습니다.", "Gabriel님이 들어왔습니다.", "Genji님이 나갔습니다.", "Genji님이 들어왔습니다."]

⬇ 입출력 예 설명

입출력 예 #1
문제의 설명과 같다.

컴공선배's 알고리즘 Q

1. 이 문제를 푸는 데 사용할 자료구조/알고리즘은?
   ➔ _____

2. 생각한 알고리즘의 시간 복잡도를 쓰고, 제한시간 내 통과될지 판단하라.
   ➔ _____

programmers.co.kr/learn/courses/30/lessons/42889 | ★★☆☆☆ | 시간 제한 1초 | 메모리 제한 128MB

슈퍼 게임 개발자 슈렐리는 큰 고민에 빠졌다. 그녀가 만든 패밀리 팔천성이 대성공을 거뒀지만, 요즘 신규 사용자의 수가 급감한 것이다. 원인은 신규 사용자와 기존 사용자 사이에 스테이지 차이가 너무 큰 것이 문제였다.

이 문제를 어떻게 할까 고민한 그녀는 동적으로 게임 시간을 늘려서 난이도를 조절하기로 했다. 역시 슈퍼 개발자라 대부분의 로직은 쉽게 구현했지만, 실패율을 구하는 부분에서 위기에 빠지고 말았다. 슈렐리를 위해 실패율을 구하는 코드를 완성하라.

- 실패율은 다음과 같이 정의한다.
  - 스테이지에 도달했으나 아직 클리어하지 못한 플레이어의 수 / 스테이지에 도달한 플레이어 수

전체 스테이지의 개수 N, 게임을 이용하는 사용자가 현재 멈춰 있는 스테이지의 번호가 담긴 배열 stages가 매개변수로 주어질 때, 실패율이 높은 스테이지부터 내림차순으로 스테이지의 번호가 담겨 있는 배열을 return 하도록 solution 함수를 완성하시오.

⚠ 제한사항

- 스테이지의 개수 N은 1 이상 500 이하의 자연수이다.
- stages의 길이는 1 이상 200,000 이하이다.
- stages에는 1 이상 N+1 이하의 자연수가 담겨 있다.
  - 각 자연수는 사용자가 현재 도전 중인 스테이지의 번호를 나타낸다.
  - 단, N+1 은 마지막 스테이지(N 번째 스테이지)까지 클리어한 사용자를 나타낸다.
- 만약 실패율이 같은 스테이지가 있다면 작은 번호의 스테이지가 먼저 오도록 하면 된다.
- 스테이지에 도달한 유저가 없는 경우 해당 스테이지의 실패율은 0으로 정의한다.

N	stages	result
5	[2, 1, 2, 6, 2, 4, 3, 3]	[3,4,2,1,5]
4	[4,4,4,4,4]	[4,1,2,3]

🔽 입출력 예 설명

입출력 예 #1

1번 스테이지에는 총 8명의 사용자가 도전했으며, 이 중 1명의 사용자가 아직 클리어하지 못했다. 따라서 1번 스테이지의 실패율은 다음과 같다.

- 1번 스테이지 실패율 : 1/8

2번 스테이지에는 총 7명의 사용자가 도전했으며, 이 중 3명의 사용자가 아직 클리어하지 못했다. 따라서 2번 스테이지의 실패율은 다음과 같다.

- 2번 스테이지 실패율 : 3/7

마찬가지로 나머지 스테이지의 실패율은 다음과 같다.

- 3번 스테이지 실패율 : 2/4
- 4번 스테이지 실패율 : 1/2
- 5번 스테이지 실패율 : 0/1

각 스테이지의 번호를 실패율의 내림차순으로 정렬하면 다음과 같다.

- [3,4,2,1,5]

입출력 예 #2

모든 사용자가 마지막 스테이지에 있으므로 4번 스테이지의 실패율은 1이며 나머지 스테이지의 실패율은 0이다.

- [4,1,2,3]

1.이 문제를 푸는 데 사용할 자료구조/알고리즘은?

➜ _____

2. 생각한 알고리즘의 시간 복잡도를 쓰고, 제한시간 내 통과가 될지 판단하라.

➜ _____

programmers.co.kr/learn/courses/30/lessons/60057 | ★★★☆☆ | 시간 제한 1초 | 메모리 제한 128 MB

데이터 처리 전문가가 되고 싶은 김블루는 문자열을 압축하는 방법에 대해 공부를 하고 있다. 최근에 대량의 데이터 처리를 위한 간단한 비손실 압축 방법에 대해 공부를 하고 있는데, 문자열에서 같은 값이 연속해서 나타나는 것을 그 문자의 개수와 반복되는 값으로 표현하여 더 짧은 문자열로 줄여서 표현하는 알고리즘을 공부하고 있다.

간단한 예로 "aabbaccc"의 경우 "2a2ba3c"(문자가 반복되지 않아 한 번만 나타난 경우 1은 생략함)와 같이 표현할 수 있는데, 이러한 방식은 반복되는 문자가 적은 경우 압축률이 낮다는 단점이 있다. 예를 들면, "abcabcdede"와 같은 문자열은 전혀 압축되지 않는다. 김블루는 이러한 단점을 해결하기 위해 문자열을 1개 이상의 단위로 잘라서 압축하여 더 짧은 문자열로 표현할 수 있는지 방법을 찾아보려고 한다.

예를 들어, "ababcdcdababcdcd"의 경우 문자를 1개 단위로 자르면 전혀 압축되지 않지만, 2개 단위로 잘라서 압축한다면 "2ab2cd2ab2cd"로 표현할 수 있다. 다른 방법으로 8개 단위로 잘라서 압축한다면 "2ababcdcd"로 표현할 수 있으며, 이것이 가장 짧게 압축하여 표현할 수 있는 방법이다.

다른 예로, "abcabcdede"와 같은 경우, 문자를 2개 단위로 잘라서 압축하면 "abcabc2de"가 되지만, 3개 단위로 자른다면 "2abcdede"가 되어 3개 단위가 가장 짧은 압축 방법이 된다. 이때 3개 단위로 자르고 마지막에 남는 문자열은 그대로 붙여 주면 된다.

압축할 문자열 s가 매개변수로 주어질 때, 위에서 설명한 방법으로 1개 이상 단위로 문자열을 잘라 압축하여 표현한 문자열 중 가장 짧은 것의 길이를 return 하도록 solution 함수를 완성하시오.

⚠ **제한사항**

• s의 길이는 1 이상 1,000 이하이다.
• s는 알파벳 소문자로만 이루어져 있다.

s	result
"aabbaccc"	7
"ababcdcdababcdcd"	9
"abcabcdede"	8
"abcabcabcabcdededededede"	14
"xababcdcdababcdcd"	17

⬇ 입출력 예 설명

입출력 예 #1

문자열을 1개 단위로 잘라 압축했을 때 가장 짧다.

입출력 예 #2

문자열을 8개 단위로 잘라 압축했을 때 가장 짧다.

입출력 예 #3

문자열을 3개 단위로 잘라 압축했을 때 가장 짧다.

입출력 예 #4

문자열을 2개 단위로 자르면 "abcabcabcabc6de"가 된다.

문자열을 3개 단위로 자르면 "4abcdedededede"가 된다.

문자열을 4개 단위로 자르면 "abcabcabcabc3dede"가 된다.

문자열을 6개 단위로 자를 경우 "2abcabc2dedede"가 되며, 이때의 길이가 14로 가장 짧다.

입출력 예 #5

문자열은 제일 앞부터 정해진 길이만큼 잘라야 한다.

따라서 주어진 문자열을 x / ababcdcd / ababcdcd로 자르는 것은 불가능하다.

이 경우 어떻게 문자열을 잘라도 압축되지 않으므로 가장 짧은 길이는 17이 된다.

컴공선배's 알고리즘 Q

이 문제를 푸는 데 사용할 자료구조/알고리즘은?

➜ _____

programmers.co.kr/learn/courses/30/lessons/60058 | ★★★☆☆ | **시간 제한** 1초 | **메모리 제한** 128MB

㈜컴공전자에 신입 개발자로 입사한 록록은 선배 개발자로부터 개발역량 강화를 위해 다른 개발자가 작성한 소스 코드를 분석하여 문제점을 발견하고 수정하라는 업무 과제를 받았다. 소스를 컴파일하여 로그를 보니 대부분 소스 코드 내 작성된 괄호가 개수는 맞지만 짝이 맞지 않은 형태로 작성되어 오류가 나는 것을 알게 되었다.

수정해야 할 소스 파일이 너무 많아서 고민하던 록록은 소스 코드에 작성된 모든 괄호를 뽑아서 올바른 순서대로 배치된 괄호 문자열을 알려주는 프로그램을 다음과 같이 개발하려고 한다.

⬇ 용어의 정의

'('와 ')'로만 이루어진 문자열이 있을 경우, '('의 개수와 ')'의 개수가 같다면 이를 균형잡힌 괄호 문자열이라고 부른다.
그리고 여기에 '('와 ')'의 괄호의 짝도 모두 맞을 경우에는 이를 올바른 괄호 문자열이라고 부른다.
예를 들어, "(())("와 같은 문자열은 "균형잡힌 괄호 문자열" 이지만 "올바른 괄호 문자열"은 아니다.
반면에 "(())()"와 같은 문자열은 "균형잡힌 괄호 문자열" 이면서 동시에 "올바른 괄호 문자열"이다.

'('와 ')'로만 이루어진 문자열 w가 "균형잡힌 괄호 문자열"이라면 다음과 같은 과정을 통해 "올바른 괄호 문자열"로 변환할 수 있다.

> 1. 입력이 빈 문자열인 경우, 빈 문자열을 반환한다.
> 2. 문자열 w를 두 "균형잡힌 괄호 문자열" u, v로 분리한다. 단, u는 "균형잡힌 괄호 문자열"로 더 이상 분리할 수 없어야 하며, v는 빈 문자열이 될 수 있다.
> 3. 문자열 u가 "올바른 괄호 문자열"이라면 문자열 v에 대해 1단계부터 다시 수행한다.
>   3-1. 수행한 결과 문자열을 u에 이어 붙인 후 반환한다.
> 4. 문자열 u가 "올바른 괄호 문자열"이 아니라면 아래 과정을 수행한다.
>   4-1. 빈 문자열에 첫 번째 문자로 '('를 붙인다.
>   4-2. 문자열 v에 대해 1단계부터 재귀적으로 수행한 결과 문자열을 이어 붙인다.
>   4-3. ')'를 다시 붙인다.
>   4-4. u의 첫 번째와 마지막 문자를 제거하고, 나머지 문자열의 괄호 방향을 뒤집어서 뒤에 붙인다.
>   4-5. 생성된 문자열을 반환한다.

"균형잡힌 괄호 문자열" p가 매개변수로 주어질 때, 주어진 알고리즘을 수행해 "올바른 괄호 문자열"로 변환한 결과를 return 하도록 solution 함수를 완성하시오.

⬇ 매개변수 설명

p는 '(' 와 ')'로만 이루어진 문자열이며 길이는 2 이상 1,000 이하인 짝수이다.

문자열 p를 이루는 '(' 와 ')'의 개수는 항상 같다.

만약 p가 이미 "올바른 괄호 문자열"이라면 그대로 return 하면 된다.

입출력 예제

p	result
"(()())()"	"(()())()"
")("	"()"
"())(((()"	"()(())()"

⬇ 입출력 예 설명

입출력 예 #1

이미 "올바른 괄호 문자열"이다.

입출력 예 #2

- 두 문자열 u, v로 분리한다.
  - u = ")("
  - v = ""
- u가 "올바른 괄호 문자열"이 아니므로 다음과 같이 새로운 문자열을 만든다.
  - v에 대해 1단계부터 재귀적으로 수행하면 빈 문자열이 반환한다.
  - u의 앞뒤 문자를 제거하고, 나머지 문자의 괄호 방향을 뒤집으면 ""이 된다.
  - 따라서 생성되는 문자열은 "(" + "" + ")" + ""이며, 최종적으로 "()"로 변환된다.

입출력 예 #3

- 두 문자열 u, v로 분리한다.
  - u = "()"
  - v = "))((()"
- 문자열 u가 "올바른 괄호 문자열"이므로 그대로 두고, v에 대해 재귀적으로 수행한다.
- 다시 두 문자열 u, v로 분리한다.
  - u = "))(("
  - v = "()"
- u가 "올바른 괄호 문자열"이 아니므로 다음과 같이 새로운 문자열을 만든다.
  - v에 대해 1단계부터 재귀적으로 수행하면 "()"이 반환된다.
  - u의 앞뒤 문자를 제거하고, 나머지 문자의 괄호 방향을 뒤집으면 "()"이 된다.
  - 따라서 생성되는 문자열은 "(" + "()" + ")" + "()"이며, 최종적으로 "(())()"를 반환한다.

• 처음에 그대로 둔 문자열에 반환된 문자열을 이어 붙이면 "()" + "(())()" = "()(())()"가 된다.

컴공선배's 알고리즘 Q

"올바른 괄호 문자열"인지 확인할 때 사용하는 자료구조/알고리즘은?

➜ _____

programmers.co.kr/learn/courses/30/lessons/72411 | ★★★★☆ | 시간 제한 1초 | 메모리 제한 128MB

레스토랑을 운영하던 스카이는 코로나19로 인한 불경기를 극복하고자 메뉴를 새로 구성하려고 고민하고 있다.

스카이는 단품으로만 제공하던 메뉴를 조합해서 코스요리 형태로 재구성하려 한다. 어떤 단품메뉴들을 조합해서 코스요리 메뉴로 구성하면 좋을지 고민하던 스카이는 이전에 손님들이 주문할 때 가장 많이 함께 주문한 단품메뉴들을 코스요리 메뉴로 구성하기로 했다.

단, 코스요리 메뉴는 최소 2가지 이상의 단품메뉴로 구성하고, 최소 2명 이상의 손님으로부터 주문된 단품메뉴 조합에 대해서만 코스요리 메뉴 후보에 포함하기로 했다.

예를 들어, 손님 6명이 주문한 단품메뉴들의 조합이 다음과 같다고 가정하자(손님 한 명당 단품메뉴를 2개 이상 주문해야 하며, 각 단품메뉴는 A ~ Z의 알파벳 대문자로 표기한다).

손님 번호	주문한 단품메뉴 조합
1번 손님	A, B, C, F, G
2번 손님	A, C
3번 손님	C, D, E
4번 손님	A, C, D, E
5번 손님	B, C, F, G
6번 손님	A, C, D, E, H

가장 많이 함께 주문된 단품메뉴 조합에 따라 스카이가 만들게 될 코스요리 메뉴 구성 후보는 다음과 같다.

코스 종류	메뉴 구성	설명
요리 2개 코스	A, C	1번, 2번, 4번, 6번 손님으로부터 총 4번 주문
요리 3개 코스	C, D, E	3번, 4번, 6번 손님으로부터 총 3번 주문
요리 4개 코스	B, C, F, G	1번, 5번 손님으로부터 총 2번 주문됐
요리 4개 코스	A, C, D, E	4번, 6번 손님으로부터 총 2번 주문

⬇ 문제

각 손님이 주문한 단품메뉴들이 문자열 형식으로 담긴 배열 orders, 스카이가 추가하고 싶어하는 코스요리를 구성하는 단품메뉴들의 개수가 담긴 배열 course가 매개변수로 주어질 때, 스카이가 새로 추가하게될 코스요리의 메뉴 구성을 문자열 형태로 배열에 담아 return 하도록 solution 함수를 완성하시오.

⚠ 제한사항

- orders 배열의 크기는 2 이상 20 이하이다.
- orders 배열의 각 원소는 크기가 2 이상 10 이하인 문자열이다.
  - 각 문자열은 알파벳 대문자로만 이루어져 있다.
  - 각 문자열에는 같은 알파벳이 중복해서 들어있지 않다.
- course 배열의 크기는 1 이상 10 이하이다.
  - course 배열의 각 원소는 2 이상 10 이하인 자연수가 오름차순으로 정렬되어 있다.
  - course 배열에는 같은 값이 중복해서 들어있지 않다.
- 정답은 각 코스요리 메뉴의 구성을 문자열 형식으로 배열에 담아 사전 순으로 오름차순 정렬해서 return 해야 한다.
  - 배열의 각 원소에 저장된 문자열 또한 알파벳 오름차순으로 정렬되어야 한다.
  - 만약 가장 많이 함께 주문된 메뉴 구성이 여러 개라면, 모두 배열에 담아 return 하면 된다.
- orders와 course 매개변수는 return 하는 배열의 길이가 1 이상이 되도록 주어진다.

입출력 예제

orders	course	result
["ABCFG", "AC", "CDE", "ACDE", "BCFG", "ACDEH"]	[2,3,4]	["AC", "ACDE", "BCFG", "CDE"]
["ABCDE", "AB", "CD", "ADE", "XYZ", "XYZ", "ACD"]	[2,3,5]	["ACD", "AD", "ADE", "CD", "XYZ"]
["XYZ", "XWY", "WXA"]	[2,3,4]	["WX", "XY"]

⬇ 입출력 예 설명

입출력 예 #1

문제의 예시와 같다.

입출력 예 #2

AD가 세 번, CD가 세 번, ACD가 두 번, ADE가 두 번, XYZ가 두 번 주문되었다.

요리 5개를 주문한 손님이 1명 있지만, 최소 2명 이상의 손님에게서 주문된 구성만 코스요리 후보에 들어가므로, 요리 5개로 구성된 코스요리는 새로 추가하지 않는다.

입출력 예 #3

WX가 두 번, XY가 두 번 주문되었다.

3명의 손님 모두 단품메뉴를 3개씩 주문했지만, 최소 2명 이상의 손님에게서 주문된 구성만 코스요리 후보에 들어가므로, 요리 3개로 구성된 코스요리는 새로 추가하지 않는다.

또, 단품메뉴를 4개 이상 주문한 손님은 없으므로, 요리 4개로 구성된 코스요리 또한 새로 추가하지 않는다.

> **컴공선배's 알고리즘 Q**
>
> 이 문제를 푸는 데 사용할 자료구조/알고리즘은?
> ➜ _____

programmers.co.kr/learn/courses/30/lessons/72412 | ★★★★★ | **시간 제한** 10초 | **메모리 제한** 128MB

㈜컴공전자는 하반기 경력 개발자 공개채용을 진행 중에 있으며 현재 지원서 접수와 코딩테스트가 종료되었다. 이번 채용에서 지원자는 지원서 작성 시 아래와 같이 4가지 항목을 반드시 선택하도록 하였다.

- 코딩테스트 참여 개발언어 항목에 cpp, java, python 중 하나를 선택해야 한다.
- 지원 직군 항목에 backend와 frontend 중 하나를 선택해야 한다.
- 지원 경력구분 항목에 junior와 senior 중 하나를 선택해야 한다.
- 선호하는 소울푸드로 chicken과 pizza 중 하나를 선택해야 한다.

인재영입팀에 근무하고 있는 김종윤은 코딩테스트 결과를 분석하여 채용에 참여한 개발팀들에 제공하기 위해 지원자들의 지원 조건을 선택하면 해당 조건에 맞는 지원자가 몇 명인지 쉽게 알 수 있는 도구를 만들고 있다.

예를 들어, 개발팀에서 궁금해하는 문의사항은 다음과 같은 형태가 될 수 있다.

코딩테스트에 java로 참여했으며, backend 직군을 선택했고, junior 경력이면서, 소울푸드로 pizza를 선택한 사람 중 코딩테스트 점수를 50점 이상 받은 지원자는 몇 명인가?

물론 이 외에도 각 개발팀의 상황에 따라 아래와 같이 다양한 형태의 문의가 있을 수 있다.

- 코딩테스트에 python으로 참여했으며, frontend 직군을 선택했고, senior 경력이면서, 소울푸드로 chicken을 선택한 사람 중 코딩테스트 점수를 100점 이상 받은 사람은 모두 몇 명인가?
- 코딩테스트에 cpp로 참여했으며, senior 경력이면서, 소울푸드로 pizza를 선택한 사람 중 코딩테스트 점수를 100점 이상 받은 사람은 모두 몇 명인가?
- backend 직군을 선택했고, senior 경력이면서 코딩테스트 점수를 200점 이상 받은 사람은 모두 몇 명인가?
- 소울푸드로 chicken을 선택한 사람 중 코딩테스트 점수를 250점 이상 받은 사람은 모두 몇 명인가?

- 코딩테스트 점수를 150점 이상 받은 사람은 모두 몇 명인가?

즉, 개발팀에서 궁금해하는 내용은 다음과 같은 형태를 갖는다.

* [조건]을 만족하는 사람 중 코딩테스트 점수를 X점 이상 받은 사람은 모두 몇 명인가?

⬇ 문제

지원자가 지원서에 입력한 4가지의 정보와 획득한 코딩테스트 점수를 하나의 문자열로 구성한 값의 배열 info, 개발팀이 궁금해하는 문의조건이 문자열 형태로 담긴 배열 query가 매개변수로 주어질 때, 각 문의 조건에 해당하는 사람들의 숫자를 순서대로 배열에 담아 return 하도록 solution 함수를 완성하시오.

⚠ 제한사항

- info 배열의 크기는 1 이상 50,000 이하이다.
- info 배열 각 원소의 값은 지원자가 지원서에 입력한 4가지 값과 코딩테스트 점수를 합친 "개발언어 직군 경력 소울푸드 점수" 형식이다.
  - 개발언어는 cpp, java, python 중 하나이다.
  - 직군은 backend, frontend 중 하나이다.
  - 경력은 junior, senior 중 하나이다.
  - 소울푸드는 chicken, pizza 중 하나이다.
  - 점수는 코딩테스트 점수를 의미하며, 1 이상 100,000 이하인 자연수이다.
  - 각 단어는 공백문자(스페이스 바) 하나로 구분되어 있다.
- query 배열의 크기는 1 이상 100,000 이하이다.
- query의 각 문자열은 "[조건] X" 형식이다.
  - [조건]은 "개발언어 and 직군 and 경력 and 소울푸드" 형식의 문자열이다.
  - 언어는 cpp, java, python, ― 중 하나이다.
  - 직군은 backend, frontend, ― 중 하나이다.
  - 경력은 junior, senior, ― 중 하나이다.
  - 소울푸드는 chicken, pizza, ― 중 하나이다.
  - '―' 표시는 해당 조건을 고려하지 않겠다는 의미이다.
  - X는 코딩테스트 점수를 의미하며 조건을 만족하는 사람 중 X점 이상 받은 사람은 모두 몇 명인지를 의미한다.
  - 각 단어는 공백문자(스페이스 바) 하나로 구분되어 있다.
  - 예를 들면, "cpp and ― and senior and pizza 500"은 "cpp로 코딩테스트를 치렀으며, 경력은 senior이면서 소울푸드로 pizza를 선택한 지원자 중 코딩테스트 점수를 500점 이상 받은 사람은 모두 몇 명인가?"를 의미한다.

info	query	result
["java backend junior pizza 150","python frontend senior chicken 210","python frontend senior chicken 150","cpp backend senior pizza 260","java backend junior chicken 80","python backend senior chicken 50"]	["java and backend and junior and pizza 100","python and frontend and senior and chicken 200","cpp and - and senior and pizza 250","- and backend and senior and - 150","- and - and - and chicken 100","- and - and - and - 150"]	[1,1,1,1,2,4]

⊕ 입출력 예 설명

지원자 정보를 표로 나타내면 다음과 같다.

언어	직군	경력	소울푸드	점수
java	backend	junior	pizza	150
python	frontend	senior	chicken	210
python	frontend	senior	chicken	150
cpp	backend	senior	pizza	260
java	backend	junior	chicken	80
python	backend	senior	chicken	50

- "java and backend and junior and pizza 100" : java로 코딩테스트를 치렀으며, backend 직군을 선택했고, junior 경력이면서, 소울푸드로 pizza를 선택한 지원자 중 코딩테스트 점수를 100점 이상 받은 지원자는 1명이다.

- "python and frontend and senior and chicken 200" : python으로 코딩테스트를 치렀으며, frontend 직군을 선택했고, senior 경력이면서, 소울 푸드로 chicken을 선택한 지원자 중 코딩테스트 점수를 200점 이상 받은 지원자는 1명이다.

- "cpp and − and senior and pizza 250" : cpp로 코딩테스트를 치렀으며, senior 경력이면서 소울푸드로 pizza를 선택한 지원자 중 코딩테스트 점수를 250점 이상 받은 지원자는 1명이다.

- "− and backend and senior and − 150" : backend 직군을 선택했고, senior 경력인 지원자 중 코딩테스트 점수를 150점 이상 받은 지원자는 1명이다.

- "− and − and − and chicken 100" : 소울푸드로 chicken을 선택한 지원자 중 코딩테스트 점수를 100점 이상을 받은 지원자는 2명이다.

- "− and − and − and − 150" : 코딩테스트 점수를 150점 이상 받은 지원자는 4명이다.

1. 쿼리의 조건(언어, 직군, 경력, 소울푸드들의 조합)은 총 몇 가지가 존재할 수 있는가?

➜ _____

2. 이 문제를 푸는 데 사용할 자료구조/알고리즘은?

➜ _____

programmers.co.kr/learn/courses/30/lessons/81301 | ★☆☆☆☆ | 시간 제한 1초 | 메모리 제한 128MB

성직이와 성진이가 숫자놀이를 하고 있다. 성직이가 성진이에게 숫자를 건넬 때 일부 자릿수를 영단어로 바꾼 카드를 건네 주면 성진이는 원래 숫자를 찾는 게임이다.

다음은 숫자의 일부 자릿수를 영단어로 바꾸는 예시이다.

- 1478 → "one4seveneight"
- 234567 → "23four5six7"
- 10203 → "1zerotwozero3"

이렇게 숫자의 일부 자릿수가 영단어로 바뀌었거나, 혹은 바뀌지 않고 그대로인 문자열 s가 매개변수로 주어질 때, s가 의미하는 원래 숫자를 return 하도록 solution 함수를 완성하시오.

참고로 각 숫자에 대응되는 영단어는 다음 표와 같다.

숫자	영단어
0	zero
1	one
2	two
3	three
4	four
5	five
6	six
7	seven
8	eight
9	nine

⚠️ 제한사항

- 1≤s의 길이≤50
- s가 "zero" 또는 "0"으로 시작하는 경우는 주어지지 않는다.
- return 값이 1 이상 2,000,000,000 이하의 정수가 되는 올바른 입력만 s로 주어진다.

입출력 예제

s	result
"one4seveneight"	1478
"23four5six7"	234567
"2three45sixseven"	234567
"123"	123

⬇️ 입출력 예 설명

입출력 예 #1
- 문제 예시와 같다.

입출력 예 #2
- 문제 예시와 같다.

입출력 예 #3
- "three"는 3, "six"는 6, "seven"은 7에 대응되기 때문에 정답은 입출력 예 #2와 같은 234567이 된다.
- 입출력 예 #2와 #3과 같이 같은 정답을 가리키는 문자열이 여러 가지가 나올 수 있다.

입출력 예 #4
- s에는 영단어로 바뀐 부분이 없다.

⚠️ 제한시간 안내

- 정확성 테스트 : 10초

컴공선배's 알고리즘 Q

이 문제를 푸는 방법을 생각하고, 그때의 시간 복잡도를 쓰시오.

➜ _____

programmers.co.kr/learn/courses/30/lessons/81302 | ★★★☆☆ | 시간 제한 1초 | 메모리 제한 128MB

개발자를 희망하는 유니스가 ㈜컴공전자에 면접을 보러 왔다.

코로나 바이러스 감염 예방을 위해 응시자들은 거리를 둬서 대기를 해야하는데 개발 직군 면접인 만큼 아래와 같은 규칙으로 대기실에 거리를 두고 앉도록 안내하고 있다.

- 대기실은 5개이며, 각 대기실은 5×5 크기이다.
- 거리두기를 위하여 응시자끼리는 맨해튼 거리[15]가 2 이하로 앉지 말아야 한다.
- 단, 응시자가 앉아 있는 자리 사이가 파티션으로 막혀 있을 경우에는 허용된다.

예를 들어,

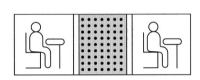
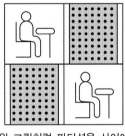
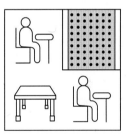

위 그림처럼 자리 사이에 파티션이 존재한다면 맨해튼 거리가 2여도 거리두기를 지킨 것이다.

위 그림처럼 파티션을 사이에 두고 앉은 경우도 거리두기를 지킨 것이다.

위 그림처럼 자리 사이가 맨해튼 거리 2이고 사이에 빈 테이블이 있는 경우는 거리두기를 지키지 않은 것이다.

응시자가 앉아 있는 자리(P)를 의미한다.

빈 테이블(O)을 의미한다.

파티션(X)을 의미한다.

5개의 대기실을 본 유니스는 각 대기실에서 응시자들이 거리두기를 잘 지키고 있는지 알고 싶어졌다. 자리에 앉아 있는 응시자들의 정보와 대기실 구조를 대기실별로 담은 2차원 문자열 배열 places가 매개변수로 주어졌을 때, 대기실별로 거리두기를 지키고 있으면 1을, 한 명이라도 지키지 않고 있으면 0을 배열에 담아 return 하도록 solution 함수를 완성하시오.

/*

---

15 두 테이블 T1, T2가 행렬 (r1, c1), (r2, c2)에 각각 위치하고 있다면, T1, T2 사이의 맨해튼 거리는 |r1 − r2| + |c1 − c2|이다.

⚠ 제한사항

- places의 행 길이(대기실 개수) = 5
    - places의 각 행은 하나의 대기실 구조를 나타낸다.
- places의 열 길이(대기실 세로 길이) = 5
- places의 원소는 P, O, X로 이루어진 문자열이다.
    - places 원소의 길이(대기실 가로 길이) = 5
    - P는 응시자가 앉아있는 자리를 의미한다.
    - O는 빈 테이블을 의미한다.
    - X는 파티션을 의미한다.
- 입력으로 주어지는 5개 대기실의 크기는 모두 5×5이다.
- return 값 형식
    - 1차원 정수 배열에 5개의 원소를 담아서 return 한다.
    - places에 담겨 있는 5개 대기실의 순서대로, 거리두기 준수 여부를 차례대로 배열에 담는다.
    - 각 대기실 별로 모든 응시자가 거리두기를 지키고 있으면 1을, 한 명이라도 지키지 않고 있으면 0을 담는다.

입출력 예제

places	result
[["POOOP", "OXXOX", "OPXPX", "OOXOX", "POXXP"], ["POOPX", "OXPXP", "PXXXO", "OXXXO", "OOOPP"], ["PXOPX", "OXOXP", "OXPOX", "OXXOP", "PXPOX"], ["OOOXX", "XOOOX", "OOOXX", "OXOOX", "OOOOO"], ["PXPXP", "XPXPX", "PXPXP", "XPXPX", "PXPXP"]]	[1, 0, 1, 1, 1]

⬇ 입출력 예 설명

입출력 예 #1

⬇ 첫 번째 대기실

No.	0	1	2	3	4
0	P	O	O	O	P
1	O	X	X	O	X
2	O	P	X	P	X
3	O	O	X	O	X
4	P	O	X	X	P

- 모든 응시자가 거리두기를 지키고 있다.

⬇ 두 번째 대기실

No.	0	1	2	3	4
0	P	O	O	P	X
1	O	X	P	X	P
2	P	X	X	X	O
3	O	X	X	X	O
4	O	O	O	P	P

- (0, 0) 자리의 응시자와 (2, 0) 자리의 응시자가 거리두기를 지키고 있지 않다.
- (1, 2) 자리의 응시자와 (0, 3) 자리의 응시자가 거리두기를 지키고 있지 않다.
- (4, 3) 자리의 응시자와 (4, 4) 자리의 응시자가 거리두기를 지키고 있지 않다.

⬇ 세 번째 대기실

No.	0	1	2	3	4
0	P	X	O	P	X
1	O	X	O	X	P
2	O	X	P	O	X
3	O	X	X	O	P
4	P	X	P	O	X

- 모든 응시자가 거리두기를 지키고 있다.

⬇ 네 번째 대기실

No.	0	1	2	3	4
0	O	O	O	X	X
1	X	O	O	O	X
2	O	O	O	X	X
3	O	X	O	O	X
4	O	O	O	O	O

- 대기실에 응시자가 없으므로 거리두기를 지키고 있다.

⬇ 다섯 번째 대기실

No.	0	1	2	3	4
0	P	X	P	X	P
1	X	P	X	P	X
2	P	X	P	X	P
3	X	P	X	P	X
4	P	X	P	X	P

• 모든 응시자가 거리두기를 지키고 있다.

두 번째 대기실을 제외한 모든 대기실에서 거리두기가 지켜지고 있으므로, 배열 [1, 0, 1, 1, 1]을 return 한다.

⚠ 제한시간 안내

정확성 테스트 : 10초

컴공선배's 알고리즘 Q

이 문제를 푸는 데 사용할 자료구조/알고리즘은?

➜ _____

programmers.co.kr/learn/courses/30/lessons/150368 | ★★★☆☆ | 시간 제한 1초 | 메모리 제한 128MB

심심톡톡에서는 이모티콘을 무제한으로 사용할 수 있는 이모티콘 플러스 서비스 가입자 수를 늘리기 위해 이모티콘 할인 행사를 하는데, 목표는 다음과 같다.

1. 이모티콘 플러스 서비스 가입자를 최대한 늘리는 것.
2. 이모티콘 판매액을 최대한 늘리는 것.

1번 목표가 우선이며, 2번 목표가 그 다음이다.

이모티콘 할인 행사는 다음과 같은 방식으로 진행된다.

- n명의 심심톡톡 사용자들에게 이모티콘 m개를 할인하여 판매한다.
- 이모티콘마다 할인율은 다를 수 있으며, 할인율은 10%, 20%, 30%, 40% 중 하나로 설정된다.

심심톡톡 사용자들은 다음과 같은 기준을 따라 이모티콘을 사거나, 이모티콘 플러스 서비스에 가입한다.

- 각 사용자들은 자신의 기준에 따라 일정 비율 이상 할인하는 이모티콘을 모두 구매한다.
- 각 사용자들은 자신의 기준에 따라 이모티콘 구매 비용의 합이 일정 가격 이상이 된다면, 이모티콘 구매를 모두 취소하고 이모티콘 플러스 서비스에 가입한다.

다음은 2명의 심심톡톡 사용자와 2개의 이모티콘이 있을 때의 예시이다.

사용자	비율	가격
1	40%	10,000원
2	25%	10,000원

이모티콘	가격
1	7,000
2	9,000

1번 사용자는 40%이상 할인하는 이모티콘을 모두 구매하고, 이모티콘 구매 비용이 10,000원 이상이 되면 이모티콘 구매를 모두 취소하고 이모티콘 플러스 서비스에 가입한다. 반면, 2번 사용자는 25%이상 할인하는 이모티콘을 모두 구매하고, 이모티콘 구매 비용이 10,000원 이상이 되면 이모티콘 구매를 모두 취소하고 이모티콘 플러스 서비스에 가입한다.

1번 이모티콘의 가격은 7,000원, 2번 이모티콘의 가격은 9,000원이다.

만약 2개의 이모티콘을 모두 40%씩 할인한다면, 1번 사용자와 2번 사용자 모두 1, 2번 이모티콘을 구매하게 되고, 결과는 다음과 같다.

사용자	구매한 이모티콘	이모티콘 구매비용	이모티콘 플러스 서비스 가입 여부
1	1, 2	9,600원	×
2	1, 2	9,600원	×

이모티콘 플러스 서비스 가입자는 0명이 늘어나고 이모티콘 판매액은 19,200원이 늘어난다. 그러나 1번 이모티콘을 30% 할인하고 2번 이모티콘을 40% 할인한다면 결과는 다음과 같다.

사용자	구매한 이모티콘	이모티콘 구매비용	이모티콘 플러스 서비스 가입 여부
1	2	5,400	×
2	1, 2	10,300	○

2번 사용자는 이모티콘 구매 비용을 10,000원 이상 사용하여 이모티콘 구매를 모두 취소하고 이모티콘 플러스 서비스에 가입하게 된다. 따라서 이모티콘 플러스 서비스 가입자는 1명이 늘어나고 이모티콘 판매액은 5,400원이 늘어나게 된다.

심심톡톡 사용자 n명의 구매 기준을 담은 2차원 정수 배열 users, 이모티콘 m개의 정가를 담은 1차원 정수 배열 emoticons가 주어진다. 행사 목적을 최대한으로 달성했을 때의 이모티콘 플러스 서비스 가입 수와 이모티콘 매출액을 1차원 정수 배열에 담아 return 하도록 solution 함수를 완성하시오.

⚠ 제한사항

- 1 ≤ users의 길이 = n ≤ 100
  - users의 원소는 [비율, 가격]의 형태이다.
  - users[i]는 i＋1번 고객의 구매 기준을 의미한다.
  - 비율% 이상의 할인이 있는 이모티콘을 모두 구매한다는 의미이다.
    - ◆ 1 ≤ 비율 ≤ 40
  - 가격이상의 돈을 이모티콘 구매에 사용한다면, 이모티콘 구매를 모두 취소하고 이모티콘 플러스 서비스에 가입한다는 의미이다.
    - ◆ 100 ≤ 가격 ≤ 1,000,000
    - ◆ 가격은 100의 배수이다.
  - 1 ≤ emoticons의 길이 = m ≤ 7
  - emoticons[i]는 i＋1번 이모티콘의 정가를 의미한다.
  - 100 ≤ emoticons의 원소 ≤ 1,000,000
  - emoticons의 원소는 100의 배수이다.

입출력 예제

users	emoticons	result
[[40, 10000], [25, 10000]]	[7000, 9000]	[1, 5400]
[[40, 2900], [23, 10000], [11, 5200], [5, 5900], [40, 3100], [27, 9200], [32, 6900]]	[1300, 1500, 1600, 4900]	[4, 13860]

⬇ 입출력 예 설명

입출력 예 #1

- 문제의 예시와 같습니다.

입출력 예 #2

• 다음과 같이 할인하는 것이 이모티콘 플러스 서비스 가입자를 최대한 늘리면서, 이모티콘 판매액 또한 최대로 늘리는 방법입니다.

이모티콘	할인율
1	40
2	40
3	20
4	40

위와 같이 할인하면 4명의 이모티콘 플러스 가입자와 13,860원의 판매액을 달성할 수 있다. 다른 할인율을 적용하여 이모티콘을 판매할 있지만 이보다 이모티콘 플러스 서비스 가입자를 최대한 늘리면서, 이모티콘 판매액 또한 최대로 늘리는 방법은 없다. 따라서 [4, 13860]을 return 하면 된다.

컴공선배's 알고리즘 Q

이 문제를 푸는 데 사용할 자료구조/알고리즘은?

MEMO

주요기업/금융권 IT·디지털 직무 채용대비

취업

한권으로 합격하는

코딩테스트

컴공선배만 따라하면 두 달 안에
코딩테스트 합격 완전 가능!

[해설편]

컴공선배 지음

SD에듀
(주)시대고시기획

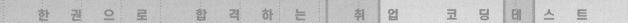
취업 코딩테스트
해설편

PART.

JOB
READINESS
CODING
TEST

_ Part 02

알고리즘 유형 분석

연습문제 01 | 키로거

알고리즘 Q 정답

② 연결 리스트, ③ 덱, ④ 스택

이 문제를 풀 때 세 가지 자료구조가 모두 필요한 것은 아니고, 각각의 자료구조를 사용하는 다른 풀이들이 존재한다. 예상치 못한 3개의 중복 정답과 함께 필자가 말하고 싶은 건 문제를 풀 때 반드시 풀이가 한 가지만 있다는 법은 없다는 것이다. 문제를 푸는 핵심 아이디어가 같아도 구현하는 방식이 사람마다 다를 수 있다.

우선, 이 문제를 배열로 풀면 답은 구할 수 있지만 시간 초과가 발생한다. 배열의 요소 삽입 또는 삭제를 한 번 수행할 때 시간 복잡도는 O(N)이기에 입력으로 들어온 문자열 L이 거의 전부 삽입이나 삭제를 수행하는 형태라면 최종적으로 O(N²)이 되기 때문이다. 여기서 N은 문자열 L의 길이이고 최대 1,000,000이므로 O(N²)의 방식으로는 제한 시간 내에 답을 낼 수 없다.

연결 리스트를 이용하면 시간 초과 문제가 해결된다. 연결 리스트의 삽입/삭제 시간 복잡도는 O(1)이므로 입력으로 들어온 문자열 L이 거의 전부 삽입이나 삭제를 수행하는 형태라도 최종적으로 시간 복잡도 O(N)이 되어 제한시간 안에 답을 구할 수 있다. 연결 리스트 내에 노드를 가리키고 있는 포인터 변수를 하나 두고 화살표 입력이 들어올 때마다 앞쪽이나 뒤쪽으로 옮겨 주는 방식으로 구현한다. 이 포인터 변수가 커서 역할을 하게 되는 것이다. 연결 리스트를 이용해서 푼 C++ 코드는 다음과 같다.

```
// C++
#include <cstdio>
#include <iostream>
#include <string>
#include <list>
```

CODE EXAMPLE

```cpp
using namespace std;

string lg; // log
list<char> pw;
list<char>::iterator cur; // 커서

int main() {
    int tcN;
    scanf("%d", &tcN);
    for (int tc = 0; tc < tcN; ++tc) {
        pw.clear();
        cur = pw.begin();
        cin >> lg;
        for (char ch : lg)
            if (ch == '<') {
                if (cur != pw.begin()) --cur;
            } else if (ch == '>') {
                if (cur != pw.end()) ++cur;
            } else if (ch == '-') {
                if (cur != pw.begin()) {
                    auto bef = cur;
                    --bef;
                    pw.erase(bef);
                }
            } else pw.insert(cur, ch);

        for (char ch : pw) printf("%c", ch);
        printf("\n");
    }

    return 0;
}
```

Python에서는 연결 리스트가 기본 제공되지 않으므로 대부분 덱이나 스택을 이용해서 풀 것이다. 덱을 이용해서 푸는 방법은 다음과 같다.

덱을 2개 만들어서 하나는 커서 왼쪽을, 다른 하나는 커서 오른쪽을 담당한다. 현재 커서 왼쪽에 있는 비밀번호는 첫 번째 덱에, 커서 오른쪽에 있는 비밀번호는 두 번째 덱에 저장해 가며 최종적으로 두 덱에 저장된 비밀번호를 모두 출력하면 된다.

커서를 왼쪽으로 이동할 때는 첫 번째 덱의 가장 오른쪽에 있는 글자를 두 번째 덱의 가장 왼쪽에 넣는다. 반대로 커서를 오른쪽으로 이동할 때는 두 번째 덱의 가장 왼쪽 글자를 첫 번째 덱의 가장 오른쪽에 넣는다.

글자 입력과 삭제는 커서 왼쪽에 해당되므로 첫 번째 덱의 오른쪽에 해당 글자를 삽입/삭제한다. 다음은 Python에서 덱을 이용해 푼 코드이다.

```python
from collections import deque


for _ in range(int(input())):
    dq1 = deque()  # 커서 왼쪽
    dq2 = deque()  # 커서 오른쪽
    for ch in input():
        if ch == '<':
            if len(dq1):
                dq2.appendleft(dq1.pop())
        elif ch == '>':
            if len(dq2):
                dq1.append(dq2.popleft())
        elif ch == '-':
            if len(dq1):
                dq1.pop()
        else:
            dq1.append(ch)

    print(''.join(dq1) + ''.join(dq2))
```

스택으로 푸는 방법도 덱을 이용한 방법과 비슷하다. 커서 왼쪽과 오른쪽 비밀번호를 저장하는 스택을 각각 두는 것이다. 그런데, 스택은 처음 들어간 데이터가 나중에 나오기 때문에 (FILO, 선입후출) 커서 오른쪽을 담당하는 스택에는 역순으로 글자가 저장된다. 따라서 마지막에 전부 꺼내서 출력할 때 두번째 스택은 역순으로 출력해야 순서가 맞다. 다음은 Python에서 스택을 이용해 푼 코드이다.

```
                                                              CODE EXAMPLE
for _ in range(int(input())):
    stk1 = []  # 커서 왼쪽
    stk2 = []  # 커서 오른쪽
    for ch in input():
        if ch == '<':
            if len(stk1):
                stk2.append(stk1.pop())
        elif ch == '>':
            if len(stk2):
                stk1.append(stk2.pop())
        elif ch == '-':
            if len(stk1):
                stk1.pop()
        else:
            stk1.append(ch)

    print(''.join(stk1) + ''.join(reversed(stk2)))
```

개념편의 스택 설명 예시 중에 인터넷 웹 서핑^{p.028}을 떠올려 보자. 스택 2개를 써서 뒤로 가기와 앞으로 가기를 구현할 수 있었다. 이 문제도 같은 구조를 띠고 있다. 스택 2개를 써서 커서의 앞쪽 글자들과 뒤쪽 글자들을 따로 저장해 두는 점이 방문했던 페이지들을 기록하는 방식과 같다.

후위 표기식을 계산할 때는 스택을 이용한다. 피연산자(숫자)가 들어오면 스택에 넣고, 연산자가 들어오면 스택에서 숫자를 2개 꺼내 연산한 뒤 결과값을 스택에 넣는다. 올바른 식이라면 마지막에 스택에는 값이 하나만 남게 되고, 이 값이 식의 최종 결과값이 된다.

주의할 점은 연산자가 들어와서 스택에서 숫자를 2개 꺼낼 때 처음 꺼낸 값이 연산할 때 뒤의 값이고 나중에 꺼낸 값이 앞의 값이라는 점이다. 교환법칙이 성립하는 덧셈, 곱셈 연산은 상관없지만 교환법칙이 성립하지 않는 뺄셈, 나눗셈 연산은 문제가 생길 수 있으니 피연산자의 순서는 중요하다.

```
                                                              CODE EXAMPLE
N = int(input())
val - []
stk = []
s = input()
for _ in range(N):
    val.append(int(input()))

for ch in s:
    if ch.isalpha():
        stk.append(val[ord(ch) - ord('A')])
    else:
        b = stk.pop()
        a = stk.pop()
        if ch == '+':
            stk.append(a + b)
```

```
        elif ch == '-':
            stk.append(a - b)
        elif ch == '*':
            stk.append(a * b)
        else:
            stk.append(a / b)


print(f'{stk[0]:.2f}')
```

이 문제는 소수점 특정 자리 수까지 출력해야 하는데, f-string의 포맷팅 기능을 이용했다. 문자열 포맷팅을 하는 다른 방법들도 있지만, Python 3에서는 f-string을 이용하는 게 필자가 생각하는 가장 좋은 방식이다.

⑤ 우선순위 큐

이 문제는 2021년 10월 기준, 백준 온라인 저지에서 C++로 푼다면 단순히 배열에 모든 입력 값을 저장하고 정렬한 뒤, N번째 큰 값을 출력하는 방법으로 통과된다. 하지만 이 문제는 메모리 제한을 타 문제보다 확연히 적게 설정해 둔 것으로 보아 출제자는 이렇게 풀기를 의도한 것은 아닌 듯하다. Python으로 풀면 이 방법으로는 메모리 초과가 발생한다.

이 문제는 우선순위 큐 min-heap으로 풀 수 있다. 우선순위 큐의 크기를 N으로 유지하면 언제나 1~N번째 큰 수들만 알 수 있다. 우선순위 큐의 크기가 N보다 작을 때는 입력값을 push 하고, N 이상일 때는 입력값을 넣은 뒤 우선순위 큐에서 pop 하면 가장 작은 값이 빠지게 되므로 언제나 1~N번째 큰 수들만 유지할 수 있다. 마지막에 우선순위 큐에서 pop한 수는 N번째 큰 수이고, 이 값이 우리가 찾는 답이다.

```
CODE EXAMPLE

import heapq


hq = []
N = int(input())
for _ in range(N):
    for i in map(int, input().split()):
        if len(hq) >= N:
            heapq.heappushpop(hq, i)
        else:
            heapq.heappush(hq, i)


print(heapq.heappop(hq))
```

음식물 크기를 구하기 위해 영역 탐색을 해야 한다. 방문체크를 하는 체크배열을 하나 둔다. 방문하지 않은 음식물을 발견할 때마다 DFS나 BFS 중 하나로 탐색을 돌려 크기를 구하고, 이 크기의 최댓값을 갱신해서 출력한다.

문제에서 음식물들의 좌표만 주어지므로 먼저 2차원 배열을 만들어 음식물을 표시하고 길찾기 문제처럼 4방향 탐색을 돌려 준다.

```
CODE EXAMPLE
import sys
sys.setrecursionlimit(10 ** 6)


dy = (0, 1, 0, -1)
dx = (1, 0, -1, 0)


N, M, K = map(int, input().split())
board = [['.'] * M for _ in range(N)]
for _ in range(K):
    y, x = map(int, input().split())
    board[y - 1][x - 1] = '#'


visited = [[False] * M for _ in range(N)]
sz = 0
ans = 0


def isValidCoord(y, x):
    return 0 <= y < N and 0 <= x < M
```

```python
def dfs(y, x):
    global ans, sz

    visited[y][x] = True
    sz += 1
    ans = max(ans, sz)

    for k in range(4):
        ny = y + dy[k]
        nx = x + dx[k]
        if isValidCoord(ny, nx) and not visited[ny][nx] and board[ny][nx] == '#':
            dfs(ny, nx)

for i in range(N):
    for j in range(M):
        if not visited[i][j] and board[i][j] == '#':
            sz = 0
            dfs(i, j)

print(ans)
```

② BFS

이 문제도 길찾기 문제인데 최소 이동 횟수를 구해야 하므로 BFS를 쓰는 게 좋다. 일반적인 다른 길찾기 문제들과 같이 위, 아래, 왼쪽, 오른쪽의 4방향이 아닌 총 8방향으로 움직일 수 있기 때문에 dy, dx가 각각 8개의 상대좌표값을 갖는다. 이 부분만 유의하면서 일반적인 길찾기 문제와 같은 방식으로 풀면 된다.

```
CODE EXAMPLE

from collections import deque
import sys

input = sys.stdin.readline
dy = (-1, -2, -2, -1, 1, 2, 2, 1)
dx = (-2, -1, 1, 2, 2, 1, -1, -2)
l = 0

def is_valid_coord(y, x):
    return 0 <= y < l and 0 <= x < l

for _ in range(int(input())):
    l = int(input())
    dq = deque()
    visited = [[False] * l for _ in range(l)]
    sy, sx = map(int, input().split())
    gy, gx = map(int, input().split())
```

```
        visited[sy][sx] = True
        dq.append((sy, sx, 0))
        while dq:
            y, x, d = dq.popleft()
            if y == gy and x == gx:
                print(d)
                break

            for k in range(8):
                ny = y + dy[k]
                nx = x + dx[k]
                nd = d + 1
                if is_valid_coord(ny, nx) and not visited[ny][nx]:
                    visited[ny][nx] = True
                    dq.append((ny, nx, nd))
```

③ 백트래킹

N−Queen은 대표적인 백트래킹 문제로 백트래킹을 공부하면 예시로 항상 나온다. 이 문제를 완전 탐색으로 풀면 각 칸에 퀸을 두거나 두지 않거나 하는 2가지 경우의 수가 있고, 칸은 총 N^2개 이므로 시간 복잡도가 $O(2^{N^2})$이다. N이 최대 14이므로 이 때는 2^{196}라는 엄청나게 큰 경우의 수를 전부 봐야 하니 아무리 기다려도 답은 나오지 않을 것이다.

퀸은 가로, 세로, 대각선, 모든 방향으로 이동 가능하며 움직일 수 있는 거리 제한도 없다. 즉, 퀸이 놓인 행과 열에는 다른 퀸을 둘 수 없다. 그런데 퀸을 총 N개 둬야 하므로 각 행에 퀸은 반드시 하나씩 둬야 하며, 열 또한 마찬가지이다. 즉, 1번째 행에 퀸을 어딘가 하나 둬야만 하고, 2번째 행에도 퀸을 어딘가 하나 둬야만 하고, 3번째 행, 4번째 행, N번째 행까지 모두 마찬가지이다. 열 또한 1번째 열에 퀸을 어딘가 하나 둬야 하고, 2번째 열에도 퀸을 어딘가 하나 둬야만 하고, 3번째 열, 4번째 열, … N번째 열까지 모두 마찬가지이다.

이 점을 이용하면 살펴보는 경우의 수를 굉장히 많이 줄일 수 있다. 가장 첫 번째 행에서·어딘가에 퀸을 뒀다면 이제 그 행에 퀸을 더 두는 경우는 살펴볼 필요 없이 다음 행으로 넘어간다.

인자를 하나 받는 재귀 함수를 만든다. 이 인자는 몇 번째 행에 퀸을 둘 차례인지 나타내는 행의 인덱스이다. 맨 처음에 0을 전달하며 호출할 거고, 이 함수는 퀸을 두면서 다음 행으로 넘어가기 위해 재귀 호출을 할 것이다. 최종적으로 인자에 N이 들어왔을 때는 모든 행에 퀸을 뒀다는 뜻이므로 정답에 포함시키면 된다.

이렇게 해서 행마다 하나씩만 두는 것은 해결됐는데, 열과 대각선은 어떻게 중복되지 않게 할 수 있을까? 다음 퀸을 두려고 하는 좌표를 기준으로 해당 열과 대각선들에 다른 퀸이 있지 않은지 검사한다. 이렇게 해서 답을 구할 수 있다. 여기까지 구현한 것이 아래의 코드이다.

```
CODE EXAMPLE
N = int(input())
cnt = 0
board = [[False] * N for _ in range(N)]
```

```python
# y, x 기준으로 ↑ 방향으로 퀸이 있는지
def chk_col(y, x):
    for i in range(1, y + 1):
        if board[y - i][x]:
            return True

    return False


# y, x 기준으로 ↖, ↗ 방향으로 퀸이 있는지
def chk_diag(y, x):
    for i in range(1, y + 1):
        if 0 <= x - i and board[y - i][x - i]:
            return True

        if x + i < N and board[y - i][x + i]:
            return True

    return False


def backtracking(i):
    global cnt
    if i >= N:
        cnt += 1
        return

    for j in range(N):
        if not chk_col(i, j) and not chk_diag(i, j):
            board[i][j] = True
            backtracking(i + 1)
            board[i][j] = False


backtracking(0)
print(cnt)
```

하지만 이렇게 하면 퀸의 좌표 y, x를 특정할 때마다 매번 O(N)탐색을 하게 된다. 백준 온라인 저지에 PyPy 3로 제출해도 시간 초과가 나는 것을 볼 수 있다. 여기서 어떻게 더 시간을 줄일 수 있을까?

열마다 퀸이 있는지 없는지 기록해두는 체크배열을 전역에 하나 두고 퀸을 둔 열의 인덱스에는 체크를 한다. 이렇게 하면 O(1) 만에 바로 알 수 있다. 대각선 또한 마찬가지로 체스판의 각 대각선들에 인덱스를 매기고 대각선 탐색도 O(1)만에 할 수 있다. 이를 구현한 코드는 다음과 같다.

```
N = int(input())
ans = 0
col = [False] * N   # i번째 열에 퀸을 뒀다
d1 = [False] * 2 * N   # \ 대각선, 우상단부터 0
d2 = [False] * 2 * N   # / 대각선, 좌상단부터 0


# Backtracking
def bt(row):
    global ans
    if row == N:
        ans += 1
        return


    for j in range(N):
        if not col[j] and not d1[row - j] and not d2[row + j]:
            col[j] = True
            d1[row - j] = True
            d2[row + j] = True


            bt(row + 1)


            # 원상복구
            d2[row + j] = False
            d1[row - j] = False
            col[j] = False


bt(0)
print(ans)
```

이 코드는 PyPy 3로 통과하지만 여전히 Python 3는 시간 초과가 발생한다. Python 3로 통과하기 위해서는 시간을 줄일 테크닉이 더 필요하다.

우선, 가장 쉬운 방법이 하나 있다. 이 문제는 입력으로 정수를 하나 받으며, 범위가 1~14이다. 그리고 그 때마다 정답 역시 정수 하나로 고정된다. 테스트케이스가 딱 14가지뿐이므로 1~14 각각의 답을 미리 구해 두고 입력에 따른 답을 그냥 바로 출력하면 통과할 수 있다. 싱거운 방법이긴 하나 이렇게 문제에서 주어지는 테스트케이스의 총 가지 수가 현저히 적기 때문에 가능한 방법이다.

두 번째 방법은 위 Python 코드에서 다음 방법을 적용해서 시간을 더 줄이는 것이다. N개의 퀸을 어떻게 전부 둬서 '완성'한 모습이 하나 있다고 상상해보자. 이 때, 이 완성판을 좌우로 뒤집었을 때 모습 역시 N개의 퀸을 둘 수 있는 방법에 해당된다. 즉, 하나의 경우를 구할 때마다 2배로 친다는 아이디어다. 대신 한쪽 절반만 탐색해야 한다.

가장 첫 번째 행에서 모든 열에 퀸을 두지 말고, 왼쪽 절반만 둬 보고 각각의 경우들을 2배로 취한다. 나머지 오른쪽 절반의 경우의 수가 왼쪽 절반과 완전히 동일하기 때문이다. 그런데, N이 짝수일 때는 괜찮지만 홀수일 때는 문제가 있다. 첫번째 행의 정가운데에 퀸을 둔 경우는 2배로 취하면 안 된다. 첫번째 행의 정가운데에 퀸을 뒀을 때는 왼쪽, 오른쪽 어디에도 속하지 않아 중복 발생이 되지 않으며 독립적이다. 따라서 이 경우만 따로 세서 정답에 더한다. 이 아이디어까지 반영한 코드는 아래와 같으며 답이 더 빠르게 나오고 Python 3에서 통과한다.

```
                                                    CODE EXAMPLE
N = int(input())

ans = 0

col = [False] * N  # i번째 열에 퀸을 뒀는지

d1 = [False] * 2 * N  # \ 대각선, 우상단부터 0

d2 = [False] * 2 * N  # / 대각선, 좌상단부터 0


def backtracking(row):

    global ans

    if row == N:

        ans += 1

        return


    for j in range(N if row else N // 2):
```

```python
            if not col[j] and not d1[row - j] and not d2[row + j]:
                col[j] = True
                d1[row - j] = True
                d2[row + j] = True

                backtracking(row + 1)

                d2[row + j] = False
                d1[row - j] = False
                col[j] = False

if N % 2:
    # 홀수일 때 첫 번째 행에 퀸을 왼쪽 절반
만 둬 보고 그때의 경우의 수를 2배로 취한다 (정가운데 제외)
    backtracking(0)
    ans *= 2

    # 첫 번째 행의 정가운데에 퀸을 뒀을 때의 경우의 수를 구해서 더한다
    j = N // 2
    col[j] = d1[-j] = d2[j] = True
    backtracking(1)

    print(ans)
else:
    # 짝수일 때 첫 번째 행에 퀸을 왼쪽 절반만 둬 보고 그때의 경우의 수를 2배로 취한다
    backtracking(0)
    print(ans * 2)
```

알고리즘 Q 정답

③ 파라메트릭 서치

레슨의 순서가 바뀌면 안 되고 레슨을 중간에 끊을 수도 없다. 따라서 첫 번째 블루레이에는 첫 번째 레슨부터 a번째 레슨까지 담고, 두 번째 블루레이에는 a+1번째~b번째 레슨까지 담고, 세 번째 블루레이에는 b+1번째~c번째 레슨까지 담고, … 마지막 블루레이에는 마지막 레슨까지 담는다.

블루레이의 크기를 늘리면 늘릴수록 하나의 블루레이에 더 많은 레슨을 담을 수 있다. 그러면 블루레이 개수를 줄일 수 있다. 반대로 블루레이 크기를 줄이면 사용하는 블루레이 개수는 늘어난다. 블루레이 크기 중 최소를 구해야 하므로 가급적 크기를 줄여야 하지만, 너무 줄이면 M개보다 많이 사용하게 된다.

블루레이에 레슨을 하나는 담아야 하므로, 블루레이 크기는 레슨 중에 길이가 가장 긴 레슨 길이보다는 같거나 커야 한다. 또한 모든 레슨을 하나의 블루레이에 담는다면 전체 레슨들 길이의 합과 같다. 블루레이 크기는 이 사이 어딘가가 될 것이므로 탐색 범위의 최솟값과 최댓값은 찾았다.

블루레이의 크기를 최솟값부터 시작해서 1씩 늘려가며 레슨들을 담아 보고 블루레이 사용 개수가 M개 이하가 될 때를 찾아 그 때의 크기를 출력한다. 블루레이 크기의 최솟값은 1이고 최댓값은 $100{,}000 \times 10{,}000 = 10^9$이다. 1씩 늘릴 때마다 레슨들을 블루레이에 담아 보고 총 몇 개가 사용되었는지를 확인해야 한다. 이 작업은 레슨 개수에 비례하므로 $O(N)$이다. N은 최대 100,000이므로 최악의 경우 연산 횟수는 대략 $10^9 \times 100{,}000 = 10^{14}$가 되어 시간 초과가 발생한다.

그래서 시간을 줄이기 위해 파라메트릭 서치를 사용한다. 최솟값, 최댓값은 알고 있으니 그 사이 범위에서 블루레이 크기를 가운데 값으로 잡고 레슨들을 담아서 블루레이 사용 개수가 M개 이하라면 블루레이 크기 범위를 줄여 보고, M개 초과라면 늘려 보며 답을 찾는다.

```python
N, M = map(int, input().split())
lessons = list(map(int, input().split()))
l = max(lessons)
r = sum(lessons)
m = (l + r) // 2
ans = r


def is_possible(sz):
    cnt = 1
    bluray = 0
    for lesson in lessons:
        if bluray + lesson <= sz:
            bluray += lesson
        else:
            cnt += 1
            bluray = lesson

    return cnt <= M

while l <= r:
    if is_possible(m):
        ans = m
        r = m - 1
    else:
        l = m + 1

    m = (l + r) // 2

print(ans)
```

알고리즘 Q 정답

④ 동적 계획법

함수 $f(i):=$ 'i를 제곱수들의 합으로 나타냈을 때 항의 최소 개수'라고 정의하면, 구하는 답은 $f(N)$이다. i는 제곱수들의 합으로 나타냈다고 치고, 이 중에 하나의 항을 빼면 남은 항들 역시 제곱수들의 합 꼴을 나타내고 있다. 여기서도 항을 하나 빼면 남은 항들 역시 마찬가지이다. 즉, 재귀적 구조를 띄고 있는 것을 알 수 있다.

이 점을 이용해서 $f(i)$를 구할 수 있다. i에서 1^2를 뺐을 때, 2^2을 뺐을 때, 3^2을 뺐을 때, 4^2을 뺐을 때, … 각각의 경우를 살펴보고 그 중에 가장 항이 최소개수일 때를 찾으면 된다. 따라서 점화식은 다음과 같다.

$$f(i) = \min(f(i-1^2),\, f(i-2^2),\, f(i-3^2),\, \cdots,\, f(i-j^2)) + 1 \qquad (i \geq j^2)$$

i가 제곱수라면 $f(i)$는 1이 된다. 예를 들어, 4는 2^2로 나타낼 수 있기 때문에 $f(4)=1$이다. $i=j^2$인 경우에 해당되는데, 이 때 $f(1)=0$으로 초기값을 둬야 올바르게 답을 구할 수 있다. 이 점화식을 가지고 DP로 풀어야 한다. Bottom-up으로 푼 코드는 다음과 같다.

```
N = int(input())

dp = [i for i in range(N + 1)]

for i in range(4, N + 1):

    for j in range(1, i):

        if i < j * j:

            break


        if dp[i] > dp[i - j * j] + 1:

            dp[i] = dp[i - j * j] + 1


print(dp[N])
```

$f(i)$를 구할 때 '모든 제곱수를 빼 볼 필요 없이 가능한 큰 제곱수를 빼면 항이 최소 개수가 아닐까?'하는 생각이 들 수 있다. 만약 이 아이디어가 맞다면 그리디로 풀면 된다. 그런데 과연 반례가 없을까?

18의 경우 가능한 큰 제곱수부터 항으로 삼는다면 $4^2+1^2+1^2$으로 3개의 항으로 나타난다. 하지만 3^2+3^2로 나타내면 2개의 항으로 나타낼 수 있다. 이렇게 반례가 존재하므로 그리디 알고리즘으로는 풀 수 없다.

알고리즘 Q 정답

④ 동적 계획법

'최장 증가 부분 수열(LIS)'이라는 유명한 문제가 있다. 대표적인 DP 문제인데, 이 '가장 큰 증가 부분 수열' 문제 역시 DP로 풀 수 있다.

모든 경우를 살펴보는 완전탐색을 시도하면, 모든 부분 수열을 만들어보고, 그 부분 수열들이 증가 부분 수열인지 판단한다. 맞다면 그때의 합의 최댓값을 갱신해가는 방식으로 푼다. 그렇다면 부분 수열은 몇 가지나 만들 수 있을까? 각 원소를 넣거나 빼거나 하는 두 가지 경우가 있으므로 총 2^N가지나 된다. 문제에서 N은 최대 1,000이므로 이 방법으로는 풀 수 없다.

동적 계획법으로 풀기 위해 점화식을 찾아보자.

$f(i):=$'A[i]를 마지막 요소로 삼는 증가 부분 수열 중에 가장 큰 합'이라고 정의하면, 우리가 찾는 답은 $\max(f(0), f(1), f(2), \cdots, f(N-1))$이다.

$f(i)$의 정의에 의하면 i번째 요소가 수열의 마지막이 되어야 하므로 i번째 다음에 나오는 값들은 볼 필요가 없고, i번째보다 앞에 있는 요소들을 살펴봐야 한다. 0~$i-1$까지 돌면서 j번째 값 A[j]가 A[i]보다 작다면 증가 부분 수열을 만들어 볼 수 있다. 이때의 증가 부분 수열의 가장 큰 합은 $f(j)+$A[i]가 된다. 이렇게 모든 j에 대해서 $f(j)+$A[i]가 가장 큰 경우를 찾으면 $f(i)$를 구할 수 있다.

```
N = int(input())
A = list(map(int, input().split()))
dp = [0] * N
dp[0] = A[0]
for i in range(1, N):
    for j in range(i):
        if A[j] < A[i]:
            dp[i] = max(dp[i], dp[j])
    dp[i] += A[i]


print(max(dp))
```

문제에서 주어진 예제에 대해서 수열 A와 DP 테이블을 나타내보면 다음과 같다.

i	0	1	2	3	4	5	6	7	8	9
A	1	100	2	50	60	3	5	6	7	8
DP	1	101	3	53	113	6	11	17	24	32

DP 테이블에서 가장 큰 값은 113이므로 답은 113이다. 이때의 수열은 '1, 2, 50, 60'이다.

## Part 03

알고리즘 핵심문제 20

핵심문제 01 | 외계인의 기타 연주

> ### 알고리즘 Q 정답
>
> Q1. 스택
> Q2. O(N)

기타는 6개의 줄이 있다고 문제에 명시되어 있는데, 각각의 기타줄은 독립적이다. 1번 줄에 어떤 프렛들을 누르고 있든 이는 2번 줄에도, 3번 줄에도, 4번 줄에도, 5번 줄에도, 6번 줄에도 아무 영향을 끼치지 않는다. 따라서 각각을 별도로 생각하는 것이 편하다.

이제 기타줄 하나에 대해서 생각해보자. 현재 누르고 있는 프렛들 중 가장 큰 번호보다 더 큰 번호의 프렛을 눌러야 하면 해당 프렛을 눌러주고 끝이지만, 작은 번호의 프렛이 나오면 큰 번호의 프렛들을 누르고 있던 걸 떼어야 한다. 어디까지 떼어야 할까? 계속 떼다가 눌러야 하는 프렛 번호가 나오면 멈춘다. 예를 들어 현재 1, 2, 4, 6, 8번 프렛을 누르고 있는 상황이고 5번 프렛을 눌러야 한다면 8, 6번 프렛을 떼고 5번을 눌러주는 게 최선이다. 그러면 1, 2, 4, 5번 프렛을 누른 상태가 될 것이다.

스택을 쓰면 이를 구현하기 용이하므로 스택 6개를 두고 푼다.

```
import sys

input = sys.stdin.readline
N, P = map(int, input().split())
ans = 0
stk = [[] for _ in range(7)]
for _ in range(N):
    line, p = map(int, input().split())
```

```
    while stk[line] and stk[line][-1] > p:
        stk[line].pop()
        ans += 1


    # 이미 해당 프렛을 누르고 있다면 continue
    if stk[line] and stk[line][-1] == p:
        continue


    stk[line].append(p)
    ans += 1


print(ans)
```

입력이 최대 500,000여 줄이 들어올 수 있으므로 빠른 입력함수를 사용했고 줄 번호가 1부터 시작하므로 편의상 스택을 7개 만들었다.

이중 반복문이 사용되어 시간 복잡도를 얼핏 O(NP)라고 생각할 수도 있지만 스택을 이용한 위 풀이는 O(N)이다. N번 각각에 대해 전부 O(P)만큼 반복되는 게 아니기 때문이다. 스택에 들어오고 나가는(손을 움직이는) 횟수는 전체 반복문이 끝났을 때 최종적으로 최대 2N을 넘기지 않고 스택의 삽입/삭제는 O(1)이다. 따라서 총 시간 복잡도는 O(N)이다.

알고리즘 Q 정답

Q1. 그리디, 사칙연산

Q2. $O(1)$

휴가 첫날부터 캠핑장을 바로 이용하기 시작해서 사용 가능일 중 최대한 많은 날 동안 이용하는 것이 최선이다. P일 중 L일만 이용 가능하므로 P−L일은 이용할 수 없다. 이용 불가능한 이 기간이 지나지마자 다시 최대한 이용한다. 이를 반복하면 사이클과 같이 반복적으로 돌아가게 되는 것을 알 수 있다. 문제에 주어진 입력을 가지고 캠핑장 이용 계획표를 그려보면 다음과 같다. 색칠한 칸이 캠핑장 이용한 날이다.

첫 번째 케이스

일자	0	1	2	3	4	5	6	7	8	9	10	11	12	13	14	15	16	17	18	19

두 번째 케이스

일자	0	1	2	3	4	5	6	7	8	9	10	11	12	13	14	15	16

세 번째 케이스로 입력이 3, 10, 17이 들어왔다면 다음과 같다.

일자	0	1	2	3	4	5	6	7	8	9	10	11	12	13	14	15	16

휴가 V일을 P로 나눈 몫×L일만큼 이용하고, V를 P로 나눈 나머지만큼 남는데 여기서 이용 가능한 최대한 이용하는 것이 캠핑장을 이용하는 최대 일수이다.

휴가 V일을 반복문으로 돌며 캠핑장을 이용하는 날만 세서 답을 구할 수도 있으나 문제에서 '모든 입력 정수는 int범위'라고 명시한 부분에 유의해야 한다. 21억 정도의 수를 $O(V)$로 풀게 되면 시간 초과가 발생할 것이다. 따라서 위의 수식을 이용해 $O(1)$로 답을 구해야 한다.

```
tc = 1

while True:
    L, P, V = map(int, input().split())
    if L == 0:
        break


    print(f'Case {tc}: {V // P * L + min(V % P, L)}')
    tc += 1
```

Q1. 브루트 포스(완전탐색)

Q2. H: 집 수, C: 치킨집 수라 하면 H≤2N≤100이고 C≤13이다. 시간 복잡도는 $O(2^C \, HC)$으로 완전탐색으로 통과 가능하다.

치킨집을 최대 M개 고를 수 있다고 하면, 치킨집이 많을수록 각 집에서 더 가까운 치킨집을 고를 수 있으므로 가능한 치킨집을 많이 고르는 게 좋다. 따라서 치킨집은 항상 M개를 고르는 것으로 한다. 치킨집의 개수는 최대 13개이므로 M이 6 또는 7일 때 치킨집을 고르는 경우의 수가 $_{13}C_6=1{,}716$개로 가장 많다. 각각의 경우를 돌아볼 때 걸리는 시간이 너무 오래 걸리지 않는다면 모든 경우의 수를 살펴보아도 충분한 수다. 각각의 경우를 돌아볼 때 걸리는 시간은 어느 정도일까? 문제의 입력에서 집의 개수는 최대 2N개라고 했고, N은 최대 50이므로 집은 최대 100개다. M이 6~7인 경우에 대해 보고 있으므로 도시의 치킨거리를 구하는 건 $100 \times 7 = 700$번 정도만에 가능하다고 볼 수 있다. $1{,}716 \times 700 = 1{,}201{,}200$이므로 시간 제한 1초 내로 브루트 포스를 돌아도 괜찮다고 판단할 수 있다.

이 문제를 처음 보자마자 길찾기 문제라고 생각하고 각각의 집의 치킨 거리를 구할 때 길찾기 방식으로 DFS/BFS를 돌려 답을 구하려고 하는 경우가 많다. 하지만 각 집의 좌표와 치킨집의 좌표를 미리 배열에 집어넣고 푸는 방식이 훨씬 간단하다.

```
from itertools import combinations


N, M = map(int, input().split())
houses = []
chickens = []
for i in range(N):
    for j, val in enumerate(map(int, input().split())):
        if val == 1:
            houses.append((i, j))
        elif val == 2:
            chickens.append((i, j))



def get_dist(coord1, coord2):
    r1, c1 = coord1
    r2, c2 = coord2
    return abs(r1 - r2) + abs(c1 - c2)



ans = 2 * N * len(houses)
for comb in combinations(chickens, M):
    tot = 0
    for house in houses:
        tot += min(get_dist(house, chicken) for chicken in comb)

    ans = min(ans, tot)

print(ans)
```

Q1. BFS. 최단거리를 구해야 하기 때문이다.

문제에서 주어진 친구 관계를 그래프로 나타낼 수 있다. 유저들은 정점, 친구 관계는 간선으로 나타낸다. 문제에서 구하는 것은 케빈 베이컨의 수가 가장 작은 사람이므로 모든 유저들의 각 케빈 베이컨의 수를 구해야 한다.

케빈 베이컨의 수는 다른 유저와의 최단거리들의 합이므로 BFS를 이용한다. 모든 유저들이 시작점이자 도착점이 된다. 각 유저에 대해서 BFS를 돌려 다른 나머지 유저들까지 각 최단거리를 모두 더한다.

CODE EXAMPLE

```python
from collections import deque

N, M = map(int, input().split())
gr = [[False] * N for _ in range(N)]
for _ in range(M):
    a, b = map(int, input().split())
    gr[a - 1][b - 1] = gr[b - 1][a - 1] = True


ans = -1
ans_tot = 987654321
dist = [[0] * N for _ in range(N)]



def bfs(start, goal):
    chk = [False] * N
    dq = deque()
    chk[start] = True
    dq.append((start, 0))
    while dq:
        now, d = dq.popleft()
```

```
            if now == goal:
                return d


            for nxt in range(N):
                if gr[now][nxt] and not chk[nxt]:
                    chk[nxt] = True
                    dq.append((nxt, d + 1))



for i in range(N):
    tot = 0
    for j in range(N):
        if i != j:
            if dist[i][j] == 0:
                dist[i][j] = dist[j][i] = bfs(i, j)


            tot += dist[i][j]

    if ans_tot > tot:
        ans = i
        ans_tot = tot

print(ans + 1)
```

위 코드에서 그래프를 저장할 때 인접행렬 방식을 사용했고, 사람의 번호가 1~N으로 들어오는 것을 제로 베이스로 바꾸기 위해 1씩 빼서 넣었다.

이 문제는 이 책에서는 언급하지 않은 '플로이드—워셜'이라는 최단거리 알고리즘으로도 풀 수 있으니 더 공부하고 싶다면 찾아보자.

알고리즘 Q 정답

Q1. DP. 완전 탐색으로는 시간초과가 발생하며 점화식을 찾을 수 있다.

우선, 모든 경우에 대해 살펴보는 완전 탐색을 시도해보자. n, m이 1,000이고 모든 칸이 1로 입력이 주어졌을 때, 정사각형을 만드는 경우의 수는 총 몇 가지일까? 1×1 정사각형이 1,000× 1,000개, 2×2 정사각형이 999×999개, 3×3 정사각형이 998×998개, ⋯ 1,000×1,000정사각 형이 1×1개다. 따라서 총 개수는 $\sum_1^{1,000} i^2 = \dfrac{1,000(1,000+1)(2\times1,000+1)}{6} = 333,833,500$이다. 그런데, 실제로 입력이 모든 칸이 1인지는 알 수 없으므로 정사각형마다 내부의 모든 칸이 1인지 도 검사해야 한다. 이렇게 모든 경우의 수를 살펴보는 방법은 결국 시간 초과를 피할 수 없어 다른 방법을 찾아야 한다.

어떤 가장 큰 정사각형이 있을 때, 이 정사각형 내부는 더 작은 정사각형으로 이루어져 있다. 이 점을 이용해 동적 계획법으로 풀 수 있다.

$DP(i, j)$:= i, j칸을 우하단으로 삼는 가장 큰 정사각형의 한 변의 길이라고 정의하자. 물론 해 당 칸이 0일 때는 정사각형을 만들 수 없으므로 0이다. 해당 칸이 1일 때는 1×1 정사각형을 만들 수 있다. 2×2 정사각형이 되기 위해서는 인접한 세 칸 – 왼쪽칸, 위칸, 좌상단 대각선칸도 이 DP값이 1 이상이어야 한다. 3×3 정사각형 되기 위해서는 인접한 세 칸의 DP값이 2 이상이어야 한다.

만약 인접한 세 칸의 DP값이 다른 경우에는 어떻게 될까? 그 중 가장 작은 값을 따를 수밖에 없다. 따라서 다음과 같은 점화식이 성립한다.

$$DP(i, j) = \min(DP(i-1, j-1),\ DP(i-1, j), DP(i, j-1)) + 1$$

이제 모든 DP값 중에 가장 큰 값이 만들 수 있는 가장 큰 정사각형의 한 변의 길이다. 따라서 이 값의 제곱이 구하는 답이다.

```
n, m = map(int, input().split())
arr = [list(map(int, input())) for _ in range(n)]
ans = max(arr[0])
for i in range(1, n):
    for j in range(1, m):
        if arr[i][j] == 1:
            arr[i][j] = min(arr[i - 1][j - 1], arr[i - 1][j], arr[i][j - 1]) + 1

    ans = max(ans, max(arr[i]))

print(ans ** 2)
```

이 코드에서는 DP 테이블을 따로 만들지 않고 입력받은 arr위에 덮어 씌웠다. Bottom-up 방식으로 DP 테이블을 채워 나갈 때 구하는 좌표의 arr값만 필요하고 이전의 (더 왼쪽이나 위쪽 등 이미 살펴본 좌표의) arr값이 필요하지 않기 때문에 가능한 테크닉이다.

알고리즘 Q 정답

Q1. 우선순위 큐
Q2. 테스트 케이스마다 O(MlogM)로 통과가 가능하다.

이 문제를 보고 직관적으로 떠오르는 풀이는 비어 있는 배열 하나에 입력값을 2개씩 넣고 정렬하여 중앙값을 고르는 것이다. 10개씩 쪼개서 입력이 들어오고 출력 또한 10개씩 쪼개야 하는 부분 때문에 구현력을 약간 요구한다. 이런 경우에 입력을 받으면서 입력값에 대해 바로 처리하기보다는, 배열을 하나 두고 입력값을 전부 넣고 나서 이 배열을 가지고 핵심 로직을 세우는 게 편하다. 즉, 입력부와 문제해결 파트를 나눈다고 생각하자.

인덱스가 짝수일 때만 정렬하고 중앙값을 고른다. 이때, 인덱스가 짝수인지 판별하기 위해 보통은 2로 나눈 나머지가 0인지를 살펴보는데, 비트 연산자를 이용하는 방법도 있다. 이진수로 나타냈을 때 홀수는 항상 1로 끝나고, 짝수는 0으로 끝난다는 점을 이용해서 1과 'AND 비트 연산'을 시켜준 결과값이 1이면 홀수, 0이면 짝수라고 판별할 수 있다. 2로 나눈 나머지를 보는 방법 외에 다른 방법도 있다는 것을 알려 주기 위해 아래 코드에서는 비트 연산자를 사용했다.

```
CODE EXAMPLE

for _ in range(int(input())):
    M = int(input())
    ipt = []
    for _ in range(M // 10 + 1 if M % 10 else M // 10):
        ipt += map(int, input().split())


    arr = []
    ans = []
    for i, v in enumerate(ipt):
        arr.append(v)
        if (i & 1) == 0:
            arr.sort()
            ans.append(arr[i // 2])
```

```
    print(len(ans))
    for i in range(len(ans) // 10 + 1 if len(ans) % 10 else len(ans) // 10):
        print(*ans[i * 10:(i + 1) * 10])
```

위 코드는 반복문으로 M만큼 돌면서 두 번에 한 번은 정렬을 하고 있기 때문에 테스트 케이스마다 시간 복잡도가 $O\left(M \times \dfrac{(M\log M)}{2}\right) = O(M^2\log M)$이다. M의 최대값이 거의 1만이므로 이 정도 시간 복잡도는 좀 불안하니 다른 방법을 고민해 보자. 우선순위 큐를 이용해서 더 빠르게 풀 수 있는 방법이 있다.

항상 중앙값과 그 왼쪽의 값들은 최대힙에, 중앙값보다 오른쪽 값들은 최소힙에 저장되도록 유지하면 언제나 최대힙의 루트에 중앙값이 위치하게 된다. 이 상태가 유지되기 위해서는 값을 2개씩 처리할 때마다 최대힙의 크기는 최소힙보다 1 커야 한다. 예를 들어 최대힙에만 계속 값이 들어가거나 최소힙에만 계속 값이 들어가면 한쪽으로 기울게 되어 최대힙의 루트가 중앙값이 아니게 된다.

우선, 첫 번째 값은 무조건 중앙값이므로 최대힙에 넣는다. 두 번째 값부터는 중앙값과 비교해서 더 작으면 최대힙에, 중앙값 이상이면 최소힙에 넣는다. 그리고 항상 최대힙과 최소힙의 크기를 비교해서 |최소힙|≤|최대힙|≤|최소힙|+1 을 맞춘다.

우선순위 큐 2개를 이용한 이 방법의 시간 복잡도를 구해 보자. 우선순위 큐에서 값을 한 번 넣거나 뺄 때는 $O(\log M)$이며 이는 반복문을 M만큼 돌면서 1~3번씩 수행된다. 우선순위 큐에 값을 한 번은 반드시 넣고, 최대힙과 최소힙 크기의 균형을 맞추기 위해 추가로 한쪽 우선순위 큐에서 값을 빼서 다른 쪽 우선순위 큐에 넣어 줄 수 있다. 그러므로 추가로 두 번 수행될 수도 있기에 최대 세 번이다. 따라서 시간 복잡도는 $O(M\log M)$이며 앞의 정렬만 이용하는 방법보다 빠르다.

```python
import heapq

for _ in range(int(input())):
    M = int(input())
    ipt = []
    for _ in range(M // 10 + 1):
        for i in map(int, input().split()):
            ipt.append(i)


    ans = []
    max_hq = []
    min_hq = []


    def put(n):
        if max_hq and n >= -max_hq[0]:
            heapq.heappush(min_hq, n)
        else:
            heapq.heappush(max_hq, -n)


        if len(max_hq) > len(min_hq) + 2:
            heapq.heappush(min_hq, -heapq.heappop(max_hq))
        elif len(max_hq) < len(min_hq):
            heapq.heappush(max_hq, -heapq.heappop(min_hq))


    for i, val in enumerate(ipt):
        put(val)
        if i % 2 == 0:
            ans.append(-max_hq[0])


    print((M + 1) // 2)
    for i in range(len(ans) // 10 + 1):
        print(*ans[i * 10:(i + 1) * 10])
```

Q1. DFS, BFS, 백트래킹(완전탐색)
Q2. $O(4^N)$으로 통과 가능하다.

완전 탐색으로 가능한지 생각해 보면, N이 최대 11이므로 연산자는 총 10개다. 연산자를 배치하는 모든 경우의 수는 10!보다는 작은 수가 확실하다. 10개를 배치하는 경우의 수는 10!이지만 연산자가 4종류뿐이므로 중복이 많이 발생하기 때문이다. 예를 들어 덧셈 3개, 뺄셈 3개, 곱셈 2개, 나눗셈 2개일 때 모든 경우의 수는 25,200가지다.

덧셈 a개, 뺄셈 b개, 곱셈 c개, 나눗셈 d개일 때 총 가지 수는 $\dfrac{(a+b+c+d)!}{a!b!c!d!}$이다. 따라서 모든 가능한 식을 만들어 계산해 보고 최댓값과 최솟값을 찾는 방법으로 풀 수 있다.

순열^{permutation}을 사용해서 푼 코드는 다음과 같다. 중복이 많이 발생하므로 집합을 이용해 중복 제거를 하고 식을 계산했다. 나눗셈은 문제에서 정의한 대로 처리한다.

```
CODE EXAMPLE

from itertools import permutations

N = int(input())
nums = list(map(int, input().split()))
ops_cnt = []
for i, cnt in enumerate(map(int, input().split())):
    ops_cnt += [i] * cnt


ans_max = -1_000_000_001
ans_min = 1_000_000_001
for permu in set(permutations(ops_cnt, N - 1)):
    res = nums[0]
    for i, op in enumerate(permu):
        if op == 0:
            res += nums[i + 1]
```

```
        elif op == 1:
            res -= nums[i + 1]
        elif op == 2:
            res *= nums[i + 1]
        else:
            if res >= 0:
                res //= nums[i + 1]
            else:
                res = -(-res // nums[i + 1])

    if res > ans_max:
        ans_max = res

    if res < ans_min:
        ans_min = res

print(ans_max)
print(ans_min)
```

BFS로 구현한 코드는 다음과 같다. 연산자 남은 개수와 연산 결과값을 가지고 다음 가능한 연산을 해주고 큐에 다시 넣는다. 덧셈 연산자가 남았으면 덧셈을 한 경우를 큐에 넣어 주고, 뺄셈 연산자도 남았으면 뺄셈을 한 경우를 큐에 넣어 준다. 결국 모든 연산자가 다 소진되었을 때 최종 결괏값을 최댓값, 최솟값에 갱신한다.

CODE EXAMPLE

```
from collections import deque

N = int(input())
nums = list(map(int, input().split()))
ops_cnt = list(map(int, input().split()))
ans_max = -1_000_000_001
```

```python
ans_min = 1_000_000_001
dq = deque()
dq.append((nums[0], 1, ops_cnt[0], ops_cnt[1], ops_cnt[2], ops_cnt[3]))
while dq:
    res, n, plus, minus, multi, div = dq.popleft()
    if n == N:
        ans_max = max(ans_max, res)
        ans_min = min(ans_min, res)
        continue

    if plus:
        dq.append((res + nums[n], n + 1, plus - 1, minus, multi, div))

    if minus:
        dq.append((res - nums[n], n + 1, plus, minus - 1, multi, div))

    if multi:
        dq.append((res * nums[n], n + 1, plus, minus, multi - 1, div))

    if div:
        next_res = res // nums[n] if res >= 0 else -(-res // nums[n])
        dq.append((next_res, n + 1, plus, minus, multi, div - 1))

print(ans_max)
print(ans_min)
```

알고리즘 Q 정답

Q1. 딕셔너리, 문자열, 정렬

이 문제는 팰린드롬이 되는지 여부를 먼저 파악해야 한다. 팰린드롬이 되려면 알파벳들이 짝수여야 한다. 다만 알파벳 중 하나는 홀수라도 팰린드롬을 만들 수 있다. 남는 하나를 가운데에 배치하면 되기 때문이다. 따라서 각 알파벳이 몇 개씩 등장했는지 조사할 필요가 있다. 이때 유용하게 쓸 수 있는 Python의 라이브러리를 하나 소개한다. Counter 모듈을 사용하면 각 문자기 몇 개씩 있는지를 딕셔너리 형태로 정리해서 반환해 준다.

홀수 번 등장한 알파벳이 둘 이상이라면 "I'm Sorry Hansoo"를 출력한다. 아니라면 팰린드롬을 만들어 출력한다. 왼쪽 절반을 만들고 혹시 홀수 번 등장한 알파벳이 있다면 가운데 하나 배치하고 나머지 오른쪽 절반을 합치면 된다. 사전순으로 앞서는 이름을 출력해야 하므로 짝수 번 등장한 알파벳들을 정렬해서 앞에서부터 절반씩 배치하면 된다. 왼쪽 절반을 따로 저장해 두고, 이를 뒤집어 오른쪽 절반으로 쓴다.

```
from collections import Counter


alphabet_cnt = Counter(input())
if sum(cnt % 2 for cnt in alphabet_cnt.values()) > 1:
    print("I'm Sorry Hansoo")
else:
    half = ''
    for ch, cnt in sorted(alphabet_cnt.items()):
        half += ch * (cnt // 2)


    ans = half
    for ch, cnt in alphabet_cnt.items():
        if cnt % 2:
            ans += ch
            break


    ans += ''.join(reversed(half))
    print(ans)
```

Q1. 스택

Q2. O(N)으로 통과 가능하다.

이 문제는 이중 반복문을 돌면서 쉽게 답을 구할 수 있지만 이 경우 시간 복잡도가 $O(N^2)$이고 N은 최대 1,000,000이므로 시간 초과가 발생할 것이므로 더 나은 방법을 찾아야 한다.

NGE(i)는 A[i+1] ~ A[N−1] 중에 답을 찾아야 한다. 언제나 왼쪽은 고려할 필요가 없다. A[i]보다 큰 값이 등장하면 NGE(i)가 정해지게 되고 이후로 A[i]는 살펴볼 일이 없으므로 저장할 필요가 없다. 스택을 이용하면 된다. 스택에 A[0]을 저장한다. A[1]을 살펴보는데 A[0]보다 큰 수라면 바로 NGE(0)가 A[1]로 결정된다. 스택에서 A[0]을 빼고 A[1]을 넣는다. A[2]는 A[1]보다 작은 수라면 그대로 스택에 넣는다. 스택의 가장 아래에는 A[1]이 있고 그 위에 A[2]가 놓인다. 이런 식으로 진행하면 스택의 가장 바닥에는 스택 내에 제일 큰 수가 위치하고 상단으로 갈수록 점점 작은 수가 오게 된다. 새로운 수가 스택의 상단값(top)보다 크다면 그 상단값의 NGE()가 결정되고, 상단값은 스택에서 빠진다. 그런데 새로운 스택의 상단값 역시 새로운 수보다 작다면 마찬가지로 NGE()가 결정되고 스택에서 빠져야 한다. 새로운 수와 스택의 상단값을 비교하며 이러한 작업이 계속되고 마침내 스택의 상단값이 더 클 경우에 새로운 수가 스택에 들어간다.

그런데 문제는 스택에 들어가고 나올 때 NGE()가 결정되어도 이 값이 원래 어디에 있었는지 위치를 알 수가 없다. 따라서 스택에는 값이 아닌 인덱스를 저장해야 한다(둘 다 저장해도 된다). 미리 NGE()값들을 담을 배열 하나를 만들어 전부 −1로 초기화하고 NGE(i)가 결정될 때 마다 이 배열에 넣어 준다. 모든 과정이 끝나고 오큰수가 없는 자리에는 −1이 들어 있게 된다.

```python
N = int(input())

arr = list(map(int, input().split()))

stk = []   # index 저장

ans = [-1 for _ in range(N)]

for i in range(N):

    while stk and arr[stk[-1]] < arr[i]:

        ans[stk[-1]] = arr[i]

        stk.pop(-1)


    stk.append(i)


print(' '.join(map(str, ans)))
```

Q1. DP

Q2. 완전탐색은 시간 초과가 날 것이며, DP로 풀면 O(NM)으로 통과 가능하다.

문제를 읽자마자 '순열조합을 이용해 풀면 되겠구나!'라고 생각한 사람이 많을 것이다. N개의 a, M개의 z로 만들 수 있는 모든 문자열을 사전 순으로 나열했을 때 K번째 문자열이 답이니까 간단해 보인다. 그런데, N과 M이 최대 100이다. 이 때 경우의 수는 $\frac{(N+M)!}{N!M!} = \frac{200!}{100!100!}$ $\approx 9.05485\cdots \times 10^{58}$이라는 무지막지한 수다. 경우의 수가 너무 많아 이런 완전 탐색으로는 풀 수 없다.

먼저 N, M이 주어졌을 때 만들 수 있는 모든 경우의 수를 구할 필요가 있다. 경우의 수가 K보다 작으면 −1을 출력해야 하기 때문이다. 위의 팩토리얼 공식으로 구하는 방법이 있고, 점화식을 이용해 DP로 구하는 방법도 있다. DP(N,M):='N개의 a와 M개의 z로 만들 수 있는 모든 문자열 수'라고 정의하자. N=0 이거나 M=0 일 때는 한 가지 밖에 없다.

N≥1,M≥1일 때는 맨 앞에 a가 오는 경우와 z가 오는 경우로 나눠 생각해 볼 수 있다. 맨 앞에 a가 오게 되면 나머지 N−1개의 a와 M개의 z로 문자열을 만들어야 한다. 맨 앞에 z가 오게 되면 나머지 N개의 a와 M−1개의 z로 문자열을 만들어야 한다. 따라서 DP(N,M)=DP(N−1,M)+DP(N,M−1)이 성립한다.

이를 이용해서 K번째 문자열도 만들 수 있다. S(N, M, K):='N개의 a와 M개의 z로 만들 수 있는 문자열 중 K번째'라고 정의하자. N=0이라면 z만 M개 나열하면 된다. M=0이라면 a만 N개 나열하면 된다. 그 외의 경우는 맨 앞에 a가 오는 경우와 z가 오는 경우로 나눠 생각한다. 맨 앞에 a가 오는 경우는 DP(N−1, M)가지다. K가 이 값 이하라면 맨 앞에 a가 와야 한다. K가 이 값보다 크다면 맨 앞에 z가 와야 한다. DP(N−1, M)가 경계선으로 K와 비교하여 앞에 a가 오게 될지 z가 오게 될지 결정되는 것이다. 만약 a가 맨 앞에 오는 것으로 결정되었다면, 이제 남은 문자열을 결정하는 것은 S(N−1,M,K)이다. z가 맨 앞에 오는 것으로 결정되었다면, 남은 문자열을 결정하는 것은 S(N, M−1, K−DP(N−1, M))이다. K에서 DP(N−1, M)을 뺀 것은 남은 문자열을 이제 첫 번째부터 세면 안 되기 때문이다. a로 시작하는 문자열들을 전부 세고 넘어간 셈이라서 그만큼을 빼야 한다.

예제 입력의 경우를 살펴보자. 2개의 a와 2개의 z로 만들 수 있는 문자열의 모든 경우는 다음과 같다.

0	a	a	z	z
1	a	z	a	z
2	a	z	z	a
3	z	a	a	z
4	z	a	z	a
5	z	z	a	a

맨 앞에 a로 오는 경우와 z로 오는 경우를 나눠 생각해보면 다음과 같다. DP(1, 2)=3이고, DP(2, 1)=3이므로 각각 세 가지 경우가 있다.

0	a	⋯
1	a	⋯
2	a	⋯
3	z	⋯
4	z	⋯
5	z	⋯

DP(1, 2)≥K이므로 맨 앞에 a가 오는 것으로 결정하고 S(1, 2, 2) 를 구한다. DP(0, 2)=1 이고 DP(1, 1)=2이므로 다음 표와 같이 나타낼 수 있다.

0	a	a	⋯
1	a	z	⋯
2	a	z	⋯

DP(0, 2)<K이므로 맨 앞에 z가 오는 것으로 결정하고 S(1, 1, 1)를 구한다. 이렇게 나머지도 진행한다.

```python
N, M, K = map(int, input().split())
dp = [[0] * (M + 1) for _ in range(N + 1)]
for j in range(1, M + 1):
    dp[0][j] = 1


for i in range(1, N + 1):
    dp[i][0] = 1
    for j in range(1, M + 1):
        dp[i][j] = dp[i - 1][j] + dp[i][j - 1]


def s(n, m, k):
    if n == 0:
        print('z' * m)
        return
    elif m == 0:
        print('a' * n)
        return


    if dp[n - 1][m] >= k:
        print('a', end='')
        s(n - 1, m, k)
    else:
        print('z', end='')
        s(n, m - 1, k - dp[n - 1][m])


if dp[N][M] < K:
    print(-1)
else:
    s(N, M, K)
```

Q1. 배열, 정렬

문제가 잘 이해되지 않을 수 있다. 예제 입력 1을 살펴보자. 주어진 배열 A를 비내림차순으로 정렬한 결과 배열 B는 1 2 3이다. 배열 A에서 첫번째 값 2는 이 정렬된 배열 B의 index 1에 있다. 두번째 값 3은 B의 index 2에 있다. 마지막으로 1은 B의 index 0에 있다. 따라서 답은 1 2 0이다. 문제에 주어진 식에 대입해 보면 다음과 같다.

$$B[P[0]] = B[1] = A[0] = 2$$
$$B[P[1]] = B[2] = A[1] = 3$$
$$B[P[2]] = B[0] = A[2] = 1$$

배열 A의 요소들과 각각의 인덱스를 짝지어 별도의 배열에 넣고 정렬시킨 뒤(B에 해당되는 셈이다), 순서대로 보면서 P를 채워 준다.

B에서 0번째로 꺼낸 값은 쌍 (1, 2)가 들어있을 것이다. 정렬시킨 결과인 1 2 3중 첫 번째가 1이고, 그 1이 들어있던 index는 2였기 때문이다. 따라서 P[2]=0을 넣어 준다.

B에서 1번째로 꺼낸 값은 쌍 (2, 0)이 들어있을 것이다. 정렬시킨 결과인 1 2 3중 두 번째가 2이고 그 2가 들어있던 index는 0이었기 때문이다. 따라서 P[0]=1을 넣어 준다.

마지막으로 P를 출력해 준다. 이를 Python으로 구현한 코드는 다음과 같다.

```
N = int(input())
A = list(map(int, input().split()))
B = sorted([(val, i) for i, val in enumerate(A)])
P = [-1] * N
for i, pair in enumerate(B):
    P[pair[1]] = i


print(" ".join(map(str, P)))
```

그런데 index를 처음부터 저장하지 않고 그냥 A를 정렬해서 B를 만든 후, index를 찾는 과정은 나중으로 미뤄도 되지 않을까? 그 아이디어를 구현한 Python 코드는 다음과 같다.

```python
N = int(input())
A = list(map(int, input().split()))
B = sorted(A)
chk = [False] * N
P = []
for i in A:
    for j in range(B.index(i), N):
        if i == B[j] and not chk[j]:
            chk[j] = True
            P.append(j)
            break

print(" ".join(map(str, P)))
```

위 코드에서 B는 그냥 A를 정렬한 결과와 같다. 그리고서 A의 각 요소들에 대해 B에서 몇 번째 index에 위치하는지 찾아서 P에 넣어 주고 있다. 그런데 B의 각 요소들이 선택됐는지 여부를 저장하는 체크배열을 따로 만들어 준 것을 볼 수 있다. 그 이유는 문제의 예제 입력 2와 같이 중복된 값이 들어왔을 때 처리를 위해서이다. 첫 번째 3이 쓰였으면 체크하고, 다음에 또 3을 찾을 때는 두 번째 3을 쓰도록 해 준다.

이 코드는 시간 복잡도 $O(N^2)$ 이므로 N이 시간 제한에 비해 매우 큰 수였다면 쓸 수 없었을 것이다. 이 문제에서 N은 최대 50으로 충분히 작아서 $O(N^2)$도 통과한다.

Q1. 그래프, DP

문제만 보면 수열에서 어떤 규칙성이 바로 보이지 않기 때문에 작은 N에 대해 수열들을 한 번 나열해보는 것으로 실마리를 찾아야 한다.

K＝2, N이 1~10일 때 각각 20개의 수열은 다음과 같다.

N=1: 1 1 1 1 1 1 1 1 1 1 1 1 1 1 1 1 1 1 1 1

N=2: 2 4 16 37 58 89 145 42 20 4 16 37 58 89 145 42 20 4 16 37

N=3: 3 9 81 65 61 37 58 89 145 42 20 4 16 37 58 89 145 42 20 4

N=4: 4 16 37 58 89 145 42 20 4 16 37 58 89 145 42 20 4 16 37 58

N=5: 5 25 29 85 89 145 42 20 4 16 37 58 89 145 42 20 4 16 37 58

N=6: 6 36 45 41 17 50 25 29 85 89 145 42 20 4 16 37 58 89 145 42

N=7: 7 49 97 130 10 1 1 1 1 1 1 1 1 1 1 1 1 1 1 1

N=8: 8 64 52 29 85 89 145 42 20 4 16 37 58 89 145 42 20 4 16 37

N=9: 9 81 65 61 37 58 89 145 42 20 4 16 37 58 89 145 42 20 4 16

N=10: 10 1 1 1 1 1 1 1 1 1 1 1 1 1 1 1 1 1 1 1

K＝3, N이 1~10일 때 각각 20개의 수열은 다음과 같다.

N=1: 1 1 1 1 1 1 1 1 1 1 1 1 1 1 1 1 1 1 1 1

N=2: 2 8 512 134 92 737 713 371 371 371 371 371 371 371 371 371 371 371 371 371

N=3: 3 27 351 153 153 153 153 153 153 153 153 153 153 153 153 153 153 153 153 153

N=4: 4 64 280 520 133 55 250 133 55 250 133 55 250 133 55 250 133 55 250 133

N=5: 5 125 134 92 737 713 371 371 371 371 371 371 371 371 371 371 371 371 371 371

N=6: 6 216 225 141 66 432 99 1458 702 351 153 153 153 153 153 153 153 153 153 153

N=7: 7 343 118 514 190 730 370 370 370 370 370 370 370 370 370 370 370 370 370 370

N=8: 8 512 134 92 737 713 371 371 371 371 371 371 371 371 371 371 371 371 371 371

N=9: 9 729 1080 513 153 153 153 153 153 153 153 153 153 153 153 153 153 153 153
153

N=10: 10 1 1 1 1 1 1 1 1 1 1 1 1 1 1 1 1 1 1 1

K＝4, N이 1~10일 때 각각 20개의 수열은 다음과 같다.

N=1: 1 1 1 1 1 1 1 1 1 1 1 1 1 1 1 1 1 1 1 1

N=2: 2 16 1297 8979 19619 14420 529 7202 2433 434 593 7267 6114 1554 1507 3027
2498 10929 13139 6725

N=3: 3 81 4097 9218 10674 3954 7523 3123 179 8963 12034 354 962 7873 8979 19619
14420 529 7202 2433

N=4: 4 256 1937 9044 7073 4883 8529 11298 10675 4323 434 593 7267 6114 1554 1507
3027 2498 10929 13139

N=5: 5 625 1937 9044 7073 4883 8529 11298 10675 4323 434 593 7267 6114 1554 1507
3027 2498 10929 13139

N=6: 6 1296 7874 9154 7443 2994 13394 6980 11953 7269 10274 2674 3969 14499
13635 2084 4368 5729 9603 7938

N=7: 7 2401 273 2498 10929 13139 6725 4338 4514 1138 4179 9219 13139 6725 4338
4514 1138 4179 9219 13139

N=8: 8 4096 8113 4179 9219 13139 6725 4338 4514 1138 4179 9219 13139 6725 4338
4514 1138 4179 9219 13139

N=9: 9 6561 3218 4194 7074 5058 5346 2258 4753 3363 1539 7268 7809 13058 4803
4433 674 3953 7348 6834

N=10: 10 1 1 1 1 1 1 1 1 1 1 1 1 1 1 1 1 1 1 1

수열에서 규칙은 보이지 않지만 잘 관찰하면 한 가지 힌트를 얻을 수 있다. 대부분의 수열이 사이클을 갖고 있다는 점이다. 어느 사이클에 들어가게 되면, 그 사이클의 수들만 계속 나오며 반복될 것이다. 방문체크 배열을 두고 DFS를 돌리다가 이미 방문한 곳이 다시 나오면 사이클이라는 것을 알 수 있다. 그러면 방문체크 배열의 크기를 얼마로 잡아야 할까? 수열에서 나올 수 있는 가장 큰 수는 몇일까? K는 최대 6이고 N은 최대 1,000,000이다. 그런데 1,000,000보다는 1 작은 999,999가 수열 다음 값이 훨씬 크므로 N=999,999일 때를 살펴보자. 20개까지 수열을 나타내

보면 다음과 같다.

999999 3188646 622426 97600 695746 762123 165163 109668 886898 1626673 258411 281931 794380 916059 1125164 66444 105600 62282 308992 1325819

아무리 큰 수도 7자리를 넘지 않는다. 만약 7자리 수가 모두 9라고 해도 $7 \times 9^6 = 3,720,087$로 오히려 작아진다. 따라서 나올 수 있는 수는 최대 7자리이기 때문에 10,000,000보다 작다. 체크 배열의 크기는 10,000,000만큼 만들면 된다.

그런데 사이클이 수열에서 언제 시작할지, 얼마나 긴지 알 수 없다. N의 범위도 1,000,000이나 되기 때문에 각각의 수열을 따로 돌려 답을 구하면 시간 초과가 날 수 있다. 이에 대한 해결책은 메모이제이션이다.

문제에서 K는 주어지므로 고정된다. 예를 들어 3으로 시작하는 수열 중간에 77이라는 값이 나왔다고 가정하자. 그리고 이후 101로 시작하는 수열 중간에도 77이라는 값이 나왔다고 하자. 각각 다음 수는 당연히 동일할 것이다. 이렇게 수열들의 시작값은 다르지만 같은 값에서 만나는 경우도 있을 수 있다. 같은 사이클을 돌게 될 수 있는 것이다. 만약 사이클 내에 최솟값이 있다면 시작값이 다른 두 수열이 최솟값은 동일하게 된다. 그러므로 체크배열은 방문체크 뿐 아니라 수열의 최솟값을 저장하는 역할까지 겸하는 것으로 한다.

최솟값을 저장해야 하므로 방문체크 배열은 무한으로 초기화한다. 등장하는 수는 최대 7자리이기 때문에 이보다 큰 값을 무한으로 쓸 수 있다.

그리고 DFS로 탐색 중인 값들을 임시 마크할 필요가 있다. 탐색과정에서 임시 마크한 값을 다시 만난다면 여기서부터 사이클이 시작된다는 것이다. 이 경우, 사이클을 다시 한 번 돌면서 사이클 내 최솟값 SKmin을 방문체크 배열에 넣어 준다. 사이클 내 모든 N값들에 대해서 이 N으로 시작하는 수열의 최솟값은 항상 SKmin이다.

그런데 사이클 내 값들의 최솟값은 SKmin이 맞지만 사이클 진입 전 값들은 수열의 최솟값이 SKmin일 수도 있고 아닐 수도 있다. 사이클에 진입하기 전에 SKmin보다 더 작은 값이 있다면 그 값이 최솟값이기 때문이다.

K＝4, N＝8인 경우를 그림으로 나타내면 다음과 같다.

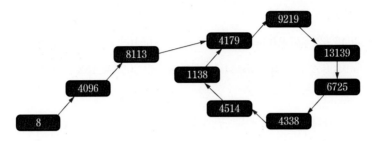

4179에서부터 사이클이 발생했다. 각각의 값들이 N일 때(수열의 시작값일 때) 수열의 최솟값은 다음과 같다.

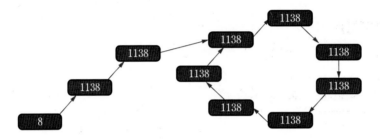

어떤 값에서 시삭해도 수열을 나열하면 빈드시 1138을 만나게 되므로 1138이 최솟값이지만 처음 8은 아니다. 8 이후에 나오는 어떤 값도 8보다 작은 값이 없어서 최솟값은 8이다.

방문체크 배열은 세가지 상태를 갖게 된다.

1. 무한: 아직 탐색하지 않은 값
2. 0: 임시 마크
3. 무한이 아닌 양수: 탐색 완료하고 답을 구한 적이 있는 값

모든 결과값은 반드시 0보다 크기 때문에 0이 나올 수는 없어서 임시 마크를 0으로 나타냈다. dfs() 함수를 완성했다면 A에서 B까지의 모든 N에 대해 dfs(N)을 돌려서 합을 구한다.

```
INF = 9876543210
cache = [INF] * 10_000_001  # 초기값: INF, 임시마크: 0
A, B, K = map(int, input().split())


def S(n):
    return sum(int(ch) ** K for ch in str(n))


def dfs(n):
    if cache[n] == INF:  # 최초 방문 노드
        cache[n] = 0  # 임시마크 해두고 탐색 시작
        cache[n] = min(n, dfs(S(n)))
    else:
        # 이미 탐색 완료한 노드라면 바로 반환
        if cache[n]:
            return cache[n]

        # 탐색 중인 노드 재방문. 즉, cycle 발견. 다시 cycle 돌면서 최솟값을 찾는다
        m = n
        nn = S(n)
        while nn != n:
            m = min(m, nn)
            nn = S(nn)

        # cycle 노드들에 최솟값을 갱신해준다
        cache[n] = m
        nn = S(n)
        while nn != n:
            cache[nn] = m
            nn = S(nn)

    return cache[n]


print(sum(dfs(i) for i in range(A, B + 1)))
```

Q1. 브루트 포스(완전탐색)
Q2. O(N!)으로 통과 가능하다.

 N개의 수를 임의로 나열해서 두 수들 간의 간격의 합이 가장 클 때를 찾는 문제다. N개의 수를 나열하는 모든 경우의 수는 N!이다. 그런데 이 문제의 N은 최대 8!이므로 완전 탐색을 돌려도 된다. Python의 permutation이나 C++의 next_permutation을 쓰면 간결하고 쉽게 풀 수 있다.

CODE EXAMPLE

```
from itertools import permutations


N = int(input())
A = list(map(int, input().split()))
ans = -1
for arr in set(permutations(A, N)):
    ans = max(ans, sum(abs(arr[i - 1] - arr[i]) for i in range(1, N)))


print(ans)
```

Q1. 정렬, 그리디

B는 재배열하면 안 된다는 제한이 있지만, A를 자유롭게 재배열할 수 있다면 결국 모든 경우를 살펴볼 수 있는 셈이다. S식의 항들의 위치를 바꿔서 나타내면 사실상 B도 재배열할 수 있다.

A에서 임의의 두 양수 a, b를 고르고 B에서 임의의 두 양수 c, d를 골랐다고 하자. 그리고 $a<b$와 $c<d$를 만족하는 상태라고 하자. 각각을 누구와 곱해야 최소가 될까? 작은 수는 작은 수끼리, 큰 수는 큰 수끼리 곱하는 것과 큰 수와 작은 수를 엇갈리게 곱하는 것 중 어떤 것이 합이 작을까? 후자가 더 작다. 다음과 같이 증명할 수 있다.

$b-a>0$이고 $d-c>0$이므로 $(b-a)(d-c)>0$이다. 식을 전개해서 정리하면 $ac+bd>ad+bc$가 나온다. 부등호 왼쪽은 전자, 부등호 오른쪽은 후자에 해당된다. 이 문제는 '재배열 부등식'이라는 수학 개념을 다루고 있으므로 자세한 내용이 궁금하다면 이 키워드로 찾아보자.

A를 오름차순, B를 내림차순으로 정렬해서 순서대로 각 항끼리 곱한 뒤 더해 주면 답을 구할 수 있다.

```
N = int(input())
A = sorted(map(int, input().split()))
B = sorted(map(int, input().split()), reverse=True)
print(sum(A[i] * B[i] for i in range(N)))
```

Q1. 그리디

$N=1$일 때는 주사위의 A~F 중 가장 큰 값이 바닥에 오도록 두면 된다. 그 외에는 주사위가 한 면만 보이는 부분, 두 면이 보이는 부분, 세 면이 보이는 부분으로 구성되므로 각각 나눠 생각해야 한다. 각각의 경우에 대해 가장 합이 작은 경우를 찾는 걸 구현했다 치고, 각각 몇 개가 있을까?

세 면이 보이는 부분은 가장 위층에 네 꼭짓점에 해당되므로 4개다. 두 면이 보이는 부분은 모서리들인데, 가장 위층에 길이 $N-2$ 모서리 4개, 바깥 부분 $N-1$ 모서리 4개가 있다. 따라서 총 $4(2N-3)$개다. 한 면만 보이는 부분은 N^3큐브의 면을 차지하는 부분들이다. 제일 윗면은 $(N-2)^2$ 개, 바깥쪽 면은 $4(N-1)(N-2)$개다. 더해서 정리하면 $(N-2)(5N-6)$이다.

두 면이 보이는 경우 중 합의 최솟값을 구하는 것은 모든 경우를 살펴보면 된다. 6개의 면 중에서 2개의 면을 고르는 경우는 $_6C_2=15$가지다. 그런데 인접한 면을 골라야 하므로 두 면이 서로 마주보는 경우는 제외해야 한다. A−F, B−E, C−D의 경우가 해당된다.

3개의 면을 고르는 경우도 비슷하게 구할 수 있다. 6개의 면 중에 3개의 면을 고르는 경우는 $_6C_3=20$가지다. 이 중에서 셋 중, 두 면이 마주보는 경우는 전부 제외한다.

```
N = int(input())

dice = list(map(int, input().split()))


def get_min3():

    res = 150

    for i in range(4):

        for j in range(i + 1, 5):

            if i + j != 5:

                for k in range(j + 1, 6):

                    if j + k != 5 and k + i != 5:

                        res = min(res, dice[i] + dice[j] + dice[k])


    return res


def get_min2():

    res = 100

    for i in range(5):

        for j in range(i + 1, 6):

            if i + j != 5:

                res = min(res, dice[i] + dice[j])


    return res


if N == 1:

    print(sum(dice) - max(dice))

else:

    print(4 * get_min3() + 4 * (2 * N - 3) * get_min2() + (N - 2) * (5 * N - 6) *
min(dice))
```

50개의 수를 나타내는 순열의 경우의 수는 50!로 너무 크기 때문에 완전 탐색으로 풀 수는 없다. 다른 방법을 생각해 보자.

일단 이 문제는 입력의 길이를 가지고 N을 알아낼 수 있다. 길이가 9 이하라면 1~N까지 모든 숫자가 한 자리 수이므로 길이가 곧 N이다. 9를 넘어가면 두 자리 수들이 들어오므로 길이가 2씩 늘어나게 되어 있다. 이 점을 이용해 N을 계산할 수 있다.

왼쪽부터 숫자를 하나하나 살펴보며 가능한 순열을 만들어 출력해야 한다. 예를 들어 1을 만나면 1을 취할 수도 있고, 1 다음에 나오는 숫자와 합쳐서 두 자리 수를 취할 수도 있다. 만약 이 전에 1을 이미 고른 적이 있다면 두 자리 수를 취할 수밖에 없다. 그런데 이 1이 마지막 숫자라서 다음 숫자가 없다면 순열 만들기에 실패한 것이다. 돌아가서 다른 방법을 찾아야 한다.

이런 전략으로 백트래킹으로 풀 수 있다. 1~N까지 숫자를 사용했는지 체크배열을 두고, 제일 왼쪽 숫자부터 살펴보면서 숫자를 사용할 때마다 체크하며 다음 숫자를 살펴본다. 따라서 백트래킹 재귀 함수 인자로 살펴볼 인덱스와 지금까지 만든 순열을 배열에 넣어 전달한다. 모든 인덱스를 살펴보고 나면 답을 찾은 것이므로 지금까지 만든 순열을 출력해 주고 끝낸다. 답을 출력했다면 탐색을 중단하면 되므로 답을 구했는지 여부를 저장할 플래그 변수를 하나 두고 이용하거나 exit(0)을 이용해 프로그램을 바로 끝낸다. 아래 코드에서는 플래그 변수를 이용했다.

```
s = input()
N = len(s) if len(s) <= 9 else (len(s) - 9) // 2 + 9
chk = [False] * (N + 1)
is_found_ans = False

def backtracking(idx, arr):
    global is_found_ans
    if idx >= len(s):
        is_found_ans = True
```

```python
            print(*arr)
            return
    n = int(s[idx])
    if n <= N and not chk[n]:
        chk[n] = True
        narr = arr[:]
        narr.append(n)
        backtracking(idx + 1, narr)
        if is_found_ans:
            return

        chk[n] = False


    if idx + 1 < len(s):
        n = int(s[idx:idx + 2])
        if n <= N and not chk[n]:
            chk[n] = True
            narr = arr[:]
            narr.append(n)
            backtracking(idx + 2, narr)
            if is_found_ans:
                return

            chk[n] = False


backtracking(0, [])
```

알고리즘 Q 정답

Q1. 그리디

이미 플러그 꽂은 전기용품을 또 쓴다면 플러그를 뺄 일이 없다. 빈 구멍이 있다면 그곳에 플러그를 꽂으면 된다. 빈 구멍이 없고 다음 사용해야 하는 전기용품이 플러그 꽂혀 있는 전기용품들 중에 하나가 아닌, 새로운 전기용품이라면 어떤 전기용품 하나를 빼야 하는데 어느 것을 뺄지 정하는 게 이 문제의 관건이다.

어떤 전기용품을 더 이상 쓰지 않으면 그 자리에 다른 전기용품으로 바꾸는 게 최선이다. 모든 전기용품들을 또 사용할 예정이라면 어떻게 할까? 가급적 많이 사용될 전기용품을 계속 두고 사용 빈도가 적은 전기용품의 플러그를 빼는 전략을 떠올릴 수 있다. 그런데 어떤 전기용품이 많이 사용될지라도 굉장히 나중에 사용될 예정이면, 그 사이동안 자리만 차지하게 되는 문제가 있다. 예를 들어 다음과 같은 입력이 들어온다고 생각해 보자.

```
2 10
1 2 3 2 3 1 1 1 1 1
```

이 예제의 답은 2다. 처음에 1, 2번 전기용품을 쓰고 1번을 3번으로 바꾸고 이후에 아무거나 1번으로 다시 바꾸면 된다. 그런데 1번이 가장 사용 횟수가 많다고 1번을 계속 두면 플러그를 빼는 총 횟수는 더 늘어난다.

이후에 많이 사용하게 된다 하더라도 다음 사용되는 때가 너무 늦다면 이 전기용품을 빼고 새로운 전기용품 플러그를 꽂아야 한다. 가장 늦게 사용된다는 것은 나머지 다른 전기용품들은 그 전에 한 번 더 사용되는 때가 있다는 의미이다. 그러므로 현재 꽂혀 있는 플러그 중 하나를 빼야만 한다면, 그 중 가장 늦게 사용될 전기용품 플러그를 빼는 그리디 알고리즘으로 풀 수 있다.

운영체제 전공강의에서 주기억장치의 페이징 교체 알고리즘들을 공부하게 되는데 그 중에 최적교체^{OPT, Optimal Replacement}라는 알고리즘이 있다. 이 문제에서 구현하는 알고리즘이 바로 이 '최적 교체 알고리즘'이다. 미래에 사용될 순서를 알아야 한다는 제약 조건 때문에 실제 상용으로 쓰이기는 어렵지만 이 문제에서는 사용 순서가 입력으로 주어졌기 때문에 최적 교체 알고리즘으로 풀 수 있었다.

```python
N, K = map(int, input().split())
schedule = list(map(int, input().split()))
ans = 0
multi_tap = []
for i, v in enumerate(schedule):
    if v in multi_tap:
        continue
    elif len(multi_tap) < N:
        multi_tap.append(v)
    else:
        ans += 1
        is_found = False
        nxt = (-1, 0)
        for j, val in enumerate(multi_tap):
            if val in schedule[i + 1:]:  # 가장 나중에 사용되는 전기용품을 찾아 갱신
                nxt_idx = schedule[i + 1:].index(val)
                if nxt[0] < nxt_idx:
                    nxt = (nxt_idx, j)
            else:  # 이후 사용되지 않는 전기용품이 있다면 그걸로 선택
                is_found = True
                multi_tap[j] = v
                break

        if not is_found:
            multi_tap[nxt[1]] = v

print(ans)
```

Q1. BFS

Q2. O(LRC)으로 통과 가능하다.

전형적인 길찾기 문제이며 최단거리 탐색을 해야 하므로 BFS를 떠올릴 수 있다. 3차원이라는 점과 각 층 사이에 빈 줄이 입력으로 들어온다는 점에 주의해서 침착하게 구현하면 2차원 길찾기 문제보다 생소할 수는 있어도 그게 어려운 부분은 없다. 본인의 구현 스타일을 항상 일관되게 유지하면 이렇게 약간 다른 부분이 있는 응용 문제가 나오더라도 실수 가능성이 줄어든다. 아직 미숙하다면 일관된 스타일을 유지하며 익숙해지도록 비슷한 여러 문제들을 풀어 보거나 같은 문제를 여러 번 코딩 연습하자.

```
CODE EXAMPLE

from collections import deque


dz = (0, 0, 0, 0, 1, -1)
dy = (0, 1, 0, -1, 0, 0)
dx = (1, 0, -1, 0, 0, 0)


while True:
    L, R, C = map(int, input().split())
    if L == 0:
        break

    b = []
    for _ in range(L):
        b.append([input() for _ in range(R)])
        input()  # blank line

    def get_start():
        for i in range(L):
```

```python
            for j in range(R):
                for k in range(C):
                    if b[i][j][k] == 'S':
                        return i, j, k


    def is_valid_coord(z, y, x):
        return 0 <= z < L and 0 <= y < R and 0 <= x < C


    def bfs(sz, sy, sx):
        chk = [[[False] * C for _ in range(R)] for _ in range(L)]
        chk[sz][sy][sx] = True
        dq = deque()
        dq.append((sz, sy, sx, 0))
        while dq:
            z, y, x, d = dq.popleft()

            if b[z][y][x] == 'E':
                return d

            for k in range(6):
                nz = z + dz[k]
                ny = y + dy[k]
                nx = x + dx[k]
                nd = d + 1
                if is_valid_coord(nz, ny, nx) and
b[nz][ny][nx] != '#' and not chk[nz][ny][nx]:
                    chk[nz][ny][nx] = True
                    dq.append((nz, ny, nx, nd))

        return 0


    sz, sy, sx = get_start()
    ans = bfs(sz, sy, sx)
    print(f'Escaped in {ans} minute(s).' if ans else 'Trapped!')
```

알고리즘 Q 정답

Q1. 스택
Q2. 모든 단어 길이의 합이 W라면 W≤1,000,0000이며, O(W)로 통과 가능하다.

이 문제는 스택 개념을 배우면서 살펴봤던 '괄호' 문제와 상당히 비슷한 구조를 띄고 있다. 여는 괄호가 들어오면 이후에 반드시 닫는 괄호가 들어와야 했던 것처럼, 이 문제에서도 A가 들어오면 반드시 A가 이후에 들어와야 한다. B가 들어오면 반드시 이후에 짝지어줄 B가 들어와야 한다. 괄호에 빗대서 생각하면 괄호가 2종류라고 생각할 수 있다.

단어들을 왼쪽에서부터 살펴보면서 한 글자씩 처리한다. 스택이 비어있거나 스택의 상단값과 현재 살펴보는 글자가 다르면 스택에 글자를 넣고, 스택의 상단값과 같으면 짝지어 줄 수 있으므로 스택에서 상단값을 뺀다. 다 살펴본 뒤 모든 글자가 짝지어졌다면 스택은 비어 있을 것이고 좋은 단어에 해당된다.

```
                                                        CODE EXAMPLE
ans = 0
for _ in range(int(input())):
    stk = []
    for ch in input():
        if not stk or stk[-1] != ch:
            stk.append(ch)
        else:
            stk.pop()

    ans += len(stk) == 0

print(ans)
```

알고리즘 Q 정답

Q1. 브루트 포스, 누적합(DP)

Q2. $O(N^4)$로 통과 가능하다.

한 꼭짓점에서 만나는 두 직사각형은 다음과 같이 왼쪽 위 – 오른쪽 아래, 오른쪽 위 – 왼쪽 아래를 고르는 두 가지 경우가 있다.

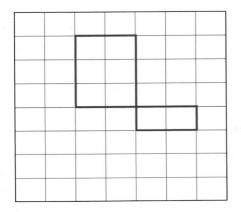 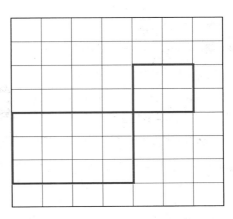

꼭짓점 또한 여러 군데를 고를 수 있다. 테두리 부분을 제외한 안쪽의 모든 점을 고를 수 있다.

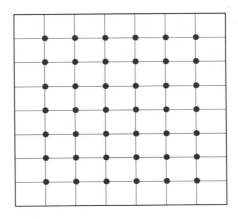

두 직사각형을 고르는 경우의 수는 몇 가지일까? 우선, 꼭짓점은 $(N-1)^2$개를 고를 수 있다.
시간 복잡도 $O(N^2)$이다.

꼭짓점을 어느 한 군데로 특정했을 때 왼쪽 위–오른쪽 아래 사각형을 고르는 경우를 보면 왼쪽 위 사각형을 만드는 경우는 $O(N^2)$이고 오른쪽 아래도 마찬가지로 $O(N^2)$이다. 그러므로 시간 복잡도는 $O(N^4)$이다. 이는 오른쪽 위–왼쪽 아래를 고르는 경우도 마찬가지다.

그러므로 꼭짓점을 한 군데 골랐을 때 왼쪽 위–오른쪽 아래, 오른쪽 위–왼쪽 아래 사각형을 고르는 총 시간 복잡도는 $O(2N^4)=O(N^4)$이다. 여기에 사각형 안 A_{ij}의 합을 구하는 데 또 시간 복잡도 $O(N^2)$이 들기 때문에 총 시간 복잡도 $O(N^2 N^4 N^2)=O(N^8)$로 시간 초과가 우려된다.

따라서 시간을 줄일 방법들을 찾아야 한다. A_{ij}의 합을 구할 때는 누적 합을 이용한다. 전체 사각형에 대해 누적 합을 미리 구해 두면 어떤 사각형의 A_{ij}의 합을 $O(1)$만에 구할 수 있다.

꼭짓점을 결정한 뒤 $O(N^4)$으로 사각형들을 만들어 보며 답을 구하는 부분도 시간 복잡도를 줄일 더 좋은 방법이 있다. 왼쪽 위 사각형들을 전부 만들어 보며 합이 몇인 사각형이 몇 개 있는지를 딕셔너리에 저장해두고, 오른쪽 아래 사각형들을 따로 만들어 합을 구하고, 그 값이 딕셔너리에 있다면 그 개수만큼 더한다. 만약 왼쪽 위 사각형들을 전부 만들었을 때 합이 2인 사각형이 2개, 합이 3인 사각형이 3개 있었다고 하자. 오른쪽 아래 사각형들을 만들어 보는데, 첫번째 사각형의 합이 3이라면 답에 3을 더하면 된다. 두번째 사각형 합이 5라면 왼쪽 위 사각형을 만드는 방법 중 합이 5인 경우는 없었던 것이므로 답에 더할 값이 없다. 이렇게 하면 $O(N^4)$으로 구했던 부분을 $O(2N^2)=O(N^2)$으로 구할 수 있다.

이렇게 해서 총 시간 복잡도는 $O(N^2 N^2)=O(N^4)$이다. 그리고 왼쪽 위–오른쪽 아래, 오른쪽 위–왼쪽 아래를 따로 구현하면 코드량이 많아지므로 간단한 아이디어를 하나 떠올렸다. 왼쪽 위–오른쪽 아래에 대해서 답을 구하는 것을 함수에 담고, 입력으로 받은 2차원 배열을 좌우로 뒤집은 뒤 다시 위 함수를 호출하면 오른쪽 위 – 왼쪽 아래에 대해 답을 구하는 셈이 된다. 비슷한 작업을 반복하는 경우에는 이렇게 함수로 묶어서 중복 코드를 줄이는 방법을 찾아보자. 코드량이 많아지면 코딩 시간이 오래 걸리는 것은 물론, 코딩 실수가 생길 가능성도 높아지기 때문에 비슷한 기능은 따로 함수로 만드는 습관을 들이는 것이 바람직하다.

```
                                                          CODE EXAMPLE
N = int(input())
board = [list(map(int, input().split())) for _ in range(N)]
acc = [[0] * N for _ in range(N)]
ans = 0
```

```python
def get_area(a, b, c, d):
    ret = acc[c][d]
    if a:
        ret -= acc[a - 1][d]

    if b:
        ret -= acc[c][b - 1]

    if a and b:
        ret += acc[a - 1][b - 1]

    return ret

def f():
    global ans
    acc[0][0] = board[0][0]
    for j in range(1, N):
        acc[0][j] = acc[0][j - 1] + board[0][j]

    for i in range(1, N):
        acc[i][0] = acc[i - 1][0] + board[i][0]
        for j in range(1, N):
            acc[i][j] = acc[i][j - 1] + acc[i - 1][j] - acc[i - 1][j - 1] + board[i][j]

    for y in range(1, N):
        for x in range(1, N):
            cnt = dict()
            for i in range(y):
                for j in range(x):
                    area = get_area(i, j, y - 1, x - 1)
                    if area in cnt:
                        cnt[area] += 1
```

```
                else:
                    cnt[area] = 1

        for i in range(y, N):
            for j in range(x, N):
                area = get_area(y, x, i, j)
                if area in cnt:
                    ans += cnt[area]


f()
for i in range(N):
    board[i].reverse()


f()


print(ans)
```

삼성·카카오 기출문제

| Chapter 1. 삼성전자 역량 테스트

| 기출문제 01 | 구슬 탈출 2

> ### 알고리즘 Q 정답
>
> Q1. BFS

　보드에 구슬들이 놓여 있는 하나의 상태를 노드, 네 방향으로 기울여보는 것을 간선으로 생각하면 그래프로 나타낼 수 있다. 처음 입력으로 주어지는 상태가 시작 노드이고, 빨간 구슬 좌표가 구멍 좌표와 동일하고 파란 구슬 좌표는 구멍 좌표와 같지 않은 상태를 목표 노드로 삼고 그래프 탐색을 한다. '최소' 몇 번 만에 빨간 구슬을 구멍을 통해 빼낼 수 있는지 묻고 있으므로 최단거리 탐색이다. 따라서 BFS를 쓰는 것이 좋다.

　그런데 노드는 보드의 한 상태를 나타내므로 큐에 보드 각 상태를 넣고 빼야 한다. 2차원 배열을 매번 생성해 넣으면 메모리 초과가 날 가능성이 있으므로 다른 방법을 생각해 보자.

　보드에서 바뀌는 것은 구슬들의 위치뿐이다. 빨간 구슬의 좌표 y, x와 파란 구슬의 좌표 y, x 총 4개의 값만 큐에 넣어도 보드 상태를 알 수 있다. 그러니 큐에 $N \times M$ 크기의 2차원 배열을 넣을 필요없이 구슬들 좌표를 나타내는 4개의 값과 이동횟수를 나타내는 d값까지 총 5개의 정수만 묶어서 넣으면 된다. 방문체크는 구슬들 좌표 4개의 값으로 해야 하므로 4차원 배열을 만들거나 집합에 4개의 값을 튜플로 넣는 방법이 있다.

　구슬을 네 방향으로 각각 기울였을 때 이동한 좌표를 알아내야 하는데, 아래 코드에서는 이를 별도의 함수에서 처리했다. 구슬들은 구멍이나 벽을 만나기 전까지 최대한 이동한다. 구멍을 만나 빠지게 되는 경우는 구슬의 좌표를 −1, −1로 나타냈다. 그런데 구슬이 같은 행에 있는데 오른쪽이나 왼쪽으로 기울이면 구슬끼리 부딪히는 일이 발생한다. 또한 같은 열에 있을 때 위나 아래로 기울여도 마찬가지로 구슬끼리 부딪힐 수 있으므로 각 경우를 나눠서 어느 구슬이 덜 이동해야 하는지 파악해서 겹친 구슬 좌표를 바꾼다.

```python
from collections import deque


dy = (0, 1, 0, -1)
dx = (1, 0, -1, 0)


N, M = map(int, input().split())
board = [list(input()) for _ in range(N)]
sry, srx, sby, sbx = -1, -1, -1, -1
for i in range(N):
    for j in range(M):
        if board[i][j] == 'R':
            sry, srx = i, j
        elif board[i][j] == 'B':
            sby, sbx = i, j


def go_next(ry, rx, by, bx, k):
    nry, nrx, nby, nbx = ry, rx, by, bx

    while True:
        nry = nry + dy[k]
        nrx = nrx + dx[k]
        if board[nry][nrx] == 'O':
            nry, nrx = -1, -1
            break
        elif board[nry][nrx] == '#':
            nry = nry - dy[k]
            nrx = nrx - dx[k]
            break

    while True:
        nby = nby + dy[k]
        nbx = nbx + dx[k]
```

```
            if board[nby][nbx] == 'O':
                nby, nbx = -1, -1
                break
            elif board[nby][nbx] == '#':
                nby = nby - dy[k]
                nbx = nbx - dx[k]
                break


    # 구슬들이 구멍에 빠지지 않았으면서 충돌했을 경우
    if nry != -1 and nry == nby and nrx == nbx:
        if k == 0:
            if rx < bx:
                nrx -= 1
            else:
                nbx -= 1
        elif k == 1:
            if ry < by:
                nry -= 1
            else:
                nby -= 1
        elif k == 2:
            if bx < rx:
                nrx += 1
            else:
                nbx += 1
        else:
            if by < ry:
                nry += 1
            else:
                nby += 1


    return nry, nrx, nby, nbx
```

```python
def bfs():
    chk = set()
    dq = deque()
    chk.add((sry, srx, sby, sbx))
    dq.append((sry, srx, sby, sbx, 0))
    while dq:
        ry, rx, by, bx, d = dq.popleft()
        if by == -1 and bx == -1:  # 파란 구슬이 구멍에 빠지면 실패
            continue

        if ry == -1 and rx == -1:
            return d

        if d < 10:
            nd = d + 1
            for k in range(4):
                nry, nrx, nby, nbx = go_next(ry, rx, by, bx, k)
                if (nry, nrx, nby, nbx) not in chk:
                    chk.add((nry, nrx, nby, nbx))
                    dq.append((nry, nrx, nby, nbx, nd))

    return -1

print(bfs())
```

알고리즘 Q 정답

Q1. BFS

  네 방향으로 최대 5번 이동할 수 있으므로 경우의 수는 $4^5 = 1{,}024$가지다. 경우의 수가 적으니 완전탐색으로 풀 수 있다. DFS나 BFS로 풀면 된다. 여기서는 DFS로 돌면서 각각의 경우에 등장하는 가장 큰 수를 찾아 답을 갱신했다.

  네 방향으로 이동시키는 부분을 각각 전부 구현해도 되지만, 그렇게 하면 코드량이 매우 많아지므로 시간도 오래 걸리고 코딩 실수를 할 가능성도 높아지니 반복되는 부분은 함수로 빼는 게 좋다. 이런 경우에는 보드를 90도 회전시키고 한 방향으로 미는 것을 반복하면 네 방향 각각 밀어주는 것과 같은 결과이므로 이를 이용하면 편하다. 보드가 회전해도 답에 영향을 끼치지 않기 때문에 이렇게 구현 편의성이 높은 방법을 이용하는 것을 추천한다. 이때 90도 회전은 시계 방향 또는 시계 반대 방향 어느 쪽도 상관없고 한 방향으로 미는 것도 네 방향 중 어느 쪽으로 해도 상관없다. 따라서 본인이 편한 방향을 골라 구현하면 된다.

```
                                                          CODE EXAMPLE
N = int(input())
board = [list(map(int, input().split())) for _ in range(N)]
ans = 0


def rotate_board(b):
    ret = [[0] * N for _ in range(N)]
    for i in range(N):
        for j in range(N):
            ret[i][j] = b[j][N - 1 - i]

    return ret
def push_left(b):
    ret = [[0] * N for _ in range(N)]
    for i, r in enumerate(b):
```

```python
            row = r[:]
            while 0 in row:
                row.remove(0)

            nrow = []
            j = 0
            while j < len(row):
                if j + 1 < len(row) and row[j] == row[j + 1]:
                    nrow.append(row[j] << 1)
                    j += 2
                else:
                    nrow.append(row[j])
                    j += 1

            for j in range(len(nrow)):
                ret[i][j] = nrow[j]

    return ret

def dfs(b, d):
    global ans
    for i in range(N):
        for j in range(N):
            ans = max(ans, b[i][j])

    if d < 5:
        nd = d + 1
        dfs(push_left(b), nd)
        for k in range(3):
            b = rotate_board(b)
            dfs(push_left(b), nd)

dfs(board, 0)
print(ans)
```

블록을 미는 부분은 사람마다 구현 방법이 다를 수 있다. 위 코드에서는 왼쪽을 미는 것을 push_left() 함수에 정의했다. 각 행이 독립적이므로 하나의 행에 대해 구현한 뒤 이를 행마다 전부 적용하면 된다. 위 코드에서는 원래 행에서 0을 전부 빼고 왼쪽부터 오른쪽으로 살펴보며 각각의 값이 바로 오른쪽 값과 동일하면 2배값을, 아니라면 그냥 그대로 해당 값을 nrow라는 배열에 넣었다. 2배값을 구할 때 비트 연산자(<<)를 이용했는데 2를 곱한 것과 같은 효과다.

알고리즘 Q 정답

Q1. 큐, DFS

이 문제는 2차원 배열에 뱀, 사과를 나타내면서 진행하기보다는 큐^{queue}로 뱀이 차지하는 좌표들을 저장하면서 진행하는 것이 더 낫다. 매 초 문제에 나온 규칙대로 뱀의 이동을 구현한다. 아래 코드에서는 덱의 앞에 뱀의 머리를, 뒤에 뱀의 꼬리를 저장했다. 만약 뱀이 다음 이동하는 칸이 범위 바깥이거나 덱에 있는 어떤 좌표와 같다면 게임이 끝난 것이므로 반복문을 탈출한다. 게임이 끝나지 않았다면 덱의 앞에 뱀 머리 좌표를 넣는다.

뱀 머리 좌표에 사과가 있는지 살펴보고 사과가 있다면 사과를 먹는다. 사과가 없다면 꼬리가 하나 없어지므로 덱의 맨 뒤의 값을 뺀다.

초마다 방향을 바꾸는지도 살펴본다. 미리 dy, dx의 값들을 시계방향 순서로 저장해 뒀다면 오른쪽 회전은 방향값을 1 더하고, 왼쪽 회전은 1 뺀다. 식으로 나타내면 오른쪽 회전은 1 더하고 4로 나눈 나머지로 나타낸다. 왼쪽 회전은 1을 빼는데 음수가 될 수 있어 다시 4를 더하면 결과적으로 3을 더한 게 된다. 따라서 3 더하고 4로 나눈 나머지를 취한다.

```
from collections import deque


dy = (0, 1, 0, -1)
dx = (1, 0, -1, 0)


N = int(input())
apples = sorted(tuple(map(int, input().split())) for _ in range(int(input())))
mv = [0] * 10001
for _ in range(int(input())):
    X, C = input().split()
    mv[int(X)] = C
```

```python
snake = deque()

snake.append((1, 1))
d = 0  # 방향
t = 0  # 시간

def is_valid_coord(y, x):
    return 1 <= y <= N and 1 <= x <= N

while True:
    t += 1
    y, x = snake[0]
    ny = y + dy[d]
    nx = x + dx[d]
    if is_valid_coord(ny, nx) and (ny, nx) not in snake:
        snake.appendleft((ny, nx))
    else:
        break

    if (ny, nx) in apples:
        apples.remove((ny, nx))
    else:
        snake.pop()

    if mv[t]:
        if mv[t] == 'D':
            d = (d + 1) % 4
        else:
            d = (d + 3) % 4

print(t)
```

알고리즘 Q 정답

Q1.
- 1번: 4
- 2번: 2
- 3번: 1
- 4번: 6
- 5번: 5
- 6번: 3

문제의 지시사항을 그대로 구현해야 하는 시뮬레이션 문제다. 삼성의 기출문제 스타일은 문제에서 명시한 것들을 빠짐없이 정확하게 구현했는지 검증하는 경향이 크다. 어려운 자료구조나 알고리즘은 쓰이지 않으므로 어떤 식으로 구현할지 구체적인 구현법에 초점을 맞춰 공부하자.

아래 코드에서는 주사위가 이동할 때마다 다음 주사위의 각 면에 오는 숫자들을 옮겨 주는 방식으로 진행했다.

```
dy = (0, 0, 0, -1, 1)
dx = (0, 1, -1, 0, 0)

N, M, y, x, K = map(int, input().split())
board = [list(map(int, input().split())) for _ in range(N)]
dice = [0] * 7

def is_valid_coord(y, x):
    return 0 <= y < N and 0 <= x < M

for d in list(map(int, input().split())):
    ny = y + dy[d]
    nx = x + dx[d]
    if not is_valid_coord(ny, nx):
        continue
```

CODE EXAMPLE

```python
        next_dice = dice[:]
        if d == 1:  # 동쪽
            next_dice[1] = dice[4]
            next_dice[3] = dice[1]
            next_dice[6] = dice[3]
            next_dice[4] = dice[6]
        elif d == 2:  # 서쪽
            next_dice[1] = dice[3]
            next_dice[3] = dice[6]
            next_dice[6] = dice[4]
            next_dice[4] = dice[1]
        elif d == 3:  # 북쪽
            next_dice[1] = dice[5]
            next_dice[2] = dice[1]
            next_dice[6] = dice[2]
            next_dice[5] = dice[6]
        else:  # 남쪽
            next_dice[1] = dice[2]
            next_dice[2] = dice[6]
            next_dice[6] = dice[5]
            next_dice[5] = dice[1]

        dice = next_dice[:]
        if board[ny][nx] == 0:
            board[ny][nx] = dice[6]
        else:
            dice[6] = board[ny][nx]
            board[ny][nx] = 0

        y = ny
        x = nx
        print(dice[1])
```

알고리즘 Q 정답

> Q1. 4개
> Q2. 없다. 자리는 반드시 한 군데로 결정된다.

자리가 다 정해지면 학생의 만족도 합을 구하는 건 그리 어렵지 않다. 문제의 핵심은 자리 정하기이다.

자리마다 주위의 빈 자리 수, 주위에 좋아하는 학생 수를 집계해서 문제에서 나온 기준에 따라 정렬해서 가장 앞에 오는 자리를 결정하기로 한다. 정렬은 lambda를 이용해 커스텀 정렬을 했다. 커스텀 정렬은 알고리즘 문제를 풀 때 가끔씩 필요해서 꼭 알아 두어야 한다.

```
CODE EXAMPLE

dy = (0, 1, 0, -1)
dx = (1, 0, -1, 0)

N = int(input())
students = [tuple(map(int, input().split())) for _ in range(N ** 2)]

# 각 좌표마다 5개 칸이 있다.
# 각각 그 좌표의 학생 번호와 좋아하는 학생 4명의 번호를 원소로 가진다
board = [[[0] * 5 for _ in range(N)] for _ in range(N)]

def is_valid_coord(y, x):
    return 0 <= y < N and 0 <= x < N

for student in students:
    num, fav = student[0], student[1:]

    # 각 빈칸에 대해서 인접칸에 좋아하는 학생 수의 합, 빈칸의 합 저장
    seats = [[[0] * 2 for _ in range(N)] for _ in range(N)]
    for y in range(N):
```

```
            for x in range(N):
                if board[y][x][0] == 0:
                    for k in range(4):
                        ny = y + dy[k]
                        nx = x + dx[k]
                        if is_valid_coord(ny, nx):
                            if board[ny][nx][0] == 0:
                                seats[y][x][1] += 1
                            elif board[ny][nx][0] in fav:
                                seats[y][x][0] += 1

    candi = []
    for y in range(N):
        for x in range(N):
            if board[y][x][0] == 0:
                candi.append((seats[y][x][0], seats[y][x][1], y, x))

    candi.sort(key=lambda x: (-x[0], -x[1], x[2], x[3]))
    board[candi[0][2]][candi[0][3]] = student


ans = 0
for y in range(N):
    for x in range(N):
        cnt = 0
        for k in range(4):
            ny = y + dy[k]
            nx = x + dx[k]
            if is_valid_coord(ny, nx) and board[ny][nx][0] in board[y][x][1:]:
                cnt += 1

        if cnt > 0:
            ans += 10 ** (cnt - 1)


print(ans)
```

Q1. DFS/BFS, 시뮬레이션

삼성의 기출문제와 같은 복잡한 구현 문제를 풀 때는 내가 의도한 대로 제대로 구현됐는지 확인을 많이 하게 된다. 워낙 복잡하므로 한 번 만에 제대로 코드를 완성하기 쉽지 않다. 그래서 함수로 만드는 모듈화 작업과 중간 과정을 출력해 보며 기능 구현 확인에 신경 써야 한다. 문제를 읽고 A기능, B기능, C기능, … 으로 나눌 수 있는 만큼 나눠 하나씩 침착하게 구현하고 단계별로 제대로 구현되었는지 확인한다. 이렇게 진행하면 테스트 케이스의 답과 다르게 나오더라도 어디가 문제인지 추적하기가 수월하다.

이 문제에서는 중력이 작용하고 90도 회전한 뒤 다시 중력이 작용하므로 중력이 작용해서 블록들이 아래로 내려오는 기능은 두 번 사용한다. 이런 부분들은 반드시 함수로 빼는 것이 좋다. 그 외에도 각 기능이 독립적인 경우, 중복 사용되지 않더라도 가독성을 위해서 모듈화하는 게 바람직하다.

삼성의 기출문제를 보면 고급 자료구조나 알고리즘을 얼마나 아는지, 문제해결능력이 얼마나 뛰어난지를 평가하기보다는 프로그램을 개발할 때 기본적인 부분들을 잘 지켜서 복잡한 기능들을 정확하게 구현할 수 있는지를 더 중요하게 보고 검증하려는 의도가 느껴진다.

```
dy = (0, 1, 0, -1)
dx = (1, 0, -1, 0)


N, M = map(int, input().split())
board = [list(map(int, input().split())) for _ in range(N)]
score = 0
groups = [[0] * N for _ in range(N)]
group_idx = 0
sz = 0
rainbow = 0
block_color = 0
def is_valid_coord(y, x):
```

```python
        return 0 <= y < N and 0 <= x < N


def recur(y, x):
    global sz, rainbow
    for k in range(4):
        ny = y + dy[k]
        nx = x + dx[k]
        if is_valid_coord(ny, nx) and groups[ny][nx] == 0:
            if board[ny][nx] == 0:
                sz += 1
                rainbow += 1
                groups[ny][nx] = group_idx
                recur(ny, nx)
            elif board[ny][nx] == block_color:
                sz += 1
                groups[ny][nx] = group_idx
                recur(ny, nx)


def recur_remove(y, x):
    for k in range(4):
        ny = y + dy[k]
        nx = x + dx[k]
        if is_valid_coord(ny, nx) and board[ny][nx] >= 0 \
and (board[ny][nx] == 0 or groups[ny][nx] == group_idx):
            board[ny][nx] = -2
            recur_remove(ny, nx)


def pull_down():
    for j in range(N):
        for i in range(N - 1, -1, -1):
            if board[i][j] == -2:
                for k in range(i - 1, -1, -1):
                    if board[k][j] == -1:
                        break
```

```
                    if board[k][j] >= 0:
                        board[i][j] = board[k][j]
                        board[k][j] = -2
                        break


def rotate():
    next_board = [[0] * N for _ in range(N)]
    for i in range(N):
        for j in range(N):
            next_board[i][j] = board[j][N - 1 - i]


    for i in range(N):
        for j in range(N):
            board[i][j] = next_board[i][j]


while True:
    groups = [[0] * N for _ in range(N)]
    group_idx = 0
    candi = []
    for i in range(N):
        for j in range(N):
            if groups[i][j] == 0:
                if board[i][j] < 0:
                    groups[i][j] = board[i][j]
                    continue


                if board[i][j] > 0:
                    # 블록 개수가 2보다 크거나 같은지 체크
                    cnt = 1
                    for k in range(4):
                        ni = i + dy[k]
                        nj = j + dx[k]
                        if is_valid_coord(ni, nj)
```

```
                and (board[ni][nj] == 0 or board[ni][nj] == board[i][j]):
                            cnt += 1
                    if cnt < 2:
                        continue

                    group_idx += 1
                    sz = 0
                    rainbow = 0
                    block_color = board[i][j]
                    groups[i][j] = group_idx
                    sz += 1
                    recur(i, j)
                    candi.append((sz, rainbow, i, j, group_idx))

                    # 무지개 블록은 탐색 기록 초기화
                    for y in range(N):
                        for x in range(N):
                            if board[y][x] == 0:
                                groups[y][x] = 0

        if group_idx == 0:
            break

        candi.sort(key=lambda x: (-x[0], -x[1], -x[2], -x[3]))

        score += candi[0][0] ** 2

        group_idx = candi[0][4]
        board[candi[0][2]][candi[0][3]] = -2
        recur_remove(candi[0][2], candi[0][3])

        pull_down()
        rotate()
        pull_down()

    print(score)
```

알고리즘 Q 정답

Q1. 이동하는 곳으로의 상대 좌표를 더한 다음, 만약 음수가 되었다면 양수가 될 때까지 N의 배수를 더하고 N 으로 나눈 나머지를 취한다(아래 해설 및 코드 참고).

이 문제도 시뮬레이션 문제다. 아래 코드에서는 격자 칸마다 구름이 있는지 여부를 저장하는 clouds 배열을 만들었다. 2차원 배열이 아니라 3차원 배열인 이유는 현재의 구름들 상태와 다음의 구름들 상태를 나타내기 위해 2차원 배열 2개가 필요하며 이를 합쳤기 때문이다. flag 변수 c를 0이나 1로 바꿔가며 현재/다음을 나타내고자 한다. 이때, 0과 1을 맞바꿔 나타내는 방법이 여러 가지가 있다.

1. $1 - c$
2. $(c + 1) \% 2$
3. $c \wedge 1$

셋 모두 c가 0일 때는 1을, c가 1일 때는 0을 얻고 싶을 때 사용할 수 있는 식들로 결과가 동일하다. 따라서 그중 하나를 사용하면 된다. 3번은 XOR 비트 연산자이다. 아래 코드에서는 3번을 사용한 것을 볼 수 있다.

구름이 이동할 때 경계선을 벗어나 반대 방향으로 올 수도 있는데, 이를 처리하는 부분이 까다롭게 느껴졌을 수도 있다. 현재 좌표에서 이동 방향으로의 상대 좌표를 더하는 것까지는 기존 방식과 비슷하다. 범위를 벗어났는지 검사해서 분기 처리를 하는 방법도 있으나 간단하게 나머지 연산으로 처리하는 방법이 있다. N으로 나눈 나머지는 반드시 0~N−1이다. 이 범위를 벗어나게 되면 N으로 나눠 나머지를 취하면 범위 내의 값을 얻을 수 있다. 음수가 될 때는 양수가 될 때까지 N의 배수를 더하고서 나머지를 취한다. s가 최대 50이므로 ny, nx가 최소 −50까지 될 수 있다. 그래서 N을 50번 더해 주었다. 어차피 나머지를 취할 것이므로 몇 번을 더하든 상관없고 양수가 되기만 하면 된다. 이렇게 해서 항상 양수가 되도록 처리했고 그 다음 N으로 나눈 나머지를 ny, nx로 확정한다. 이렇게 구름의 이동 좌표를 얻을 수 있다.

```
dy = (-1, -1, 1, 1)

dx = (-1, 1, -1, 1)

ddy = (0, -1, -1, -1, 0, 1, 1, 1)

ddx = (-1, -1, 0, 1, 1, 1, 0, -1)


N, M = map(int, input().split())

A = [list(map(int, input().split())) for _ in range(N)]

clouds = [[[False] * N for _ in range(N)] for _ in range(2)]

c = 0

for i in range(N - 2, N):

    for j in range(2):

        clouds[c][i][j] = True


def is_valid_coord(y, x):

    return 0 <= y < N and 0 <= x < N


for _ in range(M):

    d, s = map(int, input().split())

    for y in range(N):

        for x in range(N):

            if clouds[c][y][x]:

                ny = (y + ddy[d - 1] * s + N * 50) % N

                nx = (x + ddx[d - 1] * s + N * 50) % N

                clouds[c ^ 1][ny][nx] = True

                A[ny][nx] += 1


    for y in range(N):

        for x in range(N):

            if clouds[c ^ 1][y][x]:

                for k in range(4):

                    ny = y + dy[k]
```

```
                        nx = x + dx[k]
                    if is_valid_coord(ny, nx) and A[ny][nx]:
                        A[y][x] += 1


    for y in range(N):
        for x in range(N):
            if not clouds[c ^ 1][y][x] and A[y][x] >= 2:
                A[y][x] -= 2
                clouds[c][y][x] = True
            else:
                clouds[c][y][x] = False

    for y in range(N):
        for x in range(N):
            clouds[c ^ 1][y][x] = False

print(sum(sum(i) for i in A))
```

Q1. c. 구슬 파괴 → d. 구슬 이동 → b. 구슬 폭발 → a. 구슬 변화

이 문제를 풀기 위해서는 가운데부터 시작해서 소용돌이 도는 순서대로 좌표를 저장해 두면 편리해서 따로 coords 배열에 이 좌표를 순서대로 저장했다. 그 다음 구슬 파괴, 이동, 폭발, 변화를 각각 구현했다. 구하는 답은 '폭발'한 구슬만 센다는 점도 주의하자.

아래 코드에서 Python에서 여러 유용한 기능들을 많이 사용했다. groupby()는 연속으로 같은 구슬들을 그룹으로 묶어주는 데 썼다. chain.from_iterable()은 중첩된 배열들을 1차원 리스트로 나열해준다. 구슬 변화 단계에서 그룹에 들어 있는 구슬 개수와 구슬의 번호를 1차원 리스트로 나열하는 데 썼다. 그리고 이를 coords의 좌표와 하나씩 순서대로 매칭시킬 때 zip()을 사용했다. 이렇게 Python의 유용한 도구들을 잘 이용하면 복잡한 구현 문제를 간단하게 해결할 수 있으므로 적극적으로 사용법을 익혀 두는 것도 좋을 것이다.

```
CODE EXAMPLE

from itertools import groupby, chain


dy = (0, 1, 0, -1)
dx = (-1, 0, 1, 0)


N, M = map(int, input().split())
beads = [list(map(int, input().split())) for _ in range(N)]
ans = 0


def make_coords():
    ret = [(N // 2, N // 2)]
    d = 0
    for s in range(1, N + 1):
        for _ in range(2):
            for _ in range(s):
```

```python
                    y, x = ret[-1]
                    y += dy[d]
                    x += dx[d]
                    ret.append((y, x))
                    if len(ret) >= N * N:
                        return ret

            d = (d + 1) % 4


coords = make_coords()
for _ in range(M):
    d, s = map(int, input().split())
    if d == 1:
        d = 3
    elif d == 2:
        d = 1
    elif d == 3:
        d = 0
    else:
        d = 2

    # 구슬 파괴
    y, x = coords[0]
    for i in range(1, s + 1):
        y += dy[d]
        x += dx[d]
        beads[y][x] = 0

    # 구슬 이동 및 폭발
    arr = [[] for _ in range(2)]
    b = 0
    for y, x in coords:
        if beads[y][x]:
            arr[b].append(beads[y][x])
```

```python
        while True:
            is_boomed = False
            for bead, gr in groupby(arr[b]):
                tmp = list(gr)
                if len(tmp) >= 4:
                    is_boomed = True
                    ans += bead * len(tmp)
                else:
                    arr[b ^ 1] += tmp


            arr[b].clear()
            b ^= 1


            if not is_boomed:
                break


        for i in range(N):
            for j in range(N):
                beads[i][j] = 0


        # 구슬 변화
        nxt = chain.from_iterable((len(list(gr)), bead) for bead, gr in groupby(arr[b]))
        for (y, x), val in zip(coords[1:], nxt):
            beads[y][x] = val


print(ans)
```

Chapter 2. 카카오 블라인드 코딩 테스트

기출문제 01 | 다트 게임

> ### 알고리즘 Q 정답
>
> Q1. $-10^3 \times 2 + 10^2 \times 2 \times 2 + 8^1 \times 2 = -1584$

주어진 문자열을 한 글자씩 살펴보며 처리하는 방식으로 풀거나 정규표현식을 이용해서 풀 수 있다. 여기서는 전자의 방법으로 풀었다.

우선, 다트 게임은 3세트로 구성되기 때문에 세트별로 쪼개야 한다. 세트별 점수를 ans에 넣고 마지막에 합을 반환할 것이다.

세트를 분리하는 것부터 생각해 보자. 세트의 마지막에 위치하는 글자는 보너스가 될 수도 있고 옵션이 될 수도 있다. 세트의 첫 글자는 반드시 숫자에 해당되므로 숫자가 들어오면 새로운 세트가 시작됨을 알 수 있다.

이제 세트 안에서 점수, 보너스, 옵션을 나눠야 한다. 그런데, 숫자는 0~10이 들어올 수 있으므로 자릿수는 한두 자리이다. 자릿수가 고정되지 않아 난이도가 약간 상승했다. 이 부분을 처리할 아이디어를 고심해 보자.

문자열의 replace()를 써서 '10'을 특정 글자(물론 문제에서 들어올 수 있는 글자들은 제외하고, '!'나 'Z' 같이 전혀 쓰이지 않는 글자로 해야 한다)로 변경하는 선처리를 해서 점수를 전부 한 글자로 통일하고, 점수가 있는 인덱스의 글자를 볼 때 그 특정 글자가 있다면 10으로 변환해 주는 방법이 있다.

또 다른 방법으로는 숫자가 시작하는 위치부터 보너스(S, D, T) 직전까지의 문자열이 점수에 해당된다는 점을 이용하는 방법이다. 아래 코드에서는 숫자가 시작하는 위치가 idx가 되도록 했고, 보너스를 만났을 때 그 인덱스 전까지의 문자열을 추출해서 점수로 결정했다.

보너스는 반드시 등장하며, 글자수도 한 글자로 고정이므로 처리가 어렵지 않다. 각 글자에 해당하는 값을 거듭제곱한다.

그 다음 옵션이 들어올 수도 있다. '#'이 들어오면 방금 전 점수의 부호를 변경한다. '*'이 들어오면 방금 전 점수를 2배로 하고, 현재 세트가 첫 번째 세트가 아니라면 이전 세트의 점수도 2배로 한다. 평범하게 2를 곱해도 되고, 아래 코드와 같이 비트연산자를 이용해서 왼쪽으로 하나씩 밀어도 2를 곱한 것과 동일하다. 2진수로 나타냈을 때 제일 오른쪽에 0을 하나 추가하면 전체 수가 2배가 되기 때문이다.

이런 구현력을 요구하는 문제는 저마다 구현하는 스타일이 달라서 정답 코드도 다양하다. 프로그래머스에서 문제를 푼 후, '다른 사람의 풀이'를 눌러 다른 이들의 코드를 살펴보면 미처 알지 못했던 부분들을 많이 배우게 될 것이다.

```python
def solution(dart_result):
    sdt = ' SDT'
    ans = []
    idx = 0
    for i, c in enumerate(dart_result):
        if c in sdt:
            ans.append(int(dart_result[idx:i]) ** sdt.index(c))
        elif c == '#':
            ans[-1] = -ans[-1]
        elif c == '*':
            ans[-1] <<= 1
            if len(ans) >= 2:
                ans[-2] <<= 1

        if not c.isdecimal():
            idx = i + 1

    return sum(ans)
```

Q1. 맵(딕셔너리)

Q2. Python의 딕셔너리 사용 시 O(N), C++의 map 사용 시 O(NlogN)

한 계정이 여러 번 닉네임 변경이 되면 마지막에 변경한 닉네임으로 출력해야 한다. 그래서 각 계정마다 최종 닉네임이 무엇인지 먼저 알아 둘 필요가 있다. Key−value 구조를 갖는 딕셔너리를 이용해서 각 계정마다 최종 닉네임을 저장한다. 모든 유저는 유저 아이디로 구분하므로 key는 유저 아이디, value에 닉네임을 담는다.

이제 Enter와 Leave 로그에 대해서 형식에 맞게 변환하면 된다. 닉네임은 딕셔너리에 저장해 둔 정보를 가져와 넣는다.

Python에서 딕셔너리의 삽입/삭제는 O(1)이고 C++의 map은 O(log N)이다. 이를 record배열의 모든 로그에 대해서 수행하므로 N번 반복한다. N은 최대 100,000이므로 시간 내에 통과한다.

```python
def solution(record):
    nickname = dict()
    for log in record:
        words = log.split()
        if words[0] in ['Enter', 'Change']:
            nickname[words[1]] = words[2]


    ans = []
    for log in record:
        words = log.split()
        if words[0] == 'Enter':
            ans.append(f'{nickname[words[1]]}님이 들어왔습니다.')
        elif words[0] == 'Leave':
            ans.append(f'{nickname[words[1]]}님이 나갔습니다.')


    return ans
```

CODE EXAMPLE

스테이지마다 실패율을 구해서 배열에 넣고 내림차순 정렬을 한 뒤 반환해야 한다. 실패율을 구하기 위해선 실패율 정의에 나온 분자와 분모를 각각 알아야 한다. 스테이지마다 실패율을 한 번에 구하기 복잡하다면 분자, 분모를 먼저 따로 구해 두고 나중에 계산하는 방법도 좋다.

스테이지마다 실패율의 분자(스테이지에 도달했으나 아직 클리어하지 못한 플레이어의 수)를 구해 a에 저장하고 실패율의 분모(스테이지에 도달한 플레이어 수)를 b에 저장한다. 그 다음 모든 스테이지의 실패율을 저장한다. i번째 스테이지의 실패율은 a[i]/b[i]다. 분모는 0이 될 수 없는데, 문제 제한사항의 마지막에 이 경우 실패율은 0으로 정의한다고 했으므로 따로 처리한다. 실패율과 스테이지 번호를 쌍으로 묶어 배열에 넣고 내림차순 정렬을 한다. 이때 커스텀 정렬을 사용하면 편리하다. 실패율은 내림차순, 스테이지 번호는 작은 번호가 먼저 오도록 해야 하므로 오름차순으로 정렬한다.

```
                                                    CODE EXAMPLE
def solution(N, stages):
    a = [0] * (N + 2)
    b = [0] * (N + 2)
    for stage in stages:
        a[stage] += 1
        b[stage] += 1

    for i in range(N, -1, -1):
        b[i] += b[i + 1]

    arr = [(a[i] / b[i] if b[i] else 0, i) for i in range(1, N + 1)]
    arr.sort(key=lambda x: (-x[0], x[1]))

    return [i[1] for i in arr]
```

알고리즘 Q 정답

Q1. 완전탐색

압축 단위가 클수록 압축률이 높아지지만 딱 맞아 떨어지도록 중복되어야 압축 효과를 볼 수 있다. 오히려 압축 단위가 작더라도 압축되는 횟수가 많으면 최종 결과 문자열의 길이가 짧을 수 있다. 그렇다면 압축 단위를 1, 2, 3, … 하나씩 늘리며 모든 경우에 대해 압축해 보면 답을 구할 수 있다.

압축 단위를 몇까지 해봐야 할까? 예를 들어 s가 길이 10인 문자열이라고 하자. 압축 단위가 8이라면 어떨까? 길이 8짜리 부분 문자열이 연속해서 2번 나와야 압축이 한 번이라도 되는데, 길이 10인 문자열에서는 불가능하다. 압축 단위가 5일 때 앞에 5 글자와 뒤에 5 글자가 동일하면 1번 압축될 수 있다. 이보다 압축 단위가 크면 압축이 되는 경우가 없다. 즉, 압축 단위는 s의 길이의 절반까지 살펴보면 된다. 홀수일 때는 2로 나눈 몫이다. 살펴볼 압축 단위 n의 범위를 수식으로 나타내면 $1 \leq n \leq \left\lfloor \dfrac{|s|}{2} \right\rfloor$이다.

어떻게 해도 압축이 전혀 되지 않으면 s의 길이가 그대로 답이다. 따라서 정답을 갱신할 변수 ans는 s의 길이로 초기화하고, n을 바꿔 가며 압축했을 때 결과 문자열의 길이가 더 작으면 갱신한다.

이런 문제를 풀 때 Python에서 아주 유용한 라이브러리가 있다. groupby라는 모듈을 사용하면 배열이나 문자열 같은 선형 자료구조에서 연속으로 등장하는 요소들을 그룹으로 묶어 나타낸다. 무엇이 몇 번 등장했는지 직접 구현할 필요없이 groupby를 쓰면 집계해 준다.

맨 앞에서부터 n개씩 문자열을 나누고, 이를 groupby에 전달해서 등장 횟수를 본다. 등장 횟수가 2번 이상이라면 압축한다. 압축이 되면 압축 횟수 값과 해당 문자열을 취하고, 등장 횟수가 1번이라면 압축이 되지 않은 것이므로 해당 문자열만 취한다. 이 과정을 전부 수행하고 나서 조합된 새로운 문자열이 압축 결과다.

```python
from itertools import groupby


def solution(s):
    ans = len(s)
    for n in range(1, len(s) // 2 + 1):
        res = ''
        for cutted, group in groupby([s[i:i + n] for i in range(0, len(s), n)]):
            dup_n = len(list(group))
            res += str(dup_n) + cutted if dup_n >= 2 else cutted


        ans = min(ans, len(res))


    return ans
```

Q1. 스택

문제에 "균형잡힌 괄호 문자열"을 "올바른 괄호 문자열"로 변환하는 방법이 4단계로 제시되었고, 입력으로 "균형잡힌 괄호 문자열"이 주어진다. 따라서 문제에서 나온 방법을 절차에 따라 그대로 구현하는 문제이므로 시뮬레이션이자 구현 문제이다.

문제에 쓰인 그대로 구현하면 되는데, 2번과 3번을 어떻게 구현할지가 관건이다. 2번에서 u, v를 분리하는데 u는 왼쪽에서 살펴보기 시작했을 때 가장 작은 단위의 "균형잡힌 괄호 문자열"이다. 정의에 따라 '('의 개수와 '('의 개수가 같아지는 최초의 순간을 기준으로 u와 v로 나누면 된다. 아래 코드에서는 '('가 들어오면 카운트를 1 증가시키고 ')'가 들어오면 카운트를 1 빼서 0이 되는 순간으로 결정했다.

3번에서 "올바른 괄호 문자열" 여부를 확인해야 하는데, 이는 PART 2의 스택 개념에서 다뤘던 '괄호' 문제와 동일하다. 올바른 괄호 쌍 찾는 문제가 나오면 항상 스택을 떠올리자. 스택을 이용해서 "올바른 괄호 문자열" 여부를 확인하는 함수를 따로 만들고 이를 3번 과정에서 호출한다. 나머지 과정도 문제에서 지시한 대로 구현하면 된다.

```
                                                              CODE EXAMPLE
def is_valid(p):
    stk = []
    for ch in p:
        if ch == '(':
            stk.append(ch)
        else:
            if stk:
                stk.pop()
            else:
                return False

    return len(stk) == 0
```

```
def solution(p):
    if p == '':
        return p


    cnt = 0
    u = ''
    v = ''
    for i, ch in enumerate(p):
        cnt += 1 if ch == '(' else -1
        if cnt == 0:
            u = p[:i + 1]
            v = p[i + 1:]
            break


    if is_valid(u):
        return u + solution(v)


    res = '(' + solution(v) + ')'
    for ch in u[1:-1]:
        res += ')' if ch == '(' else '('


    return res
```

알고리즘 Q 정답

Q1. 완전탐색

문제가 복잡하다면 독립적 요소들을 나눠 생각하는 것이 좋다. 2메뉴 코스요리들과 3메뉴 코스 요리들은 서로 연관이 있을까? 서로 연관이 없으므로 독립적으로 각각의 답을 구하면 된다. 즉, course에 있는 값들 각각에 대해서 답을 따로따로 구하자. course 배열 크기는 최대 10이므로 한 번 답을 구하는 데 걸리는 시간이 오래 걸리지 않는다면 문제없다. 구한 답들을 최종적으로 하나의 배열에 넣고 정렬하면 된다.

이 문제 풀이에는 조합이 쓰이기 때문에 PART 2의 순열 조합에서 다뤘던 C++의 next_permutation이나 Python의 itertools.combination을 사용하는 것이 편하다. 코스메뉴의 개수를 n이라 하면, orders의 모든 주문들에 대해 n개 메뉴를 고르는 모든 조합의 경우를 만들어 배열에 넣는다.

조합 수가 너무 많아서 문제가 될 가능성이 있는지 판단하기 위해서 경우의 수가 가장 많을 때는 언제일지 생각해 보자. orders 배열의 원소의 크기는 최대 10이고, n은 5일 때 경우의 수가 $_{10}C_5 = 252$로 별로 문제가 되는 수준은 아니다. orders 배열 크기는 최대 20이므로 아무리 많아도 $20 \times 252 = 5,040$개라서 시간초과를 우려할 정도는 되지 않는다.

아래 코드에서는 combination()의 첫번째 인자에 order 대신 sorted(order)를 전달하고 있다. 문제의 제한사항에서 '배열의 각 원소에 저장된 문자열 또한 알파벳 오름차순으로 정렬되어야 한다.'고 했기 때문이다. 정답을 다 구하고 최종적으로 배열의 각 요소를 정렬해도 되지만 이렇게 처음부터 정렬하고 조합을 고르는 방법도 있다.

후보 메뉴들에서 가장 많이 주문된 메뉴만 골라야 하므로 각 메뉴가 몇 번 주문됐는지 알아야 한다. 직접 세도 되지만 이럴 때에는 Python의 Counter가 유용하다. 2번 이상 주문됐고 가장 많이 주문된 메뉴들을 모아 정렬 후 반환한다.

```python
from collections import Counter
from itertools import combinations


def solution(orders, course):
    ans = []
    for n in course:
        menus = []
        for order in orders:
            menus += combinations(sorted(order), n)

        res = Counter(menus).most_common()
        for menu, cnt in res:
            if cnt >= 2 and cnt == res[0][1]:
                ans.append(''.join(menu))

    return sorted(ans)
```

info 배열의 크기를 N, query 배열의 크기를 M이라 하면 N은 최대 50,000, M은 최대 100,000이다. 쿼리마다 모든 info를 돌아보면 답은 구할 수 있으나 시간 복잡도가 $O(NM)$으로 시간 초과가 발생한다. 따라서 info를 적절한 자료구조에 저장하고 쿼리를 처리하는 시간을 줄여야 한다.

쿼리에서 조건(언어, 직군, 경력, 소울푸드)의 조합은 총 108가지가 있다. 108가지 각 경우에 해당되는 점수들을 알고 있다면 이를 한 번 정렬해 두고 쿼리를 이분탐색으로 빠르게 처리할 수 있다.

크기 108짜리 배열을 만들어도 되지만 아래 코드에서는 딕셔너리를 이용했다. 키에는 조건들의 조합을, 값에는 점수들이 담긴 배열을 넣을 것이다. 지원자 정보를 하나씩 보며 해당되는 모든 조건 항목에 점수를 추가한다. 언어, 직군, 경력, 소울푸드 각각 '—'가 들어간 조건에도 해당되므로 지원자 한 명은 총 16조합에 점수를 추가하게 된다. 이분탐색을 사용하기 위해서는 정렬이 되어 있어야 하므로 딕셔너리 모든 값들을 정렬한다. 여기까지의 시간 복잡도를 따져 보면 $O(16N+108N\log N)$이다.

그리고 나서 쿼리를 처리한다. 쿼리 문자열을 파싱하고 4개의 조건을 조합해 키를 만든다. 딕셔너리에서 이 키의 값에 있는 배열에서 이분탐색을 한다. Python의 bisect_left를 이용하면 직접 이분탐색을 구현하지 않아도 된다. 이 풀이의 총 시간 복잡도는 $O(16N+108N\log N+M\log N)$ $=O((N+M)\log N)$으로 $O(NM)$보다 훨씬 효율적이다.

```
from bisect import bisect_left


def solution(infos, queries):
    db = {}
    for info in infos:
        s = info.split()
        for i in [s[0], '-']:
            for j in [s[1], '-']:
                for k in [s[2], '-']:
                    for l in [s[3], '-']:
                        key = (i, j, k, l)
                        val = int(s[4])
                        if key in db:
                            db[key].append(val)
                        else:
                            db[key] = [val]


    for key in db.keys():
        db[key].sort()


    ans = []
    for query in queries:
        q = query.split()
        key = (q[0], q[2], q[4], q[6])
        ans.append(len(db[key]) - bisect_left(db[key], int(q[7])) if key in db else 0)


    return ans
```

Python의 replace()를 알면 아주 간단히 풀 수 있는 문제다. replace()를 모른다면 직접 구현해야 하는데, 반복문으로 한 글자씩 살펴보며 알파벳을 만났을 때 무슨 글자인지 보고 숫자 몇에 해당되는지 파악해서 숫자로 바꾸면 된다. t, f, s로 시작하는 글자는 하나가 아니므로 두 번째 글자까지 본다.

C++에서도 find(), replace() 와 같은 STL들을 이용해서 비슷하게 풀 수 있다.

● ● ●   CODE EXAMPLE

```python
def solution(s):
    numbers = ['zero', 'one', 'two', 'three', 'four', 'five', 'six', 'seven', 'eight', 'nine']
    for i in range(10):
        s = s.replace(numbers[i], str(i))

    return int(s)
```

Q1. DFS/BFS

대기실이 5개 들어오는데 대기실끼리 서로 답에 영향을 끼치는 부분이 전혀 없으므로 각각 독립적으로 답을 구하면 된다. 따라서 대기실 하나를 매개변수로 받는 함수를 만들고 이를 각 대기실마다 호출한다. 아래 코드에서는 is_ok() 함수가 이 역할을 수행한다.

이제 각 대기실에서 거리두기를 지키고 있는지 살펴야 한다. 대기실에서 한 명이라도 거리두기를 지키고 있지 않다면 바로 is_ok() 함수는 0을 반환할 것이다. 대기실의 모든 P(사람)에 대해 DFS 또는 BFS를 돌려 맨해튼 거리 2까지 가본다. 맨해튼 거리 2 이하 위치에 다른 P가 있다면 거리두기를 지키지 않는 것이다. 아래 코드에서는 BFS로 구현했다.

```
                                                    CODE EXAMPLE
from collections import deque


dy = (0, 1, 0, -1)
dx = (1, 0, -1, 0)


def is_valid_coord(y, x):
    return 0 <= y < 5 and 0 <= x < 5


def bfs(sy, sx, place):
    chk = [[False] * 5 for _ in range(5)]
    chk[sy][sx] = True
    dq = deque()
    dq.append((sy, sx, 0))
    while dq:
        y, x, d = dq.popleft()
        if d and place[y][x] == 'P':
            return False
```

```python
            if d < 2:
                nd = d + 1
                for k in range(4):
                    ny = y + dy[k]
                    nx = x + dx[k]
                    if is_valid_coord(ny, nx) and place[ny][nx] != 'X' and not chk[ny][nx]:
                        chk[ny][nx] = True
                        dq.append((ny, nx, nd))

    return True


def is_ok(place):
    for i in range(5):
        for j in range(5):
            if place[i][j] == 'P':
                if not bfs(i, j, place):
                    return 0

    return 1


def solution(places):
    return [is_ok(place) for place in places]
```

알고리즘 Q 정답

Q1. 브루트 포스(완전탐색)

각각의 이모티콘들 할인율을 몇으로 하는 게 최선일지 직관적으로 파악하기 쉽지 않다. 그런데 이 문제에서 이모티콘 개수가 최대 7개밖에 주어지지 않기 때문에 모든 경우를 탐색해보는 완전탐색을 떠올려 볼 수 있다.

이모티콘 개수가 M개라면 할인율 4가지를 각각 적용해보는 모든 조합의 수는 4^M개이다. $M \leq 7$이므로 최대 $4^M \leq 4^7 = 16{,}384$가지이다. 한 가지 할인 조합에 대해 답을 구해보는데 걸리는 시간이 오래 걸리지 않는다면 충분히 해볼 만하다.

한 가지 할인 조합에 대해 답을 구해보는데 걸리는 시간은 어느 정도일까? 모든 사용자들(N명)이 각각의 이모티콘(M개)에 대해서 구매할지 안할지 판단을 O(1)에 할 수 있으므로 O(NM)만큼 걸린다. 그래서 모든 경우를 살펴보는데 총 시간 복잡도는 $O(4^M NM)$이다. N은 최대 100, M은 최대 7이므로 1초 내로 충분히 답을 구할 수 있을 것이다.

각 이모티콘에 대해 4종류의 할인률을 각각 적용해서 모든 이모티콘의 할인 조합을 만드는 방법으로는 재귀함수를 떠올릴 수 있다. 이모티콘 개수가 고정이라면 반복문도 가능하나, 개수가 변수이기 때문에 재귀를 사용해 구현한다.

재귀함수를 사용할 때는 파라미터로 필요한 정보를 전달해주거나, 전역변수에 둬야 한다. 아래 코드에서는 후자로 구현했다.

```python
customers = []
prices = []
sales = []
ans = [0, 0]


def recur(i):
    global ans

    if i == len(prices):
        cnt = [0, 0]

        for r, m in customers:
            money = 0
            for j in range(len(sales)):
                if r <= sales[j]:
                    money += prices[j] * (100 - sales[j]) // 100

            if m <= money:
                cnt[0] += 1
            else:
                cnt[1] += money

        if ans[0] < cnt[0] or (ans[0] == cnt[0] and ans[1] < cnt[1]):
            ans = cnt

        return

    for sale in (10, 20, 30, 40):
        sales.append(sale)
        recur(i + 1)
        sales.pop()
```

```
def solution(users, emoticons):
    global customers, prices

    customers = users
    prices = emoticons
    recur(0)

    return ans
```

답은 2가지 정보를 포함해야 해서 길이 2인 배열에 담았다. 첫번째는 가입자 수, 두번째는 판매액이다. 가입자 수가 우선이기에, 가입자 수가 더 큰 할인 조합이 있다면 반드시 갱신하고, 가입자 수가 같다면 판매액을 비교해서 판매액이 더 커졌다면 갱신해준다. 그 외에는 갱신되는 경우가 없다.

Python에는 유용한 라이브러리들이 많은데, itertools.product가 이런 경우에 요긴하게 쓰일 수 있다. product와 zip을 이용해서 재귀를 사용하지 않고 모든 할인 조합을 만들어 답을 구하는 다음 코드를 보면 코드가 훨씬 간결해졌음을 알 수 있다.

```python
from itertools import product


def solution(users, emoticons):
    ans = [0, 0]


    for p in product((10, 20, 30, 40), repeat=len(emoticons)):
        cnt = [0, 0]


        for r, m in users:
            money = 0
            for price, sale in zip(emoticons, p):
                if r <= sale:
                    money += price * (100 - sale) // 100


            if m <= money:
                cnt[0] += 1
            else:
                cnt[1] += money


        ans = max(ans, cnt)


    return ans
```

최댓값을 갱신하는 부분도 max() 함수 한 번 사용하는 것으로 간단히 가능하다. 배열 간 대소 비교를 할 때 0번째 인덱스에 있는 값부터 시작해서 순차적으로 비교하기 때문이다. 0번째 값을 우선적으로 대소비교를 하고, 만약 같다면 1번째 값을 대소비교 한다. 문제의 조건과 정확하게 맞기 때문에 직접 대소비교를 구현할 필요 없이 max()로 대체 가능하다.

2023 최신판 한 권으로 합격하는 취업 코딩테스트

개정1판1쇄 발행	2023년 03월 20일 (인쇄 2023년 02월 28일)
초 판 발 행	2022년 01월 05일 (인쇄 2021년 10월 07일)
발 행 인	박영일
책 임 편 집	이해욱
저 자	컴공선배
편 집 진 행	하진형
표지디자인	김지수
편집디자인	채경신 · 박서희
발 행 처	(주)시대교육
출 판 등 록	제 10−1521호
주 소	서울시 마포구 큰우물로 75 [도화동 538 성지 B/D] 9F
전 화	1600−3600
홈 페 이 지	www.sdedu.co.kr

I S B N	979−11−383−3948−3 (93000)
정 가	22,000원

개발자 **취업**, 중요한 건 '코딩테스트'
코딩선배만 따라하면 두 달 안에 합격할 수 있다!

🔍 step1
코딩테스트 준비
테스트 기준과 출제경향
분석부터 문제해결 노하우까지
코딩테스트 꼼꼼하게 준비하기

📖 step2
알고리즘 유형 분석
주요 알고리즘 / 자료구조
개념 & 필수예제로
핵심만 배우기

🎯 step4
삼성 · 카카오 기출문제
삼성전자와 카카오 기출문제로
실전처럼 연습하기

📋 step3
알고리즘 핵심문제 20
개념을 확실히 잡았다면
핵심문제 풀이로
문제 구현력 키우기